Afin de vous informer de toutes ses publications, **marabout** édite des catalogues régulièrement mis à jour. Vous pouvez les obtenir gracieusement auprès de votre libraire habituel.

DU MÊME AUTEUR :

Les prodigieuses victoires de la psychologie moderne (3504)
Les triomphes de la psychanalyse (3505)
Comprendre **les femmes et
leur psychologie profonde** (3500)
Les voies étonnantes de **la nouvelle
psychologie** (3502)
Psychologie et liberté intérieure (3503)

Pierre Daco

L'INTERPRÉTATION DES RÊVES

© 1979 Marabout (**Belgique**)

Toute reproduction d'un extrait quelconque de ce livre par quelque procédé que ce soit, et notamment par photocopie ou microfilm est interdite sans autorisation écrite de l'éditeur.

Sommaire

I	Cinq années parallèles	7
II	Peut-on interpréter ses propres rêves	17
III	Les rêves les plus fréquents	41
IV	Ce que l'on appelle névrose	73
V	Le langage des nuits	91
VI	Les grands rêves	99
VII	L'Anima, puissance et créativité intérieures	143
VIII	L'Animus, extérioration créative chez la femme	161
IX	Les différences d'interprétation	169
X	Mon ombre est ma lumière	183
XI	Les rêves en couleurs	199
XII	Lorsqu'on rêve d'animaux	209
XIII	Les nombres, les formes, les directions	231
XIV	La grande lignée	245
XV	Les rêves d'enfants	255
Un dictionnaire guide		277
Index		317

I

Cinq années parallèles...

Si l'on plaçait bout à bout les rêves nocturnes d'un homme de cinquante ans, on pourrait dire qu'il a rêvé durant quelque cinq ans. Cinq années! c'est-à-dire environ 1 800 jours, 45 000 heures...

Ainsi, durant cinq ans de sa vie, il a vécu dans un autre univers, fréquenté un monde radicalement différent de la réalité quotidienne. Il a eu affaire à des personnages, des lieux, des objets, des animaux qui, pour lui, représentaient une réalité effective. Bien plus : cet homme a connu, durant cinq années nocturnes, un total repli sur soi. Et à partir de là, il a découvert des forces latentes existant en lui. Souvent d'ailleurs, il s'est trouvé devant une porte entrebaillée sur l'univers.

Dans cette longue vie nocturne n'existent ni le temps ni l'espace. Mais des actions s'accomplissent : le rêveur vole, plane, nage, dirige des orchestres, fonce dans le ciel, avec un parfait naturel car toute chose, durant le rêve, est ressentie comme vraie. Le rêveur plonge dans le temps : il se retrouve enfant, ou sur les lieux de son enfance. Des morts sont ressuscités et lui parlent. Des voix se font entendre, et parfois naissent des cauchemars.

Il existe donc une sorte de seconde vie, parallèle à la vie diurne. Mais souvent, au réveil, certains rêves puissants disparaissent à tout jamais de la mémoire, ou du moins semblent disparaître. Où se sont-ils évadés ?

Ajoutons encore que le sommeil nous prend un tiers de notre existence et que le quart de ces sommeils est peuplé de rêves...

Une aventure individuelle

Rien n'est plus individuel que le rêve. Le rêve est notre intimité absolue, notre nudité totale. Les tréfonds de notre personnalité montent à la surface. Le rêve nous échappe ; nous ne l'assumons pas au moment où il se produit. Nous n'y sommes pour rien ; et nous ne sommes en aucun cas responsables ni du plus sublime ni du plus horrible des songes. Le rêve nous entraîne dans ses sentiers, et nous demeurons inertes.

Mais le rêve n'est-il pas notre démarche la plus secrète ? notre comportement le plus authentique ?

C'est dans les coulisses de la nuit que surgissent les vérités profondes. Mais avec l'aube reviennent les spectacles, les mises en scène, le paraître, les jeux sociaux, les comportements frelatés, la perte des vérités élémentaires. Et c'est pourquoi il semble essentiel de ne pas rompre avec les rêves, en tentant d'en dénicher les significations.

Mensonges ?

Est-il vrai que « songe égale mensonge » ? Nul ne peut le croire à notre époque. Si nombre de rêves semblent n'avoir aucune signification, la plupart doivent, au contraire, être pris très au sérieux, ne serait-ce que parce que nous les prenons absolument au sérieux en les faisant ! Mais il faut se dire également que *tout* ce qu'accomplit un être humain a une signification ; et que *tout* ce qu'il fait correspond à un *besoin*. Sinon, il ne le ferait pas. Il n'existe *aucun* rêve qui ne possède sa signification propre. Les rêves traduisent (ou dénoncent) nos désirs enfouis, nos difficultés cachées ; ils font des mises au point ; ils annoncent des situations à partir de nos comportements présents.

Le rêve revêt souvent une très grande importance en nous montrant ce que nous sommes *réellement*, ce que nous pouvons être grâce à des dimensions rarement exploitées.

Dis-moi ce que tu rêves...

Les rêves nocturnes ont toujours fasciné les hommes. Il est donc naturel que chacun, de tout temps, ait recherché le sens éventuel de cet étrange univers.

Que signifient ces images, souvent puissantes, imprégnant la conscience comme de la cire chaude ? Et quel pourrait être le sens de ces rêves ressentis comme des « avertissements » ou des « prévisions » ?

En quoi consiste le travail de ces zones mystérieuses de la personnalité, produisant des messages qui, dès l'aube, redescendent dans l'ombre ?

Voici un rêve à titre d'exemple. Comment ne pas être ébloui par un songe de ce genre, accompli par un homme ? Je ne ferai que le citer, et vous en reparlerai en page 100.

> *— Je me trouvais sur un promontoire, d'où j'apercevais une vallée infiniment ondulée, merveilleuse. Ces ondulations se reproduisaient de façon régulière. C'était la Vallée de l'Eden. J'y voyais quantité d'arbres fruitiers,*

portant fruits mûrs et fleurs. Beaucoup de pommiers, et aussi des buissons de roses. La vallée n'était qu'herbe grasse ; des vaches blanches paissaient à perte de vue. Et, çà et là, de petits groupes de personnes dansaient, extrêmement lentement ; ils dansaient sur une musique en trois temps, une sorte de valse ralentie, hors du temps. C'était fantastique... J'entendais la musique avec une parfaite acuité ; elle sourdait de partout ; c'était le premier mouvement de la cantate de Bach : « Wie schön leuchtet der Morgenstern ». Tous ces gens, se tenant par la main, me faisaient des signes. Je me sentais infiniment heureux ; et je crois que je donnerais le restant de ma vie pour une heure de bonheur aussi prodigieux.

Ensuite, arrivèrent du fond de l'horizon, derrière moi, trois avions à réaction, admirables fuseaux aux ailes courtes. Et soudain, je me trouvai dans l'avion central, les deux autres m'encadrant comme les côtés d'un triangle. Ces avions avançaient très lentement, calmement ; toute leur puissance demeurait potentielle. Et ils volaient en silence total, à quelques mètres du sol. Tout défilait sous moi, doucement : l'herbe, les arbres, les gens...la musique continuait de se faire entendre...Jamais je n'oublierai ce rêve qui m'a donné une énergie et une joie que je ne pouvais imaginer...

Nous lisons, nous, ce rêve *à froid*. C'est le rêve d'un autre. Mais quelle dut être, en effet, la sensation du rêveur en vivant *réellement*, dans sa profondeur plénière, ce rêve splendide ? Une fuite dans l'irréel, diraient certains. Pas du tout. Il va de soi que « quelque chose » en lui a produit ce rêve, quelque chose qui travaillait dans les tréfonds de son être. Et, comme je vous l'ai dit, je vous reparlerai de ce rêve en page 100

Très marqué par ce rêve, il était naturel que cet homme en recherchât le sens... Nombre de rêves sont d'ailleurs suffisamment puissants pour que le rêveur se sente obligé de les raconter, même si aucune signification ne peut être trouvée.

Toutes les recherches sur le sommeil et le rêve, toutes les tentatives d'explications, devaient aboutir...d'une part à de nombreuses « clés des songes », et, d'autre part, à la psychologie des profondeurs grâce à des noms prestigieux qu'il serait trop long de citer, mais dont les deux principaux demeurent sans doute Freud et Jung.

Aujourd'hui, aucun être un tant soit peu averti n'ignore plus l'importance du rêve nocturne.

Nous savons tous que nos rêves — pour peu qu'on y prenne garde — attirent souvent notre attention sur nos difficultés intérieures, profondes ou passagères. Ils sont légion les rêves où une personne se voit promenant nue, ou perdant ses bagages ou manquant le train, etc. Certains rêves se répètent inlassablement durant des années, parfois durant une vie entière ! Pourquoi ? Que signifie ce thème unique ? Quelle est la puissance de son « message » pour insister ainsi sans trêve ni repos ?

Du Sénat à la psychanalyse

La route est longue à travers les âges, qui passe par la Rome Antique où les rêves impressionnants étaient soumis au Sénat, fait un crochet par tous les prêtres et sorciers qui interprétaient les « songes » à leur façon, et aboutit à Descartes qui, le premier, fit pénétrer le rêve dans l'empire de la science !

Cependant, actuellement comme naguère, des gens simples croient que les rêves leur transmettent des messages de l'au-delà, voire des communications de personnes disparues. On retrouve d'ailleurs ici certaines croyances primitives selon lesquelles les rêves sont rapportés par les âmes qui, séparées du corps durant le sommeil, s'en vont converser avec les âmes des morts.

Quant à d'autres, ils croient que le rêve est uniquement provoqué par des phénomènes physiologiques : digestions difficiles, malaises cardiaques, douleurs, etc., à moins qu'il ne soit déclenché par une situation vécue dans la vie diurne, ou par un bruit extérieur, etc.

Citons au passage Bergson, pour qui le rêve est un lien direct entre la sensation et la mémoire, et débouchons sur la psychanalyse moderne. Les premiers psychanalystes écoutèrent leurs patients raconter leurs nombreux rêves. On devine à quel point ils furent stupéfaits devant ces énormes floraisons de l'inconscient ! D'autant plus que les patients semblaient leur accorder une importance capitale. Ces mêmes psychanalystes se virent ainsi placés devant les cavernes de l'inconscient, devant ces labyrinthes où les gens devenaient soudain mille fois plus « vastes » et « grandioses » que dans leur vie quotidienne...

Car, outre les rêves *apparemment* banaux, surgissaient les « grands rêves ». Ils étaient comme des nuages nocturnes, avec leurs images archaïques, universelles, mythiques, colorées, jaillissantes, diaboliques, enchanteresses et souvent inoubliables, parcourant l'espace et le temps réunis comme les fils d'une même trame...

Ainsi, l'interprétation des rêves devenait non seulement une importante partie de la psychologie des profondeurs, mais le rêve lui-même entrait dans l'histoire de la pensée humaine.

Les clés des songes

Il faut en parler ici, étant donné le très grand nombre de personnes qui consultent ce genre de livres. Dans quelle mesure sont-ils exécrables ou relativement acceptables ? Tout dépend, bien entendu, de la façon dont ils sont conçus et dont ils envisagent les symboles oniriques. Je possède une « clé des songes » — assez récente d'ailleurs — dans laquelle je lis : rêve de chute de *dents* = signe de maladie ou de mort.

Alors, mettons-nous à la place d'une personne ayant consulté ce genre de « livre » après avoir effectivement rêvé qu'elle perdait ses dents. Or, il s'agit d'un type de rêve extrêmement courant, accompli probablement des dizaines de millions de fois par nuit sur un seul continent ! Comment est-il dès lors possible que ce continent ne soit pas dépeuplé en quelques années ?

Ce genre d'« interprétation » est donc carrément grotesque. Mais sur quoi s'est fondé l'auteur pour affirmer une telle chose ? L'a-t-il purement et simplement inventée ? Il n'en est rien. Il n'a fait que condenser le symbolisme général des *dents*... qui ont fait perdre tout le sens réel de ce genre de rêve.

Nous le verrons plus loin.

Mais nous observons que l'idée de « mort » est élémentairement associée à celle de « dents perdues ». Cela correspond d'ailleurs à une croyance populaire encore répandue. Pour en revenir à cette « clé des songes », un lecteur fruste pensera à la mort « physique », ce qui est absurde. La traduction de tout symbole doit être psychologique. Un rêve de perte de dents est un symbole de « castration », c'est-à-dire de diminution de la personnalité (peurs, angoisses, sentiments d'infériorité, peur de l'échec, etc.). Et on le comprend bien si l'on sait qu'une dentition en bon état est un signe de puissance (songeons à la force des

mâchoires de certains acrobates suspendus par les dents !).
Nous y reviendrons plus loin.

Faut-il rejeter en bloc toutes les clés des songes ?

Une banale clé des songes n'est pas à retenir. Un dictionnaire étudiant les symboles à travers les civilisations et les âges, est indispensable.

Un bon dictionnaire des symboles possède une gamme de nuances fort étendue ; un même symbole y « éclate » vers des significations nombreuses. Nous verrons qu'aucun symbole ne possède un sens fixe, applicable à chacun. Si quelqu'un dit : « j'ai rêvé d'un cheval furieux ; que signifie cela » ? on peut lui répondre que cela ne signifie rien en soi et que tout dépend du « contexte ». La personne est-elle saine ou malade ? Introvertie ou extravertie ? Quelles sont ses « mesures » sociales, culturelles, familiales, psychologiques ?...

A quoi servent les rêves ?

Le rêve est absolument indispensable à l'équilibre mental et psychologique. Il est aussi essentiel que l'alimentation et le sommeil. Le rêve est semblable à un balancier, à un gyroscope, qui nous maintient sur la corde raide de l'équilibre. Ainsi, le manque de rêves peut conduire à des troubles affectifs ou mentaux, à une carence en protéines animales, avec les désastres que cela suppose.

Le rêve est une sorte de respiration psychologique. Il est — avant tout — une « soupape » à de nombreuses impulsions réprimées durant la journée. Le rêve permet la libération des soucis, des hostilités, des hargnes, des espoirs, des revendications, des désirs. Il fait surtout remonter en surface des difficultés intérieures; souvent, il nous suggère des solutions, par le truchement de cet énorme ordinateur qu'est notre inconscient.

Notre agent secret

Le rêve est également notre agent de renseignements le plus précieux. Il représente notre solitude totale; dans un rêve, nous sommes face à nous-mêmes, sans tricherie possible. Rien n'y existe, sauf nous. Et la plupart des personnages qui se présentent dans un rêve sont, souvent, des aspects de nous-mêmes. Ainsi, nous comprenons déjà combien il est important de décoder nos rêves, afin de les comprendre et d'écouter leurs messages.

Le bilan de la vie affective

Il est des rêves qui peuvent révéler combien certains sont — inconsciemment parfois — insatisfaits de leur vie. D'autres rêves dévoilent l'hostilité, voire la haine que des gens éprouvent envers eux-mêmes (voyez l'Ombre, chapitre 10).

Mais le rêve sert aussi de mécanisme *compensatoire*. Il prend le contre-pied des nostalgies, des regrets, des impuissances. Ils foisonnent, les rêves où l'on vole dans les airs avec une merveilleuse aisance, à moins que l'on se batte sans jamais être vaincu, à moins encore qu'un homme engoncé dans ses raideurs et ses fausses vertus ne se transforme en « play-boy » nanti de jolies femmes et de non moins splendides voitures! Combien de personnes, en rêve, se voient aimées d'un amour infini?

Mais parfois le tableau bascule. On est alors grugé, moqué, vilipendé, humilié, abandonné; on échoue en tout ; on aboutit en prison ; on manque tous les trains du monde, on éparpille de vieux bagages sur d'immenses quais déserts et désolés...

Et ainsi les rêves montrent à quel point la plupart des gens ne sont jamais ce qu'ils croient être...

Le journal des nuits

Il est assez rare que l'on se rappelle totalement un rêve (sauf s'il s'agit de grands rêves, page 99). Mais on est souvent frappé par telle ou telle partie du scénario onirique. Or, chacun de nous — qu'il le sache ou non — rêve de une à deux heures chaque nuit ! Et un petit calcul montre que la totalité de nos rêves remplirait facilement un gros volume. Imaginons ainsi l'énorme quantité mentale qui *jamais* n'affleure notre conscience, et les énormes possibilités du cerveau qui jamais ne sont mises en œuvre durant la vie diurne.

Il est cependant possible de se rappeler une large part de ses rêves en les notant dès le réveil (ou en les répétant sur bande magnétique). Freud disait que l'oubli d'un rêve a lieu en fonction du *refoulement* qu'on en fait. Cela signifierait qu'un être humain refoule dans son inconscient les éléments perturbateurs de sa vie révélés par un rêve, et cela dès le réveil.

Un excellent moyen de se rappeler ses rêves consiste à se dire (en se couchant) que l'on va rêver. Tout se passe alors comme si une fiche était branchée dans une prise de courant ; et on arrive probablement par ce moyen à réaliser des « câblages » supplémentaires entre les neurones.

Alors, si chacun de nous vit quelques années de rêves-messages, ne vaut-il pas la peine de s'y attarder ?

II

Peut-on interpréter ses propres rêves ?

En principe, chacun peut aboutir à une interprétation assez correcte de ses propres rêves. Mais, dans la pratique, un profane se heurte rapidement à certaines difficultés que je vais tenter de décrire.

■ **Quelles sont les quatre conditions principales d'auto-interprétation ?**
□ *La première condition* est d'accorder aux rêves l'importance qu'ils méritent ! De même que, dans la vie diurne, on peut passer sans les voir devant d'admirables paysages, de même on peut ne jamais remarquer des rêves qui, interprétés et assimilés, auraient pu changer le cours de l'existence.

□ *La seconde condition* est de connaître, le mieux possible, le « langage » du rêve. Ce langage étant *toujours* symbolique (malgré les apparences, parfois), il s'agit évidemment de savoir ce que signifient tel ou tel symbole. C'est un fait : jamais un rêve n'emploie le raisonnement

« binaire » (page 20). Et cependant, tout rêve est d'une grande logique interne, et d'une grande cohérence. Il faut donc s'accommoder des symboles employés par les rêves et faire son possible pour les décoder. Je suis d'accord avec vous : il est regrettable que tout rêve nous dise des choses dans une langue apparemment mystérieuse, mais qu'y faire ? Car pourquoi une personne rêve-t-elle, par exemple, qu'elle s'emberlificote dans le contenu d'une valise éventrée en plein boulevard ou qu'elle se promène en haillons sous les quolibets ? Il serait tellement plus simple qu'elle se voie en rêve, victime de sentiments d'infériorité ou d'échec, ou ayant une piètre opinion d'elle-même.

Mais nous comprenons aisément qu'un rêve aussi net est impossible ; comment « dessiner », en effet, un sentiment d'infériorité ou d'échec, qui sont des sensations abstraites, uniquement traduisibles par signes, images ou symboles ?

N'empêche — répétons-le — qu'il est fort difficile d'interpréter *à fond* un symbole. On ne pourrait le faire qu'en étant à la fois psychanalyste, historien des religions, historien des mythes et des symboles universels et particuliers... Il est rarissime qu'un seul être réunisse une telle somme de connaissances ; c'est pourquoi il nous faut revenir à des conceptions plus simples...

☐ *La troisième condition* est de se dire et de se répéter que *tout* rêve se déroule *de soi à soi*. *Personne d'autre que soi* n'est concerné dans un rêve. C'est un état de solitude totale. Il faut être persuadé que jamais un rêve *ne doit être pris au pied de la lettre*. Il suffit de songer pour s'en convaincre, aux innombrables rêves où l'on tue un parent ou un ami, où l'on abandonne un enfant, où une femme se voit enceinte, assiste à la mort d'un être cher (ou que l'on croit tel !...). Le rêve décrit ainsi ce qui se passe dans la personnalité profonde du rêveur ; c'est tout. Le rêveur est seul en cause. Mais l'application de cette troisième condition soulève des difficultés, et nous allons comprendre pourquoi.

☐ *La quatrième condition* est de savoir qu'une personnalité profonde ne correspond presque jamais à ce qu'elle paraît être. Que, dans l'inconscient, gravitent « des complexes », normaux ou anormaux (page 42), tels des satellites autour d'une planète ; et que sur certains de ces complexes, ont été déposées des dalles de protection tandis que rôdent, dans les tréfonds, d'innombrables refoulements !

C'est d'ailleurs pour tenter de replacer une personnalité dans son authenticité qu'existe la psychanalyse...et l'analyse des rêves.

■ **En conclusion à ces quatre conditions,** nous voyons que l'auto-interprétation d'un rêve dépend :
a) de ce que l'on est ;
b) de ce que l'on cherche.

Si une personne a verrouillé sa personnalité dans des comportements qui lui donnent une illusion de force, d'intelligence et de connaissance de soi, elle risque fort de passer à côté de tout rêve important. Pourquoi ? Parce qu'elle refuse (par angoisse inconsciente) de remettre en question la moindre chose qui la concerne. Elle glisse à la surface des choses.

Imaginons une personne pour qui « avoir raison » (ou n'« avoir pas tort ») est un impératif vital. Et voici un rêve qui lui glisse à l'oreille que ce comportement cache de nombreux infantilismes et de grandes angoisses, le tout transporté tel quel depuis l'enfance. Il est presque certain que cette personne ne regardera pas dans la direction de son rêve, mais n'importe où ailleurs. Quitte à cimenter quelques arc-boutants supplémentaires autour de sa personnalité déjà rigide.

Les personnalités « binaires »

Ces personnalités foisonnent dans les civilisations occidentales. Une personnalité binaire est semblable à un pendule, qui décréterait que la vérité se trouve uniquement aux points extrêmes des oscillations, et refuserait la gamme infinie des points situés entre ces extrêmes. La personnalité « binaire » est celle pour qui tout est blanc, ou noir. C'est vrai, ou faux. On a raison, ou tort. C'est oui, ou non. Ces personnalités refusent donc d'envisager le nombre immense des gris ; elles ne parviennent pas à se dire que, en toute chose, chacun a raison et tort à la fois selon le nombre possible des critères. Elles transforment l'existence en une série de petits « absolus », rigides et secs, stéréotypés et — dans leur esprit — inattaquables. Elle conçoivent un fleuve comme n'existant qu'à sa source et à son delta, sans pouvoir envisager qu'il coule longuement, en fluctuant, à travers d'innombrables paysages. On comprend bien que ce genre de personnes n'arrivera jamais à auto-interpréter un rêve qui suit les nombreux méandres de la vie…et des vérités. Généralement, ces personnes souffrent de blocages affectifs dont la principale caractéristique est de noyer l'intelligence dans ces absurdes comportements « binaires ». Les choses sont pires encore lorsque ces personnes « moralisent » : c'est bien, ou c'est mal ; cela se fait, ou cela ne se fait pas ; elles admettent ou refusent. Comment pourraient-elles, dans ce cas, « écouter » leurs rêves, qui ne sont jamais « binaires », mais épousent les multiples fluctuations qui sont la marque de toute personnalité humaine ?

Comment procède un spécialiste ?

Cet alinéa n'est écrit qu'à titre d'exemple. Il tentera d'expliquer une façon de faire qui puisse aider à l'auto-interprétation du rêve.

Un spécialiste — un psychanalyste, par exemple — sera le mieux armé, pour deux raisons : il connaît (autant que faire se peut !) les mécanismes de l'inconscient humain (à commencer par le sien*). De plus, il a été étudié et longuement fréquenté le langage des symboles.

Cependant, *jamais* un psychanalyste ne pourra donner une interprétation immédiate sans avoir recherché, avec son consultant, la meilleure voie pour « tirer » du rêve le plus grand intérêt possible.

Il s'agit, en premier lieu, d'*associer* sur le rêve, ou sur certains passages de ce rêve.

En quoi consiste « associer » ?

C'est fort simple en soi. A partir d'un élément du rêve (un mot, une image, une situation ressentis comme importants), on laisse « tourner ses idées ». Se présentent ainsi d'autres mots, d'autres images, des souvenirs, etc. Il arrive alors qu'une association « touche » une cible chargée d'énergie ; cette cible peut être un complexe, un refoulement, un souvenir pénible ou heureux, une nostalgie profondément inconsciente, un refoulement, etc.

Et cela fait songer à un bombardement de noyaux atomiques par des particules nucléaires dont l'une, parfois, fait mouche. C'est alors le miracle de la transmutation,

---
* Voir MS 29, *Les triomphes de la Psychanalyse*, de P. Daco.

comme dans la chambre de Rutherford : une colonie de noyaux d'hélium sont émis en flots réguliers d'une feuille de radium ; ils foncent à toute vitesse dans la chambre contenant un mélange d'azote et de vapeur d'eau, et l'un des noyaux d'hélium entre en collision avec le noyau d'un atome d'azote, fusionne avec lui sous la violence du choc et (après avoir expulsé un proton) crée un noyau d'oxygène, *inexistant avant le choc*. La comparaison reste valable en ce qui concerne les « associations » sur les rêves. Si une association parvient à entrer en collision avec un noyau affectif, elle peut libérer une énergie considérable qui y tournait en rond.

Mais on comprend ainsi que beaucoup d'associations « passent à côté » ! On comprend également que plus est forte l'énergie de l'association, plus elle a des chances de trouer le mur des refoulements.

N'empêche qu'une « transmutation » intérieure peut avoir lieu. Des énergies se libèrent, exploitables. De nouveaux éléments surgissent, qui demeuraient inutilisés. Car les associations « rebondissent » les unes vers les autres, créant de plus en plus d'impacts, de sensations, de souvenirs. C'est comme une réaction en chaîne, dont le but ultime est de conduire au cœur de la personnalité.

Un rêve à titre d'exemple

Je choisis le rêve de Claudine (40 ans) pour sa brièveté. Il pourrait avoir été accompli par des centaines de millions de femmes, tant ce type de rêve est fréquent.

> — *Je me promenais dans une rue populaire. Je portais un grand sac à main, bourré de choses. Le sac s'est ouvert. Son contenu s'est répandu sur le sol. Je me sentais couverte de honte. Je tentais de rassembler toutes ces choses répan-*

dues, mais elles m'échappaient au fur et à mesure ; les gens riaient en me regardant.

Claudine se mit à « associer », en choisissant elle-même les éléments du rêve qui lui semblaient importants.

■ RUE POPULAIRE. *Je ne fréquente jamais les rues populaires ; non par vanité, mais par peur. J'ai été élevée très bourgeoisement ; je manque de spontanéité ; je n'ose jamais me montrer telle que je suis. Ce qu'on appelle « le peuple » me fait peur, comme les enfants me font peur. Tout cela représente la perspicacité, la moquerie, le regard aigu qui vous découvre telle que vous êtes. J'ai peur de l'authenticité d'autrui qui dévoilerait mes comportements guindés et angoissés.*

Ce rêve place donc Claudine face à elle-même. Mais il ne fait que décrire une situation que Claudine connaît. Ce rêve serait donc inutile? Continuons.

■ ENORME SAC A MAIN. *Linges, objets, bric-à-brac, secrets, alcôve, cacher des choses, honte. J'ai ressenti cette ouverture de mon sac comme une éventration, comme un viol, ou quelque chose d'approchant. Contenu hétéroclite ; j'étais stupéfaite. Comment pouvais-je cacher tant de choses et m'encombrer de tant d'inutilités ?*

Il apparaît que Claudine s'encombre de choses inutiles, c'est-à-dire : elle adopte des comportements artificiels qui n'ont rien à voir avec sa personnalité réelle. Mais l'élément le plus important est qu'elle ressent ce passage du rêve comme une « éventration » ou un « viol ». Cela va s'éclairer plus loin.

■ HONTE. *Ce fut ma honte d'être remarquée dans cet état. Je suis secrète, et tout mon « Moi » était étalé par terre! Mais pourquoi est-ce que je dis : « mon Moi »? Suis-je donc ces inutilités dérisoires répandues sur le sol? Oui...ma « sacoche intérieure » doit être remplie d'inutilités et de peurs. Chez moi, je suis angoissée si quelqu'un observe mes meubles, mes rideaux, ou pire! si un invité ouvre une porte pour regarder dans une pièce voisine!*

Pourquoi ? Toujours cette impression que mon intérieur n'est pas en ordre...

Notons en passant l'importance de ce « mon intérieur pas en ordre » ; nous en retrouverons la signification plus loin.

Claudine aurait-elle pu continuer en auto-interprétant ?

Peut-être, étant donné son besoin profond d'authenticité. Mais elle courait tout de même le risque de s'arrêter ici, parce que le rêve mettait l'accent sur une situation assez bien connue. Et elle aurait probablement tenté de corriger un comportement dénoncé par le rêve, mais de façon relativement superficielle.

Claudine était en analyse. Elle revint spontanément sur ce rêve. Elle continua d'associer. Je reproduis ici les associations essentielles :

■ SACOCHE. *S'ouvre. S'éventre. Ventre. Comme un gros ventre bourré. Mouchoirs sales. Fermer tout à clef. Jamais je ne montrerais à personne l'intérieur de mon propre sac, pourtant propre et ordonné. Trop ordonné, d'ailleurs ! J'aurais l'impression...comme c'est étrange ! l'impression de soulever mes jupes. Je mets toujours des pantalons. Or, ce n'est ni par facilité ni par masculinité. C'est...c'est tout autre chose. Oui...ainsi, je « me » ferme.*

D'autres associations :

■ SACOCHE, VENTRE. *J'en suis maintenant certaine : la sacoche symbolise mon « intérieur secret », celui que je refuse, celui qui me fait entrer en panique dès que j'imagine qu'on puisse le « voir », physiquement ou psychologiquement. Mon intérieur secret, mon ventre ; les rapports sexuels me font horreur. Comme du viol. Ma mère m'a toujours présenté la femme comme une victime des brutalités masculines. Pour moi, un ventre, c'est un organe troué, voilà. J'ai horreur d'être sortie du ventre de ma mère.*

Rappelons-nous ici le « mon intérieur pas en ordre » et je « me » ferme. Cette dernière expression était liée au port du pantalon. On voit à quel point Claudine avait besoin de se « fermer » le ventre en l'enserrant ! En d'autres termes, besoin de *nier* l'existence de son ventre, symbole d'une féminité honnie, parce qu'identifiée à sa mère.

Rappelons-nous également les « mouchoirs sales » contenus dans la sacoche du rêve. Il s'agit évidemment de l'idée de « linges sales » des menstrues, dont on comprend qu'ils étaient repoussés avec haine par Claudine. D'ailleurs, elle me dit encore :
— *Savez-vous que je n'ose même pas mettre un chemisier légèrement décolleté ? Or, je suis bien faite, je suis belle ! Alors ? Eh bien, là aussi, j'ai peur que l'on voie « au-dedans de moi »... Si je le pouvais sans ridicule, je porterais des vêtements fermés hermétiquement jusqu'au menton. Je n'ose jamais me « faire voir ». Les maillots de bain, quelle honte pour moi ! Merci à ce rêve : il faut que cela change !...*

Mais si ce genre de rêve est tellement fréquent ?...
Entendons-nous bien : le fondement est souvent le même, mais il va de soi que les « contextes » diffèrent. Nous retrouverons ce type de rêve au chapitre 3. Ce rêve de Claudine était donc une mise au point, poussant la personne à aller plus loin que les apparences et, par voie d'associations, à découvrir et corriger des fonds ignorés.

Chacun pourrait-il opérer comme Claudine ?
Oui, en plus ou en moins. En soi, il suffit de « se laisser aller » et de se dire : « A quoi me fait penser tel ou tel élément du rêve ? Que me suggère-t-il, même en poussant jusqu'à l'appartement absurde ? Que me rappelle-t-il ? ». Mais il faut aussi — j'insiste — ne jamais prendre au pied de la lettre un rêve, quel qu'il soit, mais toujours en rechercher la signification symbolique.

Des réactions en chaîne
Tout élément doit provoquer des réaction en chaîne. Nous l'avons constaté avec Claudine. Il faut revenir — sans se lasser — sur des éléments qui sont ressentis comme importants. Il est évident que si Claudine avait «bloqué» superficiellement sur la sacoche, par exemple, elle n'aurait abouti qu'à découvrir des sentiments d'infériorité et de culpabilité...qu'elle connaissait parfaitement.
Au lieu de cela, elle découvrit une profonde identification à sa mère, qui lui interdisait de se considérer comme une personne à part entière et qui, de plus, la retranchait impitoyablement de l'amour, de l'amitié, de la maternité; de la vie, en somme...

Un autre rêve avec auto-interprétation

Le rêve de Lucien (30 ans) semble plus compliqué. Mais je le crois intéressant parce que :
a) Lucien a choisi de bout en bout les éléments sur lesquels associer;
b) ses associations ont «bloqué» en cours de route; cela nous montrera que l'on peut entrer en court-circuit avec soi, malgré le rêve qui invite à aller plus loin et plus profond;
c) ce rêve se prolonge bien au-delà de ses significations apparentes;
d) Lucien a fait ses associations sans la moindre intervention de l'analyste.

> — *Je devais avoir 18 ans dans mon rêve. Je me trouvais dans la maison de mon enfance. Je traversais la cour et ouvrais une porte. Cette porte donnait sur un escalier descendant vers la pénombre d'une cave. J'y arrivais; plusieurs personnes se trouvaient dans cette cave. Tout*

semblait flou, mais je savais que cette assemblée de gens me regardait. Une panique me saisissait. Je me sentais faire des mouvements de jambes; je me disais : « il faut que je me réveille... ». Je me suis réveillé en sueur.

Les éléments choisis par Lucien, et ses associations

Je signale avant tout que Lucien est un homme intelligent, lisant beaucoup, extraverti (= tourné vers l'extérieur, social), mais sans culture spécifique.

■ MAISON DE MON ENFANCE. *Mon père. Dureté. Faut réussir, mon garçon! Faut être digne du nom que tu portes! Pas d'excuses. Faut suivre les ordres du père. Quant à ma mère, je l'aimais, mais osais à peine le lui montrer. Pas digne d'un homme, fils d'un tel père, n'est-ce-pas?...*

■ PORTE. *Toute porte donne sur quelque chose, sauf si elle est un leurre. Porte du ciel, porte de l'enfer, porte des Lilas. Porte des Lilas! Cela me fait songer à un film avec Fernandel. Rien à voir avec mon père. Ou plutôt si! Le film est « La vache et le prisonnier ». Je n'ose pas...et si après tout : mon père était une vache, et moi le prisonnier. Suivre la voie de mon père, bon! et moi, alors?... Porte des délices. Porte du bureau de mon père. Toc toc! ce n'était pas drôle d'y frapper, à cette porte! C'était toujours pour s'y entendre blâmer, toujours pour rendre des comptes, jamais sur moi, sur mon être, sur mon bonheur, mais uniquement sur ma réussite ou mon échec sociaux. Porte? J'aurais dû prendre celle des champs, de la mer, des lointains, et dire m... à tous les pères du monde. Mais en attendant, la porte de mon rêve donnait sur une cave.*

■ ESCALIER. *Ça monte, ça descend, ça va où? Escaliers de Fontainebleau. Les adieux. Adieu à l'amour, adieu au bonheur. Le mot « adieu » m'a toujours poursuivi. Adieu, plus jamais, jamais plus, nevermore, adieu*

*mon amour, disparaître, partir, mourir, l'adieu du
« Chant de la Terre » de Malher, s'évanouir dans le bleu*,
amour de mes quinze ans, adieu, adieu ma vie, j'ai pris
l'escalier montant de la vie adulte et je t'ai abandonnée ;
où es-tu aujourd'hui ? Escaliers d'or, montée au ciel, escaliers de cave, noir, rais de lumière estompés, l'inconscient, ombre, ombre dense recelant tant de choses en moi,
je veux les voir, je veux être heureux tout de même !*

■ CAVE. *Ombre et pénombre. Révélation ? Initiation ?
Qui sont ces gens qui m'y attendent ? Immobiles, silencieux. Des amis ? Des juges ? L'inquisition ? Mon père
multiplié par le nombre de ces personnages ? Sans doute,
oui... Enfer ou paradis en attente ? Cave de mon enfance.
Peur du noir, peur de quelqu'un m'y attendant... Ces
gens : tribunal. Oui, un tribunal.*

■ ASSEMBLEE. *Secret. Examen. Opinion secrète.
Scruter. Etre scruté. Derrière moi, l'escalier, comme une
retraite possible vers la lumière. Je ne veux pas. Je veux
savoir. Accusé. Moi. Je me sens toujours comme un accusé. Rendre des comptes. Ne pas broncher. Ne pas
échouer. Coupable. Je ne suis pas un homme.*

Lucien revient ici sur certains éléments de son rêve,
déjà envisagés.

■ PORTE. *J'étais souvent appelé dans le bureau de mon
père. Comme chez Dieu le Père ! Faut être bien sage, mon
garçon ! Il me disait : assieds-toi, j'ai à te parler ! Au
fond, il ne s'occupait que de lui, de sa réussite à travers
moi.
Quant à mon père confident et guide, bernique ! Au fond,
il m'a castré, et il a étouffé la personnalité de ma mère.
Mais qui est-elle, ma mère ?...*

■ ASSEMBLEE. *Dire que je me croyais « Je » ! Mon
comportement n'a jamais eu qu'un seul but : donner aux
autres une certaine image de moi. D'un faux-moi, bien
sûr ! Je cherchais donc à correspondre à ce que je croyais*

---
* Voyez le Symbolisme des couleurs, chapitre 11

que les autres attendaient de moi. Rien d'autre. Aucune spontanéité, par conséquent. Je n'ai jamais beaucoup pensé à tout cela; c'était vague, c'était trop pénible. Ne vivre que pour ne pas déplaire aux autres! Mon père a drôlement déteint sur ces autres! C'est comme si mon sacré père était partout. Alors, cette assemblée, ce sont tous les juges de mon existence. C'est-à-dire tout le monde. Je continue d'adopter le comportement que je me suis forcé à prendre face à mon père. Il faut que je réussisse. L'échec est ma honte. Je me sens très angoissé si je suis malade, donc en état d'échec! Et si je paresse, et si je suis en vacances!

■ PENOMBRE DE LA CAVE. *Bizarre. Sensation étrange, très profonde...J'y étais presque à l'aise, dans cette pénombre. J'étais hors de la lumière, sans doute? Mais il y a davantage; voyons...Pénombre...Ombre...Je suis descendu vers l'ombre, venant de ma vie courante, donc venant de ma fausse-lumière... Je suis descendu dans cette ombre, arrivant de mes comportements faux, tiens, tiens! Est-ce dans cette ombre que j'aurais trouvé ma liberté? Liberté...que signifie-t-elle pour moi?*

Ici, Lucien se met à associer sur ce mot :

■ LIBERTE. *Hippies...Play-Boys... Pouvoir des fleurs...Pas d'argent...Hippies : comme je voudrais en connaître de vrais! Mais je n'oserais jamais leur adresser la parole : ils se ficheraient de moi, de mon air guindé, de ma raideur. S'ils savaient! Les gens doués : ils sont libres aussi, ils réussissent sans trop d'efforts. Oui, j'envie les hippies et les play-boys, mais je les hais. Ils sont ce que je ne suis pas et voudrais être... Mais pourquoi est-ce que je ressentais vaguement que ma liberté se trouvait dans cette cave?...Pénombre...Il est vrai que je suis l'envers de moi-même, l'ombre de mon vrai Moi. Oui : une ombre, un fantôme. Je, mon Je, se trouve dans l'ombre. Il faut que j'aille l'y dénicher... J'y retrouverai peut-être mon âme? Peut-être aussi l'amour d'une femme?...*

Où ces sensations ont-elles conduit Lucien ? Il faudrait reprendre point par point ; mais cela nous prendrait trop de pages ! En synthétisant fortement, Lucien a mis l'accent sur :

a) des sentiments de dévirilisation, de « castration » affective ;

b) sur le fait qu'il ne connaissait rien de la vie profonde, celle qui est donnée par l'exemple de la Mère. Et la vie, et l'âme de Lucien étaient semblables à celles de sa mère : cachées, dans l'ombre, en attente, profondément enfouies dans les dédales de l'inconscient ;

c) le fait de considérer tout « laisser-aller » comme une faute grave ;

d) mais *surtout* sur la notion de **l'ombre.** J'y reviendrai dans un chapitre spécial ; je crois en effet que cette notion est l'une des plus importantes en psychologie des profondeurs. C'est dans l'ombre (de la cave) que Lucien croit pouvoir trouver sa liberté possible..et son âme. Nous trouvons également ici la notion de **l'anima,** cette immense puissance en l'homme, mais si souvent édulcorée, ou carrément refoulée. Un chapitre lui sera consacré également.

e) sur les tendances suicidaires. Il suffit de relire les associations sur le mot *escalier*. On trouve des mots tels que : *adieu* (quelque 8 fois !) ; *s'évanouir* (dans le sens de : *disparaître*) ; la couleur *bleue* (couleur des lointains dans lesquels on disparaît : page 202) ; *mourir ; abandonnée*.

En fait, à travers l'extraversion de Lucien, à travers la richesse des associations, on trouve un profond sentiment de désespoir et de nostalgie.

Pour résumer, ce rêve dit à Lucien : tu n'es pas ce que tu crois être. Ton âme est dans l'Ombre ; c'est là que tu dois l'y rechercher. C'est de là que tu dois l'extirper. Tu dois te dégager des fausses notions de vie et des fausses valeurs que t'a léguées ton père. Descends dans les caves ombreuses de ton inconscient : tu pourras y trouver ta vérité.

Jusqu'où peut-on aller seul ?

La question devrait être : quelles sont les conditions pour arriver jusqu'au bout d'un rêve ? En premier lieu, il va de soi que les connaissances théoriques (symboles) sont indispensables. Mais cela est relativement peu de chose à côté de la seconde condition. Il faut répéter que tout rêve est une confrontation avec soi-même. Cette confrontation peut révéler de multiples aspects positifs ou négatifs d'une personnalité. On comprend qu'un rêve présentant un aspect fortement négatif puisse pousser quelqu'un à le reléguer dans les tiroirs de l'oubli. Cependant, il est rare qu'un rêve « négatif » ne prépare pas des prises de conscience on ne peut plus favorables et énergétiques. Si une personne « bloque » devant les apparences négatives d'un rêve, elle risque tout simplement de faire abstraction d'une partie de sa personnalité complètement inexploitée (voyez, par exemple, l'*Anima*, chapitre 7 et l'*Ombre*, chapitre 10)

Rappelons-nous que toute interprétation de rêve se fait *à froid*. Au réveil, *l'émotion* provoquée par les symboles s'estompe rapidement. L'interprétation doit se brancher sur un système *rationnel*. On traduit ainsi le rêve grâce à un langage inadéquat !

Et ceci appelle une comparaison. Le rêve serait un peintre exécutant un tableau, avec toute l'inspiration et l'émotion qu'il peut y mettre. L'interprétation du rêve serait le critique d'art qui, pour talentueux qu'il soit, ne peut que traduire rationnellement l'inspiration du peintre.

Quant aux connaissances théoriques, il est possible de les acquérir par la lecture de livres psychanalytiques ou d'ouvrages consacrés aux symboles. D'ailleurs, une personne profondément intéressée par ses propres rêves fera spontanément cette démarche.

Un rêve avec auto-interpretation partielle

> — *Catherine rêve qu'elle abandonne son enfant, pour se prostituer ensuite. Elle se voit plongée dans un tourbillon de rues nocturnes, de bars, de plaisirs. Des nuées d'hommes tournent autour d'elle.*

Est-ce un rêve « horrible », comme aurait pu le croire cette jeune femme? Car la première chose que fit Catherine fut de tenter d'oublier son rêve. Ce dernier faisait naître un grand malaise. En lisant ce qui suit, on se rendra compte que Catherine n'aurait pas pu, sans bloquer, découvrir certaines vérités, humainement élémentaires cependant. Mais en maintenant son blocage, quelle quantité d'énergie et d'authenticité n'aurait-elle pas continué d'ignorer?

Je citerai, ici encore, quelques associations importantes que fit Catherine, sans intervention aucune de l'analyste. Quelques interprétations suivront immédiatement.

■ J'ABANDONNE MON ENFANT. *Impossible. Je ne connais que le droit chemin. Je ne connais que le devoir. Dure envers moi. Dure envers les autres. La vie est un rail. Une ligne. Ne jamais dévier. Le cœur est une chose. Le devoir en est une autre. J'aurais dû être militaire. Ma vie est sans tache.*

Quelques mots au sujet de Catherine

Il est vrai que sa vie était « sans tache »...mais aussi sans la moindre fantaisie ni spontanéité. Catherine était une sorte de « petit soldat ». Le devoir? Sans doute; mais elle était raidie, figée, stéréotypée dans cette notion de « devoir ». Cette notion ne venait pas d'elle-même, mais lui avait été « distillée » par des parents probablement aussi rigides et angoissés qu'elle. Elle était « dure » envers elle-même... et le monde entier qu'elle passait sans cesse en jugement. En fait, Catherine était de comportement « binaire » (page 20).

Tout, pour elle, était bien ou mal, vrai ou faux ; c'était oui ou non. Il n'existait aucune nuance, ni transition, ni compréhension, ni circonstances éventuellement atténuantes aux actions humaines...pas plus qu'aux siennes. Il va de soi que le fond de l'affectivité de Catherine était une énorme angoisse inconsciente et un immense (et refoulé !) appétit de vivre... Et que son « Ombre » était tout aussi importante (chapitre 10).

Reprenons les associations sur le même élément du rêve :
■ J'ABANDONNE MON ENFANT. *Je fais tout pour mon enfant. Comment ai-je pu faire un rêve aussi absurde ? Je donnerais ma vie pour mon enfant. Elle sera vertueuse et droite comme moi. Elle me ressemble. Mais il n'existe aucun de ses désirs que je ne satisfasse. Ce rêve est ridicule. Comment pourrais-je imaginer que, même inconsciemment, je puisse avoir envie d'abandonner mon enfant ?*

Association sur l'autre élément du rêve :
■ PROSTITUEE. *Mais enfin, ce rêve se moque de moi ! C'est tout le contraire de moi, tout ça ! L'inverse absolu ! Heureusement qu'on n'est pas responsable de ses rêves ! Je hais, je méprise, je honnis les prostituées. Je hais d'ailleurs toutes les femmes frou-froutantes qui se laissent faire la cour par tous les hommes. Prostituée ? Bars ? Plaisirs nocturnes ? C'est la mort.*

Catherine et « son Ombre »...

Les associations « libres » de Catherine s'arrêtaient ici. Mieux : elles s'y bloquaient. Il était évident qu'elle voulait passer à autre chose et oublier radicalement ce rêve « absurde ». Considérait-elle ce rêve comme monstrueux ? Non ; ce rêve ne la concernait pas, sans plus.

Et cependant... En écoutant Catherine parler ensuite de sa fille, on sentait qu'elle se comportait en coupable envers son enfant. Catherine essayait en effet de « prévoir »

les moindres désirs de son enfant; en d'autres termes, elle était à ses ordres. La moindre mauvaise humeur de l'enfant plongeait Catherine dans l'angoisse. Elle me dit :
— *Je ferais tout, absolument tout, pour qu'elle soit de bonne humeur.*

La fillette était, pour Catherine, une sorte de « reproche » vivant. La mère était incapable d'envisager la spontanéité. Mais comment empêcher sa fillette d'être spontanée ? Fillette qui, pour sa mère, était le « témoin » et le catalyseur de sa sourde culpabilité ?

Pour Catherine existaient quatre interdits principaux :
a) être heureuse;
b) être spontanée;
c) se laisser aller à la douceur de vivre;
d) s'amuser.

Mais arrive le rêve, brutal dans sa simplicité. Il sonne comme un coup de gong. Il renverse les valeurs. L'envers devient l'endroit, le noir vire au blanc. Ce rêve, qui est « tout le contraire de Catherine », ne représente-t-il pas son véritable « Moi » (attention : sous forme symbolique !) ?

Quel serait son véritable « Moi » ?

Le rêve lui dit : « il faut te rendre compte de la culpabilité cristallisée sur ton enfant. Non seulement tu en es l'esclave, mais tu en feras une femme aussi rigide et peu libre que toi. Tu dois nuancer ta vie, et non pas l'enfermer entre des bornes fixées une fois pour toutes. Ton « Moi » est demeuré dans l'Ombre; tu es l'inverse de ce que tu crois être. Ton devoir et ton droit chemin ne sont que des comportements stéréotypés afin de contourner ta peur de vivre. Tout ton système de valeurs est faux. Cette image de la prostituée est celle que tu considères comme se trouvant à l'opposé de toi; en fait, à l'opposé de ta rigidité, de ton manque de compassion, de compréhension et d'accueil. Tâche également d'abandonner la culpabilité que tu reportes sur ton enfant... ».

Ensuite ?
Si Catherine avait maintenu le « blocage » du rêve, elle aurait probablement renforcé ses systèmes de fausses défenses, pour devenir plus impitoyable encore envers elle et les autres. Mais n'empêche que ce rêve lui revint en mémoire après un certain temps. Catherine dit :
— *... Je repense à ce sale rêve... C'est mon rêve, après tout ! Je voudrais y revenir, mais j'ai un peu peur...*

Et ce fut le début d'une série de « prises de conscience »,* que je n'envisagerai pas ici, mais qui allaient tout droit vers ce qui fut dit plus haut, et vers un épanouissement progressif de celle qui devait devenir « un *ex*-petit soldat »...

Un rêve avec fausse interprétation

Jeanne, 28 ans, mariée :

> — *J'ai rêvé de la mort de ma mère ; c'est un rêve qui revient d'ailleurs souvent, sous une forme ou une autre. J'assistais à son agonie, et je dansais ! J'aime pourtant ma mère !...*

Ce genre de rêve est fréquent : il fait partie des rêves de « mort des êtres proches ». Plus que jamais dans ce cas, il ne faut *rien* prendre au pied de la lettre ! Car Jeanne me dit :
— *Danser ! Mais c'est horrible ! Suis-je donc tellement dénuée de tout sentiment ?*

Jeanne conclut beacoup trop vite. Elle confond l'apparence et la réalité. Elle ne cherche pas à traduire symboliquement. On voit l'angoisse qui a pu l'étreindre en interprétant son rêve sous un aspect d'« indignité » et de « monstruosité ».

---

* Voyez MS 29, *Les triomphes de la psychanalyse*, de P. Daco.

Quelles sont les possibilités ?

■ *Supposons* que Jeanne ait lu superficiellement Freud. Elle conclura qu'il s'agit d'un rêve de « désir » ; donc, qu'elle souhaite inconsciemment la mort de sa mère, mort (ou disparition !) qui la libérerait ; cette libération *intérieure* se traduisant par une vie plus extravertie (la danse). Il est d'ailleurs fort possible que Jeanne ait ce désir, pour toutes sortes de raisons. Mais, dans ce cas, c'est le terme « mort » qui doit être placé dans un contexte symbolique. Et Jeanne souhaiterait alors que sa mère « disparaisse » de sa vie intérieure.

■ *Supposons* que Jeanne ait lu superficiellement Jung. Elle se dira que son rêve signifie que sa « participation mystique », sa « fusion » avec sa mère, son « identification » à sa mère, doivent cesser (ou sont en train de cesser). Redevenant alors elle-même, elle pourra entamer une « danse de vie ».

■ *Supposons* que Jeanne consulte un dictionnaire sérieux des symboles. Elle pourra supposer qu'il s'agit de la « mort » d'une partie d'elle-même, trop reliée à sa mère ; nous retrouvons ici l'interprétation possible selon Jung. A moins qu'elle ne conclue à la disparition d'une partie de sa vitalité, avec risque de maladie.

■ *Supposons* que Jeanne croit aux rêves « prémonitoires ». Elle sera saisie d'angoisse devant cet avenir qu'elle croira annoncé.

■ *Supposons*... mais laissons parler Jeanne, après qu'elle eût réfléchi :

— *J'ai 28 ans. Je suis à l'âge du départ dans la vie. Peu à peu, je forme un couple avec mon mari. Je ne suis pas à l'âge où l'on fait le point : je suis trop jeune. Je ne suis pas à l'âge où l'optique change, où d'autres valeurs se présentent, me semble-t-il ? Puisque ma mère apparaît souvent dans mes rêves, et de manière aussi dramatique dans celui-ci, je dois connaître mon attitude* profonde *envers elle. Il est tout de même significatif que je danse ! Je crois que ce rêve peut être le révélateur de mes attitudes infantiles envers ma mère, et sans doute envers autrui en général. Quelles sont mes fixations envers mon passé? Il importe probablement que ma mère meure en moi; je dois me libérer d'elle, de mes angoisses envers l'existence, envisager ma liberté intérieure, et danser, créer, aller vers la vie et la joie...*

Nous voyons que Jeanne rejoint l'interprétation selon Jung.

Un rêve de « recoupement »

Jeanne fit, quelques jours plus tard, un autre rêve qui s'ajustait fort bien au premier.

> *— Je montais à la verticale, à l'intérieur d'une spirale fort large dans le bas, mais se rétrécissant ensuite. Une autre sorte de cône, pointe en haut. Je me sentais étouffer au fur et à mesure de la montée, comme prise au piège. Cela me paraissait inexorable! Je me heurtais violemment au sommet de la spirale, sans pouvoir continuer malgré mes efforts angoissés.*

La bonne route?
Je cite à nouveau les associations spontanées de Jeanne ·
■ MONTER. *C'est aller vers quelque chose de plus haut.* C'est grandir, cesser d'être enfant. Avenir, demain, réussir, créer, faire des choses. Ciel, lumière. Ma montée verticale, dressée vers le haut.*
■ SPIRALE. *Elle se rétrécit. Piège, Cage. Comme une cage d'osier. Blocage. Arrêt. Pas d'accès à la vie adulte. Pas d'espoir. Jupe, oui! Comme une jupe! Je suis coincée dans des jupes! Je suis mariée, mais je reste la fille à*

---
*Voyez chapitre 13 : le symbolisme des Directions.

maman! C'est clair, c'est vrai! Je n'irai jamais plus haut, je ne m'envolerai jamais! Ce rêve est un avertissement sérieux, et si je le rapproche du premier...je dois essayer de me déculpabiliser envers ma mère. C'est vrai, je me sens « en faute » dès que j'accomplis un acte libre, ne serait-ce qu'aller au cinéma ou en vacances avec mon mari!...Si j'ai des enfants, je n'oserai pas les élever moi-même sans demander, chaque fois, l'accord de maman! Il faut que je travaille sérieusement tout cela...cela fait tellement partie de ma vie, c'est tellement mélangé à mes actes, tellement inconscient...

La difficulté est-elle grande ?

L'auto-interprétation d'un rêve est souvent difficile, rebutante... et passionnante. Ici comme ailleurs, seul coûte le premier pas! Le degré de culture est important dans certains types de rêves; mais je crois que la « bonne volonté » envers soi et le désir profond de devenir ce que l'on est supplantent largement toutes les cultures du monde. Et tant mieux si l'on possède les deux !

Il est essentiel de n'avoir pas peur ni de se découvrir, ni de se connaître; sinon, les parties importantes du rêve seront refoulées. Mais je répète qu'un rêve peut révéler à quel point l'on confond ses apparences et son « Moi », et combien l'on prend souvent le fantôme de soi-même pour la réalité (voyez le chapitre « Mon ombre est ma lumière »).

Et si vous tentez d'interpréter vos propres rêves, dites-vous que tout rêve peut appartenir à trois types principaux :

a) le rêve qui dit : *voici ce qui se passe actuellement en vous;*

b) le rêve qui dit : *voici ce que vous êtes réellement, au fond de vous;*
c) le rêve qui dit : *voilà ce qui va se passer, étant donné les circonstances actuelles.*

A chacun selon ses possibilités

Tout dépend donc de ses propres possibilités d'interprétation. Mais je crois que toute personne sachant que le rêve est l'escalier établissant le lien entre la cave et le grenier (traduisons : entre l'inconscient et le conscient quotidien) fera le nécessaire pour s'informer. Il n'est pas si difficile de lire les ouvrages de Freud consacrés aux rêves, pas plus qu'un dictionnaire des symboles dans leurs acceptions diverses. Armé ainsi de certaines connaissances pratiques, on peut entreprendre la route de l'auto-interprétation.

Mais l'on serait étonné de connaître le nombre des gens qui, prisonniers de leur vie « apparente » et de leurs peurs, refusent inconsciemment les libertés qui s'offrent à eux ! Des prisonniers, en quelque sorte, qui adulent leurs prisons...

III

Les rêves les plus fréquents

D'innombrables symboles, signes ou images, pourraient être cités dans ce chapitre. Il s'agit souvent de symboles très simples. Ils se présentent dans les rêves de centaines de millions de personnes, chaque nuit à travers le monde.

Ces rêves sont généralement courts; ils ne contiennent souvent qu'une seule image «frappante». Toute l'attention est alors concentrée sur un symbole, devenant un véritable «centre» autour duquel gravitent des éléments secondaires.

Des milliers de rêves pourraient être reproduits. Comment choisir, pour autant qu'un choix soit possible? Je crois que le mieux serait :
a) de citer quelques symboles se présentant très souvent;
b) de déterminer les grands courants essentiels des âmes humaines, produisant ce genre de rêves.

Ne seront évoqués ici que des rêves à aspect «négatif», soit qu'ils mettent en garde, soit qu'ils décrivent une situation intérieure. Il va de soi que certains de ces symboles peuvent apparaître dans des rêves éminemment positifs; nous les retrouverons plus loin dans ce livre.

Quelques symboles parmi les plus fréquents

ABIMES
AMPUTATIONS
ANIMAUX EFFRAYANTS
APOCALYPSES
ARAIGNEES
ASCENSEURS
AUTOMOBILES
AVIONS
BAGAGES
BALLONS
BILLETS DE VOYAGES
CATASTROPHES MARITIMES
CAVES
CHEMINS DE FER
CHEVAUX
CHEVEUX
CHUTES
COULOIRS
CONTROLEURS
(certaines) COULEURS
COURS DE JUSTICE
DENTS
DISCOURS EN PUBLIC
DOUANIERS
ESCALIERS
ESSENCE
EXAMENS
FORETS
FREINS
GARDIENS
GENDARMES
HOTELS
INSECTES
LABYRINTHES
MAISONS
MEURTRES
MORTS
MUTILATIONS
NUDITE
PLAINES
PNEUS
PORTES
POURSUITES
PRISONS
PRECIPICES
RAZ-DE-MAREE
SANG
SERPENTS
TELEPHONE
VERTIGES
VETEMENTS
...etc.

Notons que ces symboles peuvent faire partie de nombreux sentiments humains qui se recoupent l'un l'autre. C'est normal si l'on songe, par exemple, que les sentiments d'infériorité engendrent toujours des sentiments de castration, d'angoisse, de culpabilité, des sentiments d'impuissance, de rejet, d'abandon...

A la liste qui précède, il faudrait ajouter encore dieu-sait-combien d'autres symboles ! Chacun, en effet, peut « fabriquer » un symbole qui lui est propre, selon les lieux qu'il habite, les objets qu'il voit quotidiennement, ses propres sensations et souvenirs. Tel symbole pourra donc avoir un sens important pour telle personne, et ne rien signifier pour une autre.

Il est impossible de reprendre chacun des symboles précédents en leur donnant une explication détaillée ; je citerai un rêve chaque fois que je le pourrai, en puisant parmi ceux dont je possède le témoignage. Ce rêve sera toujours ramené à ses éléments principaux ce qui permettra d'ailleurs d'appliquer au mieux le chapitre 2.

Ce chapitre sera divisé comme ceci :
a) les rêves d'**infériorité** ;
b) les rêves de **castration** ;
c) les rêves d'**angoisse** ;
d) les rêves d'**abandon.**

Les rêves d'infériorité

Les sentiments d'infériorité sont l'apanage de l'être humain. Ils font partie de sa nature, comme l'humidité du sol. Leur apparition dépend essentiellement de la complexion humaine : sentiments de faiblesse, d'impuissance et de « parasitisme » dès la petite enfance. Bien entendu, les sentiments d'infériorité se gonflent ou diminuent selon l'éducation reçue, la confiance acquise ou non, la peur de la vie, etc. Il est évident que les parents jouent un rôle capital, mais aussi la race, la situation sociale, etc.

Les sentiments d'infériorité engendrent quantité de compensations, dont le but est de rétablir un (faux) équilibre et de donner une sensation de force et d'aisance. On trouve ainsi de nombreux dérivés de la paranoïa : agressivité exagérée, méfiance pathologique, orgueil, trop grande sûreté de soi, mépris envers les autres, volonté d'avoir raison, etc. On comprendra que, plus forte est la compensation, plus grand est le risque de retomber plus violemment dans les sentiments d'infériorité initiaux, et que les rêves qui en découlent soient fortement marqués par cette peur, consciente ou non.

Un rêve de voyage (une jeune femme)

— Je partais en vacances dans le sud de la France. Je suis arrivée dans une chambre d'hôtel. Le porteur a jeté ma valise sur un lit défait. Il m'a regardée sans mot dire et est sorti. Les murs de la chambre étaient sales, le lavabo odieux... Je me suis assise sur une chaise ; j'étais désespérée...

Chacun saisira d'emblée le sens premier de ce rêve qui marque une situation intérieure de sentiments d'infériorité. Cette personne me dit :

— Le sud de la France représentait pour moi le sommet de l'élégance... Je n'y avais jamais été et m'imaginais que la Riviera n'était fréquentée que par la haute société...

Ce qui signifie que cette jeune femme ne se sentait pas « digne » d'accéder à ce genre de vacances ! Autour des sentiments d'infériorité, on trouve un sentiment d'échec. Les vacances n'aboutissent pas au point prévu, mais dans une chambre minable. Il y a des sensations de rejet : elle n'obtient même pas un regard du porteur. Il peut s'agir, d'ailleurs, d'un échec souhaité inconsciemment ; comme si la personne se disait : « je ne suis pas digne de réussir, ni d'accéder à quelque chose de positif. Je demande d'échouer, ce qui me donnerait enfin la paix intérieure face à l'angoisse que me donne tout genre de compétition...».

Un rêve de nudité (un homme)
Il s'agit d'un type de rêve on ne peut plus fréquent !

> *— Je me promenais le long d'un boulevard animé. Les gens me regardaient en riant. Dans une vitrine, j'aperçus mon image : j'étais nu...*

C'est un rêve très explicite également. Cet homme éprouve la sensation que chacun le «perce à jour», qu'il ne peut cacher aux autre ce qu'il est réellement. Autrement dit : cet homme éprouve la honte de lui-même.

Un rêve de bouge (un homme)
C'est pratiquement, le même type de rêve que le rêve de voyage, ci-dessus.

> *— J'arrivais dans un hôtel. Je devais porter moi-même mes bagages, alors que les autres clients obtenaient les services des porteurs. L'escalier était raide, ma chambre se trouvait sous le toit. Je me suis couché sur le lit. Le plus étrange était que je me sentais bien, comme dans une sorte d'amertume pacifiée, content qu'il n'y ait pas de fenêtre, content d'être en dehors de tout...*

C'est le besoin d'échec, découlant directement de sentiments d'infériorité. C'est un rêve de «masochisme» (page 81). Le sentiment d'être rejeté est évident : cet homme doit porter ses bagages. Il est exclu de la communauté (l'hôtel). Il ne se sent pas accepté par la société (les clients de l'hôtel, les porteurs). Il opère une régression vers l'enfance : la chambre (sans fenêtre sur l'extérieur) devient un monde clos, séparé, une sorte de «ventre maternel» assurant la paix et la sécurité...

Notons ici que cet homme était à peine conscient de son profond masochisme et de son « misérabilisme ». Il avait « compensé » ses sentiments d'infériorité par un travail acharné et avait abouti à une situation brillante dont il tirait un orgueil démesuré. On imagine sans peine l'angoisse profonde qui devait le ronger, partagé qu'il était entre sa « réussite » d'une part, et ses puissants sentiments d'infériorité et d'indignité... Au fond, ce rêve marque un *comportement suicidaire*, un retour au néant et à la séparation totale d'avec le monde.

Un rêve d'ascenseur (un homme)
> — *Je pressais le bouton de la cabine afin de monter. Mais l'ascenseur descendait vertigineusement. Plus, j'insistais, plus la descente s'accélérait... Je me suis réveillé en pleine panique.*

Nous trouvons ici : descendre au lieu de monter, et une notion de Chute.

Cet homme me dit :
— *Je suis certain que ce rêve me donne une directive ; celle d'aller voir au fond de moi ce qui s'y passe. Je passe ma vie à me montrer efficient, à grimper d'échelon en échelon, à vouloir aller de plus en plus haut. Il faut que je descende, que j'explore ce qui se passe réellement dans mon inconscient. Mais cette chute !...*

Cette chute ? Elle marque ce que nous avons lu plus haut. C'est l'angoisse de perdre ses « compensations », de se retrouver dans son authenticité, de se retrouver face à soi-même.

Les **rêves de chute** sont, également, extrêmement fréquents. Certains se présentent de façon répétée, durant des années parfois, tant est sans cesse présente l'angoisse de perdre sa « façade ». Chacun connaît ces rêves où l'on *tombe* d'un rocher, où un *précipice* se présente soudain, ou l'on grimpe au *sommet* pour se retrouver dans l'*impossibilité de redescendre*, où l'on se jette dans le *vide*, où *un avion s'écrase* sur une ville, où *un train fonce dans l'abîme*, etc., etc. Les rêves de chute peuvent aussi révéler une angoisse de ne pouvoir se maintenir « à flot », la peur d'être repris par une mère dévorante, la peur de l'inconscient et de la folie, l'angoisse de se perdre dans le néant, etc.

Les **rêves de vertige** sont directement reliés à ce qui précède.

Un rêve de bagages (un homme)
— *Je prenais un billet pour une ville inconnue, mais dont je savais qu'elle était très ensoleillée, avec de nombreuses fontaines...J'étai profondément heureux de quitter ma ville habituelle. En me dirigeant vers le train, je vi qu'il s'appelait L'Oiseau bleu. Puis je m'aperçus avoir perdu ou oublié mes bagages. Je m. mis à les rechercher avec affolement, tardis que le train démarrait sans moi...*

Nous trouvons : *la ville inconnue, le soleil, les eaux jaillissantes*. Le *bonheur* de changer de ville. *L'Oiseau bleu*. Les *bagages perdus*. *L'échec* du voyage attendu.

Le grand élément de ce rêve est que cet homme s'en va vers...lui-même, vers le plus profond de lui-même. Il s'agit de l'*anima*, dont je vous parlerai chapitre 7. Malheureusement, il semble avoir oublié ou égaré ses bagages. Est-ce important ? Ou n'est-ce que fort secondaire, auquel cas il semblerait qu'il attache trop d'importance à de petites choses qui lui font manquer l'essentiel, c'est-à-dire son bonheur ? N'aurait-il pas été plus simple qu'il se propose tout simplement de racheter le nécessaire sur place, dans cette ville merveilleuse qui était en lui comme une fête ?...

Un rêve de vêtement (une femme)

> — *Je ne me souviens plus très bien du lieu où je me trouvais : une rue ? une pièce d'une maison ? De toute façon, il y avait des gens. Je retirais lentement mes vêtements, qui étaient une sorte d'uniforme gris. Mais en-dessous, je trouvais une espèce de vêtement d'une seule pièce, de couleur bleu « blue-jeans ». Je me sentais infiniment triste. Je me suis ensuite retrouvée dans un autre lieu, vêtue cette fois d'un tailleur bleu-marine, sombre. Des gens allaient et venaient ; je me sentais en paix...*

Notons en premier lieu que ce rêve fut accompli par une jeune femme très élégante, dont les vêtements n'avaient certes rien d'un quelconque uniforme ! En outre, cette personne semblait très vive, heureuse de vivre en participant à de nombreuses assemblées mondaines, entre autres.

Laissons-la associer sur son rêve :

— *Le plus étrange est cette succession de vêtements « uniforme »...Gris...Terne...Blue-jeans. Comme chez Mao... Tout le monde en bleu, tout le monde en gris... Ou est-ce moi-seule ? Tristesse. Mon élégance est une apparence. Ma personnalité est grise. Uniforme. Ce rêve me dit jusqu'à quel point. J'ai passé ma vie à me le cacher. Je devrais enlever tous ces uniformes comme des pelures d'oignon, jusqu'à me retrouver dans mon authenticité. Tailleur bleu-marine. Pension. J'ai souffert en pension, mais c'était mon refuge contre les incessantes mésententes de mes parents. Un refuge doux-amer...Bleu-marine. Etre sage. Suivre les règlements. Oui, ma Sœur, merci ma Sœur, je me mets en rangs ma Sœur... C'est vrai : je me suis mise en uniforme. Extérieurement, l'élégance et la désinvolture. Mais au fond de moi, je me crois obligée de faire comme tout le monde afin que l'on ne puisse rien me reprocher. Faire comme tout le monde, ne pas me faire remarquer, ne pas me faire démasquer. Mais ce rêve est bon, puisque je semble y rechercher ce qu'il y a sous ces vêtements-uniformes... Il faut que je prenne garde à ne pas me remettre dans les rangs, comme en pension, pour y retrouver une fausse paix...Je dois combattre mes compensations ; je veux être trop différente des autres par mon originalité ; je risque de tomber dans un piège dont il me sera difficile de sortir, l'âge venant...*

Et l'on pourrait ajouter à ces associations que le fait d'enlever des vêtements « uniformes » correspondait à un découragement profond devant l'inutilité de fausses-valeurs (*ne pas se faire remarquer*, compensé par l'originalité et l'élégance, *vie intérieure terne et « uniforme »*, compensée par une vie trop extérieure et trop brillante, etc.).

C'est un excellent rêve de « mise au point » et d'avertissement pour l'avenir, et dont cette personne a, d'ailleurs, largement tenu compte.

Un rêve de voyage (un homme)

> *— Je suis dans le train, en première classe. Le contrôleur entre et vérifie les billets. Il me fait remarquer, sèchement, que je n'ai qu'un billet de seconde. Il m'invite à quitter le compartiment, dans lequel se trouvent de jolies femmes et des hommes, jeunes et bien habillés.*

Voilà un rêve hyper-fréquent, sous cette forme ou sous une autre ! Le sens en est clair. Les sentiments d'infériorité y éclatent.

Laissons associer le rêveur :

— Imposture ! Je me sens un imposteur ! Dans la vie, dans mon métier. Je suis un médecin très capable, mais j'ai toujours l'impression de ne pas « mériter » mes honoraires... Une voix, au fond de moi, me dit sans cesse : « Etant donné le peu que tu es, comment est-il possible que l'on te fasse confiance ? ».

Nous trouvons ici le sentiment d'« indignité » dont souffrent tellement d'hommes, sentiment accompagné par son ombre impitoyable : l'angoisse permanente et la peur. Et, dans ce rêve, cet homme est « chassé » d'une situation à laquelle il croit n'avoir pas droit, sous les regards de jolies femmes dont il se juge — également — indigne !

Un rêve de gare (une femme)
> — *J'arrive à la gare de l'Est. La gare est absolument déserte et désolée. Solitude atroce. Aucune lumière. J'ai perdu mon chemin. Je me suis trompée de quai. J'aperçois mon train à l'arrêt sur une voie désaffectée. Aucune locomotive.*

Est-il nécessaire de commenter ce rêve que chacun comprend sans peine ? Le sentiment d'« abandon » est puissant : gare déserte, voie désaffectée. Il n'y a plus de départ pour la vie et l'avenir. La « puissance » manque : aucune locomotive n'est présente pour arracher le train à son immobilité...

Un rêve de train (un homme)
C'est encore et toujours, le même thème.

> — *J'arrivais à la gare, pour voir mon train disparaître à l'horizon. Je courais le long des voies, en portant de lourds bagages...*

On trouve ici, évidemment, l'impression de « manquer le train de la vie », de rater les occasions de réussir et de s'épanouir, de manquer son « voyage ». Le rêveur porte de lourds bagages ; sans doute ressent-il son existence comme trop pesante ?...

Un rêve de maison (un homme)
> — *Je rentrais chez moi. Mais ma maison se*

trouvait près d'un usine sinistre. Elle était devenue minuscule. Le toit en était abîmé.

La maison rapetissée marque ici le sentiment de diminution de la personnalité. L'échec apparaît (l'usine sinistre). De plus, cet homme craint de perdre ses facultés intellectuelles, imagées ici par le « toit » de la maison (voyez le dictionnaire).

Et ces genres de rêve pourraient se poursuivre à l'infini... *Les trains* s'en vont sans le rêveur. *Les trains* sont poussifs, ou bloqués quelque part. *Les gares* sont misérables, ou perdues dans une campagne hostile. *Les trains* passent sans s'arrêter. *Les bagages* sont égarés, ou ne correspondent pas au train choisi. On arrive *en retard* à la gare. On aboutit à un *cul-de-sac*. *L'auto* ne démarre pas. *L'auto part à reculons. On a égaré les clés* de la voiture. Et tant et tant de situations larvaires, manquées, désespérantes, brumeuses, inadéquates, misérables, qui marquent sans trêve l'infériorité et l'impuissance de la race humaine...

Les rêves de « castration »

Dans son acception générale, la *castration* fait partie de chaque instant de la vie humaine. Est castration, tout ce qui porte atteinte à la paix, à l'intégrité, au bonheur, à la liberté de l'être humain ; que ce soit sur le plan physiologique ou sur le plan affectif.

La naissance, par exemple, est la première grande castration. L'être est « arraché » à la béatitude du ventre maternel pour se trouver projeté dans le bruit et la fureur. L'enfantement est, pour la mère également, une castration importante : ce qu'elle porte en elle, ce qui fait partie d'elle, lui est enlevé.

Ainsi, l'existence n'est qu'une longue chaîne de castrations diverses et plus ou moins importantes. Elles demeurent *normales*, par exemple lorsque l'éducation se fait harmonieusement. Mais la castration existe néanmoins, puisque l'enfant est « canalisé » par des impératifs venus de l'extérieur. Cependant, nombreuses sont les anormales ; il s'agit de toutes les « mutilations » de la personnalité physique ou affective (voyez le sur-moi, page 88).

Le sentiment de castration se présente souvent en rêve, généralement accompagné d'angoisse. On rêve qu'un *membre* est arraché, ou que les *dents* se déchaussent ou tombent. On rêve que l'on perd ses *cheveux*, qu'un *pneu* de voiture est crevé. On rêve qu'une *balle de pistolet* retombe mollement, à moins qu'une *fusée* ne s'écrase peu après son départ. Les *examens* sont fréquents dans les rêves, de même que les *cours de justice*. Des *ballons ne quittent pas le sol ou se dégonflent*, etc.

Un rêve d'examen (un homme)

— *Je passais un examen d'entrée à l'Université. Les examinateurs étaient debout, avec toques et toges noires. Ostensiblement, l'un d'eux déchira mon diplôme...*

Les rêves d'examens sont, on le conçoit, très fréquents. L'examen marque le « passage » intérieur d'un point à un autre. Il peut signifier aussi un essai de changement d'état. Mais l'examen est, avant tout, une façon de « rendre des comptes », de prouver sa valeur et son droit à l'existence. Dans ce rêve, il y a « castration » ; le diplôme déchiré correspond à une mutilation de la personnalité à qui l'on dénie le droit (ou le pouvoir) d'accéder à l'avenir et au développement de soi. Mais qui est cet examinateur ? De qui est-il la projection ? Qui représente-t-il dans l'esprit du rêveur ?

Un rêve de cheveux (une femme)

— *Je me regardais dans un miroir ; je m'apercevais que j'étais devenue totalement chauve. Réveillée, je me suis précipitée devant une glace pour vérifier, tant ce rêve avait été puissant...*

C'est, une fois encore, un type de rêve courant (il rejoint les rêves de chutes de *dents*). C'est un rêve classique de castration. Il s'agissait ici d'un jeune femme ; on pourrait donc croire à sa peur de perdre sa beauté ou son pouvoir de séduction. Mais le rêve va plus loin. Les *cheveux* sont chargés d'un symbolisme universel : nous le retrouverons dans le dictionnaire en fin de volume. Les cheveux sont symboliquement synonymes de force virile, de pouvoir actif. En tant qu'attributs sexuels secondaires, ils représentent, chez la femme, un puissant moyen d'attraction. Leur symbolisme est solaire. Ce rêve montre à quel point cette jeune femme craint de perdre son pouvoir, sa force créatrice, le dynamisme de sa jeunesse, etc. C'est, de plus, un rêve d'angoisse.

Et, pour illustrer le symbolisme affectif des cheveux, rappelons-nous Baudelaire :

Fortes tresses, soyez la houle qui m'enlève !
Tu contiens, mer d'ébène, un éblouissant rêve
De voiles, de rameurs, de flammes et de mâts...

Un rêve de mutilation (une femme)

— *Ce fut court, mais !... Je me trouvais je ne sais où ; un énorme monstre arriva très vite et arracha le bras droit de mon père... C'était affreux ; je sentais mon propre bras droit arraché...*

Laissons associer la rêveuse :
— *Je n'ai jamais connu profondément mon père ; ma*

mère prenait toute la place et faisait tout pour me dresser contre lui*. Je ressens ce monstre comme étant ma mère...

Une mère hargneuse, revendicatrice, toujours critique, jamais aimante. Elle a empêché mon père de vivre. Elle lui a arraché sa force, son pouvoir ; elle l'a rendu inexistant. Moi, dans ce cas, comment aurais-je pu être guidée par mon père ? Je ressens ce rêve comme étant très important ! Une fille sans un père-guide est une femme qui tourne en rond. Mon bras droit, c'est sans doute mon dynamisme, ma créativité. Il faudra que j'essaye de renouer des liens avec mon père, malgré ma mère...

En effet, la mère est, dans ce rêve, le « monstre » qui dévore les personnalités, les empêche de s'épanouir librement. *Le bras* est, évidemment, un symbole « phallique ». Le bras représente la force, le pouvoir, la protection. C'est le bras qui frappe, qui porte le bâton ou le sceptre. On connaît le « bras de justice » (voyez Dictionnaire en fin de volume). De plus, il s'agit du *bras droit*, celui qui (chez les droitiers) possède le plus de force. Dans ce rêve, le père est « castré ». Il est dépossédé de son pouvoir viril. Et ce rêve montre bien à quel point *la fille* est, en même temps, « *coupée* » de son pouvoir « *masculin* » : c'est-à-dire, de sa créativité, de ses pouvoirs dynamiques, de ses enthousiasmes, de son pouvoir « de frappe » envers la vie... En même temps, elle est coupée de son *avenir*, symbolisé par la droite. (Voyez le symbolisme des directions, chapitre 13).

Un autre rêve de mutilation (un homme)

— J'arrivais au bureau. Je m'apercevais avec angoisse que j'avais le bras droit amputé. Je disais à mon chef : « ce n'est rien ; donnez-moi à faire un travail de la main gauche mais gardez-moi ici !.

---

* Voyez MS 250, *Les femmes*, de P. Daco où cette très importante difficulté de la femme est étudiée.

Associations du rêveur :

— *Mon chef? C'est mon père. Peur de mon père. Peur des hommes. Je joue à l'homme, mais au fond, je me soumets. Que puis-je faire sans mon bras droit? Inutilité. Mutilé. Foutu. Il est certain que mon père m'a castré. Ses principes! Jamais pu me révolter. Mais vous voyez combien je suis gentil?... Je vous en prie, je n'ai plus de bras droit mais cela n'est rien, rien du tout, je m'arrangerai avec le peu qui me reste, voyons! gardez-moi tout de même tel que je suis, amen! ne me chassez pas, mon bon Monsieur! je ferai tout ce que vous voudrez, mais ne me chassez pas!*

Autres associations :

— *Rien d'étonnant à ce que je me réfugie chez Maman! Ou chez ma femme! Je ferais n'importe quoi pour être aimé et rassuré...Ne pas être chassé...Tout, mais ne pas être chassé...Le bureau, c'est ma famille; je m'y sens bien; je fais tout pour les autres, même des heures supplémentaires...*

Il est inutile d'ajouter un commentaire à ces associations. Nous trouvons à nouveau le bras «droit» castré : celui de la force, de la puissance virile. Il symbolise ici le phallus; nous sommes dans le fameux complexe d'«Oedipe», que je vous propose de lire au dictionnaire.

Un rêve de dents (un homme)
Voici encore un type de rêve aussi fréquent que la pluie en automne, et que nous avons déjà amorcé.

> — *Toutes mes dents branlaient. Je les prenais une à une, et elles se détachaient facilement. Je me suis réveillé en me disant : «quel cauchemar!».*

Les dents servent à mordre : à mordre la nourriture, à «arracher» (la viande de l'os, par exemple). Ne dit-on pas «mordre la vie à belles dents»? Et aussi : «montrer les dents » ? Serrer les dents passe pour être un signe de puissance virile. Les dents font partie également de la séduction sexuelle (dents « éblouissantes », morsures amoureuses, etc.).

Rêver de dents gâtées, arrachées, branlantes, est souvent le signe d'un sentiment d'impuissance (sexuelle, affective, professionnelle, etc.). Cet homme éprouve la sensation — ou la crainte — d'être diminué, amoindri, sans pouvoir.

Notons qu'il est fréquent qu'une femme, après un accouchement, rêve qu'elle perd ses dents. C'est compréhensible, puisque l'accouchement est une forme de « castration » comme nous le savons déjà (il y a « arrachement » et mutilation d'une partie du corps de la mère).

Un rêve de pneus (un homme)

— Je sortais de mon lieu de travail pour rentrer chez moi. Les quatre pneus de ma voiture étaient crevés. Je tentais de démarrer malgré tout, mais le moteur tournait sans que je puisse embrayer. Je me disais : « est-ce à cause des pneus » ? Je cherchais des yeux un garage ; je ne voyais que des gens allant et venant.

C'est un rêve de castration, d'impuissance, de diminution de soi. Cet homme se sent « dégonflé » pour affronter la vie. De plus, l'embrayage ne répond pas : il ne parvient pas à extérioriser ses forces potentielles. Notons que ces sentiments étaient inconscients ; il se montrait efficace (et fort agité !), efficient (mais très angoissé !) dans la vie courante. Ce rêve lui révèle la façon dont il se « ressent » réellement. C'est un rêve de mise au point et d'avertissement.

Les rêves d'angoisse

Consciente ou non, l'angoisse* joue un rôle important chez l'être humain. Il est donc logique qu'elle forme la trame de nombreux rêves.

Dans les rêves, l'angoisse se traduit généralement par des sentiments négatifs de tous ordres. Ainsi surgissent des situations inextricables ou effrayantes. Une situation passée peut se présenter, toujours semblable à elle-même, dans des rêves souvent répétés.

Il est facile de trouver des rêves d'angoisse parmi ses propres fantasmes nocturnes. Angoisses quotidiennes, angoisses métaphysiques, angoisses cosmiques...

Ici également, *des avions* tombent et prennent feu, *des gens* hurlent, *des paniques* se produisent dans *les foules*, *des dédales* s'étendent à l'infini ; *on erre*, perdu et seul, dans une *ville inconnue*, *des maisons* s'écroulent, *des tremblements de terre* ont lieu, *les raz-de-marée* déferlent...

Il est des rêves d'angoisse plus profonde : *un fils* tue sa mère, *une mère* poignarde son enfant, *un mari* voit sa femme engloutie dans les flots, *un navire* plonge dans l'abîme, etc. Apparaissant également les *plaines* immenses, désertes, enneigées ou glacées. *Des maisons* sont inoccupées, abandonnées, hostiles, parmi les herbes folles. *Des sanglots* se font entendre durant le sommeil. *Des animaux* étranges, archaïques, apparaissent, *des insectes* déferlent, *des morts* se relèvent et menacent. On est *perdu*, *égaré*, *rejeté*, *abandonné*, *seul* au monde et dans l'univers... Oui, l'angoisse humaine est grande !

---

* Voyez MS 15 et 29 : *Les prodigieuses victoires de la psychologie et Les triomphes de la psychanalyse*, de P. Daco.

Les sensations physiologiques et les rêves d'angoisse

Les rêves d'angoisse — ou les cauchemars — sont parfois provoqués par des malaises physiques (superficiels ou profonds), par des gênes respiratoires, des oppressions cardiaques ou pré-cordiales, etc. Chacun sait qu'une digestion difficile peut engendrer un rêve d'angoisse. Mais, de toutes les façons, la situation physiologique du rêveur déterminera *toujours* la présentation de telle ou telle image du rêve, auquel le malaise physique ne sert que d'interrupteur.

Les rêves d'angoisse et la sexualité

Les besoins et désirs sexuels jouent ici un rôle important. Les « refoulements » figurent souvent au premier plan. Parmi les plus courants on trouve des rêves de situation oedipienne (Dictionnaire). Il est rarissime que ces rêves décrivent objectivement une situation. Ce sont les symboles qui, ici encore, se chargent de montrer le climat, les désirs, les angoisses, les refoulements. Dans ma propre documentation, je possède environ vingt rêves où, à travers des contextes différents, un fils « poignarde » sa mère. Il ne s'agit pas de rêves de haine, mais de relations sexuelles; le poignard symbolise le phallus.

La puberté est l'époque où se produisent de nombreux rêves d'angoisse. Ce qui est normal : c'est le temps où sourdent de grandes difficultés affectives et sexuelles. En outre interviennent la peur de l'avenir, l'angoisse de quitter la sécurité familiale, la crainte de la liberté, etc.

Quelques symboles courants d'angoisse
Parmi les rêves « sexuels » angoissés :
☐ Les *serpents* apparaissent fréquemment, dans les rêves

d'hommes ou de femmes. Ils sont des symboles phalliques. Egalement des *animaux reptiliens*, des *jungles*, des *forêts*, des *bosquets touffus* (souvent symboles du pubis; ils peuvent également signifier l'inconscient).

☐ On trouve des *tours* qui s'écroulent (la tour est ici symbole phallique, dressé, vertical; son écroulement montre une peur de l'impuissance afffective ou sexuelle).

☐ Des *révolvers* ne «partent» pas, à moins que la balle ne retombe mollement (même symbole que précédemment).

☐ Des *navires* sombrent, des gens sont *engloutis* dans la *mer* ou les *marais* (signifiant l'angoisse de retourner à l'inconscient et à la Mère).

Chez la jeune fille, on trouvera plus spécifiquement des *personnages mâles*, menaçants, hirsutes (symboles d'un «Animus» dangereux : chapitre 8). Sont fréquents les rêves montrant l'angoisse du *viol* (*serpents, couteaux, objets pointus ou acérés, voitures* qui foncent sur elle, *trains* qui la percutent de face, *plaies béantes* aux organes génitaux, etc.)

Est-il utile de dire combien ces rêves provoquent une sorte de panique chez les adolescents et les adolescentes qui ont tendance à prendre leurs rêves au pied de la lettre, ce qu'il ne faut *jamais* faire, je le rappelle?

Les situations pénibles

Les rêves d'angoisse présentent assez fréquemment des situations de vie difficiles, soit passées, soit actuelles. Ces rêves — comme déjà dit — peuvent survenir de façon répétée, durant des années!

Voici quelques exemples :

■ *Jacques rêve très souvent qu'il se trouve toujours à l'armée. A moins qu'il ne soit rappelé sous les drapeaux.*

A moins qu'il ne soit porté déserteur.

Or, Jacques est âgé de 50 ans. Il semble donc que l'armée ait fait naître un traumatisme ou un climat d'angoisse, non liquidés après le licenciement. Ce genre de rêve peut paraître superficiel ; or, il s'agit au contraire d'un trouble profond, dont le rêve n'est que la traduction symbolique.

■ *Paul rêve fréquemment qu'il se retrouve au bureau. Il y revient après une absence injustifiée. A moins que son chef ne lui fasse des reproches au sujet d'un travail mal fait. A moins qu'il ne se prépare à démissionner sans jamais le faire.*

Or, Paul exerce depuis plusieurs années une profession libérale. Ces rêves de « bureau » sont toujours chargés d'angoisse. Pourquoi ? Il faudrait donc savoir ce que représenta ce bureau pour Paul, et ce que représente également une démission jamais réalisée. Est-ce là une « peur de la liberté » ? Quant à ces absences injustifiées, il s'agit sans doute d'un climat de culpabilité générale, projetée sur le bureau et son chef. Et c'est sans doute dans l'enfance de Paul que se trouve le clé de ces rêves répétés qui semblent « insister » sur la nécessité de liquider une situation intérieure imbibant en permanence la vie de Paul...

■ *Marie-Thérèse rêve très souvent qu'elle prépare ses examens universitaires.*

Or, elle est médecin depuis de nombreuses années. La vie serait-elle pour elle un « examen » permanent ? Y a-t-il tellement de culpabilité qu'elle se sente obligée de « rendre des comptes » en permanence ?

■ *Frédéric rêve souvent qu'il rentre dans la maison habitée par sa mère (morte depuis longtemps). Il appelle. Personne ne répond. L'obscurité est totale, le silence est absolu. Il voudrait monter à l'étage ; il se sent paralysé de terreur. Il se réveille chaque fois en sueur.*

Notons que l'angoisse de Frédéric (lorsque sa mère vivait seule) était de la trouver morte. En fait, et en allant au fond des choses, l'angoisse de Frédéric provenait de son souhait inconscient... qu'elle meure, justement ! Et ce, afin de se libérer d'une tutelle que sa mère avait toujours fait peser sur lui. L'angoisse est donc ici comme un *« champ électrique »* entre les pôles positif et négatif ; elle provient de *l'antagonisme puissant* entre le désir conscient (que ma mère vive !) et le besoin inconscient (que ma mère meure !). Il y a également dans ces rêves une angoisse d'être abandonné. (Voyez page 68).

■ *Jeanne rêve fréquemment qu'une femme la pousse vers un grand miroir dont elle se détourne avec horreur.*

Un mot d'explication : Jeanne eut une mère qui refusait (inconsciemment) que sa fille grandît. Elle voulait, au fond, que Jeanne fût purement et simplement son « double ». Chez Jeanne, la moindre tentative de liberté ou d'autonomie provoquait de l'angoisse. Et ces rêves répétés disent : « ma mère veut que, dans ce miroir, je voie son image et non la mienne. Je refuse ; je veux devenir ce que je suis, tout en ayant peur de regarder la situation en face... »

■ *Jean-Pierre rêve souvent qu'il s'éloigne de la maison parentale, mais qu'une voix le rappelle. Il fait demi-tour.*

Or, Jean-Pierre a quarante ans. Il est marié. Ses parents sont morts. Ces rêves sont liés à un sentiment de culpabilité. Jean-Pierre eut toujours la sensation d'avoir « abandonné » ses parents pour se marier ; parents qui, notons-le, vivaient dans l'aisance et ne lui reprochaient rien. Ce sont des rêves d'« abandonnisme » et de « peur de la liberté ».

■ *Jacqueline rêve fréquemment d'un grand fleuve ensoleillé, couvert de péniches ; mais un véritable tapis d'oiseaux noirs survole le fleuve.*

Rêves imbibés d'angoisse s'il en est ! En deux mots :

Jacqueline eut une enfance et une adolescence placées sous la tutelle d'une grand-mère « castratrice ». Cette grand-mère était, en permanence, vêtue de noir. Elle était l'image du deuil, de la tristesse ressentie à la mort de la mère de Jacqueline. Mais la grand-mère continua, durant des années, de porter ce deuil vestimentaire et, finalement, devint pour Jacqueline la représentation même de la mort... Peut-on s'étonner que Jacqueline soit tellement angoissée, partagée entre la vie rayonnante qu'elle sentait en elle et cette image de mort qui la poursuivait ?

■ *Jean-Marie rêve, depuis des années, que le téléphone sonne durant la nuit. Il rêve qu'il se lève, décroche, pour entendre une voix de femme, très douce, qui ne fait que citer son prénom. C'est ensuite le silence. Chaque fois, Jean-Pierre se réveille angoissé.*

Qui est cette femme qui poursuit le rêveur et se contente de l'appeler ? N'ayant fait que lire ce rêve que m'avait envoyé un Jean-Pierre inconnu de moi, je ne puis que supposer... S'agit-il de l'« Anima » (*Chapitre 7*) de Jean-Pierre, dont le rêveur ne parvient pas à obtenir de « messages » ? Est-ce à dire que, dans sa vie, le rêveur ne peut dégager cette Anima des forces maternelles qui l'encombrent ? C'est possible. S'agit-il d'une puissante nostalgie d'enfance ? Ou de la « voix » de sa mère, à laquelle Jean-Pierre serait demeuré relié par de puissants courants affectifs ? Ou par une intense culpabilité ?

■ *Virginie rêve souvent qu'elle se promène dans une grande ville. Elle demande soit son chemin, soit l'heure. On ne lui répond jamais. Elle se met alors à courir vers le poste de police.*

Il s'agit de rêves d'« abandon ». Virginie se sent coupée des relations sociales ; elle se croit rejetée. Errant en elle (= dans la ville), elle ne trouve aucune main secourable, aucune oreille qui l'écoute. Seule au monde dans ces rêves, elle se précipite vers la police, qui représente ici un élément de sécurité maternelle.

■ *Jacques rêve souvent que des maisons s'effondrent. Il se sent paralysé.*
C'est un type de rêve qui pourrait indiquer une situation inconsciente assez dangereuse. La maison peut représenter le « Moi » de Jacques (homme souvent dépressif d'ailleurs). Ce Moi s'écroule ; mais, en même temps, c'est toute une « verticalité » qui s'abat, toute une construction qui se désagrège. Ces rêves traduisent donc aussi une forte sensation d'impuissance de vivre ; ce sont évidemment, en plus, des rêves de castration (voyez plus haut).

Ainsi donc, l'angoisse surgit dans la nuit. Il faut dire à nouveau que la répétition de certains rêves est un signe à ne *jamais* négliger. Les rêves d'angoisse ne sont que des symptômes, avertissant le rêveur qu'il doit rechercher la racine de ses troubles.

Apparaissent également de « grands » rêves d'angoisse, parfois proches des archétypes (page 97). Ce sont *des chevaux qui déferlent* et menacent de renverser le rêveur. Ce sont *des géants menaçants, des monstres mythiques*. Se font entendre *des voix menaçantes*. On aperçoit *des forêts énormes* où l'on s'enfonce sans espoir de retour. *Des couleurs* apparaissent. *Des nains dangereux, des bandes de hors-la-loi* hantent les rêves de beaucoup de femmes (nous les rencontrerons plus loin). Voici un homme qui erre sans fin *dans les glaces*. Voici...Mais faut-il poursuivre la nomenclature de ces rêves, aussi variés que peut l'être l'anxiété humaine, et dont je n'ai fait que citer quelques symboles courants ?

Que de crimes en ton nom...

Mais voici un autre type de rêve d'angoisse, assez fréquent, et qui a le don de plonger le rêveur dans une anxiété accrue. Ce sont les rêves de **crimes**, de **prisons**, de **poursuites**.

Un homme (27 ans)
> *— Je venais d'être libéré d'une prison où j'avais purgé une longue peine pour je ne sais quelle faute ou quel crime. La rue était animée et ensoleillée. Je me mettais à courir ; je me sentais poursuivi. Me retournant, je vis une foule menaçante courir derrière moi.*

Cependant, cet homme commença ses commentaires en disant : « Mais après tout, est-ce moi qu'ils poursuivaient ? Je le supposais, mais rien ne me le prouvait ! ». Laissons associer le rêveur :
— PRISON. *Je suis en prison. Depuis toujours. Je ne suis jamais libre. Mais qu'est-ce que je dois payer ? Impression de n'avoir pas le droit d'être. Désamorcer le destin. On ne m'aime pas. Je dois faire des choses pour qu'on m'aime. Je payerais pour qu'on m'aime. Je ne veux pas être seul. Pas libre. Mais on me libère. Soleil. Pourquoi est-ce que je cours comme si le monde entier était à mes trousses ? Toujours l'impression d'être regardé, observé, critiqué. Timidité. Angoisse. Et pourtant, il y a du soleil...pourquoi pas pour moi ? Je me sens même coupable face à ma femme et à mes enfants !... Impression d'être un petit garçon dans un monde d'adultes... Non ; ne pas être seul...*

Ainsi donc, le « prisonnier » (de lui-même...) ressent une certaine détente (intérieure). La liberté apparaît (rue ensoleillée). Mais la culpabilité demeure (je n'ai pas le droit d'être libre, heureux, autonome). Refuse-t-il sa liberté ? Cette liberté lui fait-elle peur ?

De plus, il s'agit d'un rêve d'«abandon»; voyez plus loin.

Dans ces types de rêves, interviennent souvent des *représentants de la loi : juges, gendarmes, douaniers, professeurs, directeurs, bourreaux, avocats, etc.* Le rêveur se voit *traqué, interrogé, fouillé, en fuite, jeté en prison, décapité*, etc. Ces rêves peuvent être reliés à une *situation oedipienne*, que je vous propose de lire au dictionnaire.

Un homme, 22 ans
> — *J'ai tué mon frère aîné. Le pistolet du crime est sur la table. Mon frère est allongé ; il est mort, mais me regarde et dit quelques mots en souriant. Mes parents sont présents. La scène semble parfaitement naturelle à tous, moi inclus. C'est ce qui m'a le plus étonné. Depuis, je ressens une libération.*

Et l'on comprend cette libération intérieure ! Sans entrer dans les détails, pour importants qu'ils soient, disons que Philippe avait toujours considéré son frère comme supérieur à lui, recevant tous les hommages. Le rêveur se sentait le «cadet», le «petit dernier». Il se croyait le second dans l'amour maternel, et second également dans les sollicitudes paternelles. C'est une situation on ne peut plus courante. A un certain moment, il se rendit compte qu'il «fabriquait» cette situation d'infériorité. Pourquoi? Par un certain «masochisme» (page 81) qui pouvait, croyait-il, lui assurer l'amour total de ses parents. Il fabulait. Il imaginait une situation familiale qui n'existait pas. A ce moment de prise de conscience, il fit ce rêve.

Il tue au pistolet. Cet instrument est un objet «phallique» (percutant, perçant). C'est un signe de virilité. L'important est que la scène soit *naturelle*. L'harmonie familiale démontre la paix intérieure de Philippe et le redressement qu'il a su opérer.

Comme déjà dit, les crimes se présentent assez fréquemment dans les rêves. Il s'agit, le plus souvent, d'une traduction de la situaton oedipienne (Dictionnaire). Et cela, même si le rêve semble n'avoir rien à voir avec cette situation : *un employé tue son directeur*, par exemple, ou *le rêveur abat un représentant de la loi*.

Voici un homme rêvant *qu'il fonce avec sa voiture contre le gardien* de l'aire de stationnement. Ici encore, l'auto est phallique : elle percute, troue. Le gardien symbolise le père qu'il faut tuer pour posséder l'amour total de la mère. Beaucoup de femmes rêvent qu'elles tuent au moyen d'un poignard; c'est également un objet phallique, qui peut marquer l'accession à une masculinité trop longtemps refoulée.

De toutes les façons, est-il encore besoin de répéter qu'il ne faut jamais prendre ces rêves au pied de la lettre ?

Les causes des angoisses oniriques

Nous savons qu'un phénomène d'angoisse peut être comparé à un *« champ électrique »* entre les pôles positif et négatif. Poursuivons la comparaison : dans un condensateur, l'énergie se localise dans l'isolant qui sépare les lames, c'est-à-dire dans l'espace se trouvant entre les électrons. Il en va de même pour l'angoisse, qui « accumule » ses énergies parfois énormes, et les « condense » entre des sensations opposées. Dans un rêve, les sentiments et les sensations négatifs (haine, hostilité, besoins, désirs, etc.) se présentent sans barrage. L'inconscient, ne s'occupant jamais de « morale », livre sans détours ce qu'il contient.

Mais l'angoisse peut être comparée également à une *puissance bloquée*. C'est un barrage situé au milieu d'un fleuve. Un important « mouvement » de la personnalité se voit freiné ou arrêté (par la morale, par exemple). De puissants sentiments sont ici en jeu : *amour, haine, sexualité, autonomie, liberté.* Imaginons un exemple entre mille : une mère éprouve d'intenses difficultés à élever et à guider un enfant difficile. L'éducation de cet enfant lui supprime toute liberté personnelle et lui donne des soucis énormes. Il est *normal* qu'elle pense (plus ou moins consciemment) : « s'il n'était pas dans ma vie, je pourrais être heureuse et disposer de moi ». Il est normal qu'elle le pense, puisque cela est vrai. Et un rêve va apparaître, tel le suivant par exemple (une femme de 32 ans) :

> — *Je partais en voyage avec mon fiancé. On avait abandonné notre petit chien. C'était horrible, mais je parlais de Venise à mon fiancé.*

D'après les associations de la rêveuse, notons qu'elle voyage avec son fiancé (devenu son mari). Elle recule dans le temps. Elle se retrouve à l'époque de la liberté des vacances, et des promesses. Elle abandonne la situation actuelle et « refuse » d'être mariée (= non-libre). Le petit chien symbolise son enfant. Mais, même dans le rêve, une « censure » intérieure bloque le désir réel. La monstruosité ressentie est trop puissante et le rêve « édulcore » le désir. Il y a donc blocage, barrage. Cette mère — après son rêve — s'était jugée la pire des femmes... et avait rapidement pensé à autre chose. Mais l'angoisse demeurait, jour après jour, comme une sorte de « pression » contre le barrage. Et ce n'est qu'après s'être rendu compte que l'inconscient lui dépeignait un désir normal (n'avoir pas d'obstacles à sa liberté), en opposition à son désir tout aussi normal (élever son enfant difficile qu'elle aimait), qu'elle sentit la paix remonter en elle.

Les rêves d'abandon

La peur d'être « abandonné » est l'une des peurs essentielles. C'est une angoisse quasi cosmique. C'est l'angoisse du petit enfant qui, privé de sa mère pour une raison quelconque, se sent absolument seul dans un monde devenu abstrait et effrayant. C'était la peur apparaissant dans un rêve évoqué précédemment où Virginie, égarée dans une ville, court vers le poste de police.

Mais c'est également l'angoisse des enfants dont la mère boude, par exemple ; ce qui est la pire des façons de faire. La bouderie est ressentie comme un abandon ; un « mur » est dressé entre la mère et l'enfant ; le contact est rompu ; la culpabilité et le besoin de pardon à tout prix apparaissent.

Chez l'adulte, l'angoisse d'être abandonné se traduit généralement par trois comportements principaux :

a) telle personne éprouve le besoin exagéré de posséder des amis « sur lesquels elle puisse compter ». Il s'agit souvent d'un besoin angoissé. Il se traduit par une tyrannie affectueuse, par un besoin d'exclusivité totale. Le désir *d'être aimé* surpasse celui d'aimer. La personne amie doit être sans cesse présente, sans cesse disponible. Elle symbolise généralement la mère. L'impératif est : « n'être pas seul, n'être jamais seul, à aucun prix ». Ce genre de personne en arriverait à inviter chez elle n'importe qui, sous n'importe quelles conditions. Elle dira : « j'ai peur d'être seule » ; on devra traduire : « j'éprouve sans cesse l'angoisse d'être abandonnée de ma mère, de Dieu et des hommes »... Il faut répéter que cette peur est essentielle et profondément humaine. Mais l'on comprend qu'elle augmente considérablement dès qu'une personne se sent démunie, incapable, ou dès qu'elle se croit tolérée par autrui, voire rejetée par eux...

b) la personne « prend les devants ». Par peur d'être abandonnée dans l'avenir, *elle refuse tout lien* dans le présent.

Elle ne veut pas s'attacher. Elle refuse l'amour, l'amitié, l'affection. Sous-entendu : « à quoi bon ? rien ne dure, tout se brise, et je serai tout de même abandonnée un jour ». Ce genre de personne est souvent négative, critique, agressive. En attaquant les autres, elle « justifie » à ses propres yeux son refus de tout lien affectif.

c) la peur d'être abandonné *se transforme en une peur d'abandonner les autres*. Cette angoisse est fréquente entre personnes proches : on le comprend aisément. Chez ce type de personne, toute autonomie est freinée par : « si je me comporte librement, ne serait-ce que pour aller au cinéma, j'éprouve la sensation d'abandonner ma femme » (sous-entendu : d'abandonner ma mère). Ou bien : « d'abandonner mon mari ». Ici encore, le mari représente la mère. Ce sentiment — nous l'avons rencontré — est fréquent chez les jeunes gens prêts à se marier. Il se traduit par : « si je deviens autonome et adulte, j'abandonne mes parents ; ils seront seuls au monde ». Ce qui n'est souvent que la transposition de sa propre peur.

Un rêve d'abandon (une jeune femme)

> *— Je rêve souvent que je marche dans la nuit, en pleine campagne. J'appelle. Personne ne répond. Je sanglote. Je me réveille avec des spasmes qui semblent monter du fond de moi-même...*

Il s'agissait ici d'une angoisse permanente chez cette jeune femme. Enfant, elle fut effectivement abandonnée par sa mère. Une tante la recueillit et l'éleva durement. Notons que cette femme vivait entourée d'une quantité d'amis et d'amies (ou du moins de personnes qu'elle décrétait telles !). C'était sans doute pour que l'un au moins de ces « amis » s'attache suffisamment à elle pour ne jamais l'abandonner...

Et ne peut-on se demander si les *communautés* d'aujourd'hui, ne sont pas la concrétisation de cette peur ?

Les causes de la peur de l'abandon

Les situations dans lesquelles l'enfant est « abandonné » foisonnent dès le début de l'existence. Ce sont le plus souvent des abandons occasionnels et courts, dûs à des circonstances tout à fait normales. La frontière est ainsi sinueuse, entre les frustrations d'un enfant que sa mère a quitté pendant un certain temps (pour son travail extérieur par exemple) et la sensation d'abandon irrémédiable développant rapidement une profonde névrose d'angoisse. Dans ce dernier cas, l'enfant, puis l'adulte, n'arrivent à considérer toute relation humaine qu'en fonction d'un « abandon » possible. C'est une situation intérieure qui ne cesse jamais, pénible, douloureuse... et le plus souvent inconsciente.

Un puissant complexe d'infériorité apparaît. Le sadisme peut émerger : je souffre, donc les autres payeront. Ce genre de personne ne laisse rien paraître d'elle-même, mais elle demande qu'on devine ses moindres intentions, ses moindres sensations. Et lorsqu'elle abandonne un ami, par exemple, elle prétend que c'est l'ami qui l'a abandonnée. Cette névrose d'abandon peut produire de nombreux symptômes. Citons-en deux. Telle personne ne se sent en relative sécurité que si les numéros de téléphone (cliniques, médecins, police, etc.) sont en permanence à portée de sa main. Telle autre se sent angoissée si, en voiture, elle emprunte des routes secondaires où elle rique la panne. Cette peur « mécanique » n'est qu'une justification ; en réalité, elle redoute d'être « abandonnée » sans qu'un secours n'arrive immédiatement. Le gendarme motorisé — ou tout autre dépanneur — représente alors la Mère.

Névrose d'abandon, masochisme (voyez page 81) et sadisme, sont fréquemment reliés. Et l'on se rend compte que, étant donné la fréquence exceptionnelle de cette névrose, la littérature foisonne de situations où l'« abandonnisme » perce à chaque page.

Parmi les causes de ce type de névrose, on peut citer :
a) un sevrage réalisé beaucoup trop tôt. Mais tout dépend, ici encore, du climat affectif développé par la mère, ainsi que de la complexion personnelle de l'enfant ;
b) une éducation où la mère ne prête pas suffisamment d'attention à l'enfant ; ce dernier se ressent alors comme « inexistant » et indigne d'intérêt. Il se sent abandonné ; ce qui n'est pas étonnant, puisqu'il l'est ! ;
c) si un enfant est élevé par sa mère (père mort par exemple), il ne possède qu'un seul « appui » de sécurité. Un abandon, même partiel, est ressenti comme une angoisse sourde produisant parfois des paniques incontrôlables.

Quelques rêves d'abandon

■ *Julie rêve que, se promenant dans la forêt avec des amis, elle les voit s'éloigner sans l'en avertir. Un effroi apparaît. Elle appelle ; nul ne répond. Le silence s'étend. La nuit tombe.*

Dans ce rêve, ne se ressent-elle pas comme seule au monde, dans ce silence opaque et plongée dans une nuit planétaire ?

■ *Marie rêve que, arrivant chez des amis très chers, elle se heurte à un accueil indifférent et froid. Désespérée, elle ressort de la maison. Elle se trouve dans une immense plaine. La neige tombe. Elle se retourne, pour constater que les lumières de la maison amie s'éteignent. Elle se réveille en sanglotant.*

Marie était une jeune femme « abandonnée » par sa mère, dans la mesure où celle-ci ne fit jamais attention à elle, ne lui demanda jamais la moindre aide, ne suivit en rien ses études, ne contrôla jamais un bulletin de classe, ne distribua jamais le moindre blâme ni la plus petite punition, pas plus que le moindre encouragement... Et, dans la mesure également où son père sembla ne jamais remarquer sa présence. Marie était donc une « fille coincée » * entre une mère et un père ressentis comme inexistants ; au fond, une fille seule au monde. Et elle passait son existence à refuser tout lien, par peur d'être abandonnée un jour. Au fond, elle abandonnait pour n'être pas abandonnée.

Dans ma documentation, nombreux sont les rêves d'abandon, sous une forme ou une autre. Le rêveur ou la rêveuse *passent sans que le regard d'autrui* ne leur soit accordé. A moins que, dans une réunion, ils ne se voient *seuls dans un coin*. Des *téléphones* ne répondent pas. Tel rêveur se voit *mendier* dans la rue (= mendier de l'affection). Un autre rêve de *maisons vides de toute femme (sans une mère)* ; seul un homme menaçant se trouve sur le seuil. Une jeune femme rêve qu'elle déambule *nue dans la rue* ; personne ne la voit.

Et je cite, pour terminer, un extrait d'un admirable poème d'Apollinaire illustrant ce qui précède :

> J'ai cueilli ce brin de bruyère
> L'automne est morte souviens-t'en
> Nous ne nous reverrons plus sur terre
> Odeur du temps brin de bruyère
> Et souviens-toi que je t'attends.

La Chanson du mal-aimé.

---

* Voyez MS n° 250 *Les femmes*, de P. Daco.

IV

Ce que l'on appelle névrose...

Toute personnalité humaine comporte une série d'arc-boutants. Dès l'enfance, des « poutres » se mettent en place, s'appuyant les unes sur les autres dans une stabilité plus ou moins grande, et cherchant progressivement leur position pour assurer au mieux l'équilibre de l'ensemble.

Qu'est-ce qu'une névrose ?

On pourrait dire que tout être humain est constitué d'arc-boutants « névrotiques ». Mais avant tout, il faut considérer le terme « névrose » dans son acception *normale*. C'est fort important étant donné la coloration uniquement « maladive » que l'on accorde généralement à ce mot.

Il y a névrose au sens le plus large dès qu'une personnalité humaine (on devrait dire un « système en mouvement ») s'adapte à des normes proposées (ou imposées) de l'extérieur. Or tout enfant, dès sa naissance, est obligé de s'adapter à des normes, des valeurs, etc., qui ne sont *jamais* les siennes, puisque ce n'est jamais lui qui les édicte au départ.

En poussant les choses à la limite, il semble ainsi que l'immense série des adaptations « aux autres » exige la mise en place de fort nombreuses « névroses » localisées dans le temps, durables ou non, normales ou non.

Nous le verrons plus en détail avec les « Sur-Moi » (normaux ou anormaux) et l'Ombre.

Tout être humain est un funambule permanent. A chaque instant, à chaque milliardième de seconde, l'organisme entier tente de maintenir son équilibre. Et, à chaque instant, est atteint un état d'équilibre que l'organisme pourrait conserver indéfiniment s'il n'était pas un système en mouvement*.

Ainsi donc, notre inconscient, semblable à un gigantesque ordinateur bourré d'informations, tente sans cesse de maintenir l'équilibre du système, mais, très souvent, *au détriment de* telle ou telle partie de l'ensemble.

Il est extrêmement important de bien comprendre ceci. Revenons à l'ordinateur. Imaginons un énorme ordinateur central d'une non moins énorme usine. Supposons que cent mille personnes y travaillent, du directeur général au plus obscur des manœuvres, chacun ayant sa place et sa fonction.

Supposons que l'ordinateur possède *toutes* les informations concernant *tout* ce qui se passe dans l'usine, de la moindre pièce de machine jusqu'à la *moindre molécule* de *chaque* personne employée ou dirigeante.

L'ordinateur est au travail, jour et nuit. Mais voici un employé, faisant partie des cent mille personnes, travaillant dans son bureau du 25e étage. Il ignore évidemment *tout* de ce qui se passe dans le « ventre » de l'ordinateur. Ce dernier, cependant, travaille pour un ensemble et

---

* Ce qui est, pour ceux que cela intéresse, conforme au « Second Principe » de la Thermodynamique.

ignore l'employé *en tant qu'élément isolé* ; de même qu'il ignore le directeur général, ou une machine, ou une pièce de machine, toujours en tant qu'éléments isolés.

L'ordinateur — maintenant sans cesse l'équilibre du système — va donc remplacer telle pièce de machine, déplacer ou licencier tel employé, remplacer tel directeur, etc. Chacun des éléments est donc *atteint personnellement*, mais l'équilibre de l'ensemble est maintenu.

Disons que les mesures personnelles seraient telle ou telle névrose, normale ou non. Disons encore qu'une névrose anormale serait semblable à l'employé, qui voudrait à tout prix se maintenir dans son genre de travail personnel, pour la sécurité personnelle, et sans arriver à s'insérer dans l'équilibre de l'ensemble. Cet employé devient alors une sorte de « fixation » ; son travail est stéréotypé ; il travaille pour lui-même, séparé de l'ensemble, tournant en rond, s'accrochant à une tâche qui ne varie plus.

On comprend ainsi qu'une forte « tension » naisse entre lui et l'ordinateur, entre lui et les autres membres du personnel, etc. Cette tension est l'angoisse.

Pour en revenir au « système » humain, toute névrose (normale ou non) est une tentative d'adaptation (harmonisée ou manquée). Dans une névrose *anormale*, tout se passe comme si une partie de l'ensemble travaillait pour son propre compte (comme l'employé de tout à l'heure). Des « complexes » apparaissent. Ce sont des corps étrangers dans la personnalité psychique.

Des *« Sur-Moi »* rigides (page 88) se mettent en place. Ces corps étrangers deviennent semblables à des aimants, attirant à eux toute une série de comportements qui, autrement, auraient été normaux. La personnalité se fige en partie. Elle entre en état de tension avec l'autre partie demeurée « saine ». L'angoisse sourd, s'installe, s'amplifie au fur et à mesure qu'augmente le combat entre l'adaptation authentique et l'adaptation fausse. Mais l'ordinateur inconscient travaille sans trêve. La névrose est une recherche de sécurité et d'équilibre général, au détriment de telle ou telle partie de la personnalité.

Imaginons d'ailleurs un exemple, celui d'un symptôme névrotique très répandu : le comportement obsessionnel.

Ma manie est ma sécurité...
Répétons tout d'abord que *tout* ce que nous faisons correspond à un *besoin* conscient ou inconscient. Sinon, nous ne le ferions pas.

Voici un rêve (une femme, 30 ans).

> — *J'étais une femme de ménage. Dans un vaste et luxueux salon, je frottais le parquet. J'avançais à quatre pattes. J'avais l'impression de me trouver depuis longtemps dans ce lieu. Des gens passaient. C'étaient une réception, je pense. J'apercevais une quantité de vaisselle à faire briller. C'était...comment vous dire?...comme si j'étais à un point d'aboutissement de ma vie; une sensation que je ne puis décrire...J'étais triste, en tous cas seule, hors de tout...*

Sachons que cette personne souffre de « manies » obsessionnelles bien connues : les manies de l'ordre, de l'époussetage, de la vérification, etc. Nous l'avons vu précédemment : une manie obsessionnelle procède du besoin angoissé d'être toujours *en règle devant une « autorité »* ; autorité intérieure, bien entendu. Ou une autorité anciennement extérieure (un parent, une morale, etc.) devenue un véritable « satellite artificiel » de la personnalité. On n'obéit plus au monde extérieur; on obéit à un gendarme intérieur. Il s'agit d'une forme de « Sur-Moi » (page 88).

Mais comme il existe toujours quelque chose à « mettre en ordre », cette personne aurait pu, sa vie durant, passer d'une manie obsessionnelle à une autre (vérification permanente des portes, du gaz, de l'eau, du rangement des choses, etc., etc. Ce genre de manies est extrêmement épuisant, et finit par drainer toute l'attention de la personne atteinte. Et il lui est impossible de l'abandonner; c'est pour elle un mécanisme essentiel de sécurité (être en règle, donc en paix).

Dans ces cas, il s'agit avant tout de traiter la cause, qui est toujours un sentiment de culpabilité et un besoin angoissé de « perfectionnisme ».

Dans ce rêve, nous trouvons également une notion de *misérabilisme* et d'*échec* (elle est devenue femme de ménage, elle travaille à quatre pattes). A ceci s'ajoute une sensation d'indignité (les gens ne la remarquent pas).

Ce rêve fut fort utile à cette jeune femme. Elle put prendre conscience qu'elle avait toujours caché, sous des compensations, le fait de se croire indigne d'exister. Ces compensations étaient ce qu'elles sont généralement : hauteur, mépris envers les autres, orgueil, besoin d'avoir raison, etc. Bref, un comportement paranoïaque*. Et surout, elle se rendit compte de son besoin d'échec (voyez plus loin).

Quelques rêves de culpabilité

Un homme, quarante ans
> — *Je me trouvais dans un parc. A travers une trouée dans la verdure, j'observais deux amoureux. Des gens me regardaient et s'attroupaient.*

D'après les associations faites par le rêveur, nous trouvons la « trouée dans la verdure », qui rappelle le « trou de ser-

---
* Voyez MS 15, *Les prodigieuses victoires de la psychologie*, MS 29, *Les triomphes de la psychanalyse*, de P. Daco.

rure » à travers lequel tant d'enfants essayent d'observer ce qui se passe dans la chambre parentale, avec le sentiment de honte et de culpabilité que ce « voyeurisme » suppose. Les gens le regardent et s'assemblent; sous-entendu : la société me « démasque » et me condamne.

Le besoin d'échec

Le fait de se croire inférieur et coupable d'exister, engendre automatiquement le besoin inconscient d'échouer. On le comprend facilement : cette personne ne peut croire à une réussite quelconque (même si elle « réussit socialement »), puisqu'elle se ressent comme non-existante. Or, réussir est le contraire de la non-existence.

De plus, échouer signifie « se retrouver en paix », sans combat ni compétition avec les autres et soi-même. On serait étonné de connaître le nombre d'hommes — même au faîte des réussites sociales — qui cultivent inconsciemment ce besoin d'échec, à travers d'innombrables fantasmes et rêveries.

Un rêve d'hôtel (un homme de 43 ans)
— Je revenais d'un long voyage à l'étranger, aux Indes, je crois. J'étais harassé. Sans transition, je me suis retrouvé dans une petite salle enfumée. L'hôtel était situé dans la zone. Des gamins piaillaient et se lançaient des pierres. Les gens buvaient de la bière. Quelqu'un me dit : « te revoilà parmi nous ». Je n'avais plus ni argent ni passeport.

Encore un rêve d'hôtel, comme vous le voyez ! Qui était le rêveur ? Un homme d'affaires, fort riche et « apparemment » très heureux. Il serait trop long de détailler sa psychologie profonde, mais notons qu'il se trouvait en paix dans des endroits fréquentés par des gens de condition sociale opposée à la sienne. Résumons les associations.

Dans ce rêve, nous trouvons : *le retour d'un long voyage* (celui de sa vie). *Les Indes* (pour beaucoup, c'est le pays de la «libération» intérieure, de la vérité). *La fatigue* (de sa vie, encore). *La petite salle enfumée, les gamins de la zone, la bière, le « te revoilà »*, montrent le retour à «rien» (selon ses propres paroles). Et le *manque d'argent et de passeport* clôture l'échec.

Cet homme, d'ailleurs, m'avait souvent dit son désir de partir au loin, seul, sans argent et il m'avait un jour déclaré son fantasme sourd et amer de ne jamais revenir et de mourir abandonné de tous.

Les clans

Il s'agit d'un symbole important que l'on trouve dans les rêves de personnes qui se culpabilisent, qui éprouvent le besoin d'échec et souffrent de l'angoisse d'être abandonnées.

On trouve des «clans» tels que : **saltimbanques, acteurs de théâtre, gitans, gens de cirque, maffias, bandes de hors-la-loi,** etc. Quel est leur sens dans la vie courante, et dans les rêves?

Les clans — qu'ils soient de haute ou de «basse» volée — forment une «famille» en marge des sociétés traditionnelles. Ils possèdent des codes d'honneur particuliers, devant être strictement respectés. Les membres des clans sont fréquemment entre eux «à la vie à la mort». Pour pénétrer dans un clan, il faut être jugé «digne» d'y être accepté. Il faut montrer patte blanche. Ils sont impitoyablement loyaux entre eux.

Il est logique qu'ils apparaissent dans les rêves de personnes souffrant de culpabilité, d'isolement affectif, de besoin d'échec ou d'abandonnisme. La sensation est celle d'être accueilli totalement jusqu'à la mort. La sécurité du clan devient énorme (symboliquement), à condition de demeurer « bien sage ». Une famille est trouvée. La société habituellement menaçante disparaît. Le rêveur (ou la rêveuse) éprouve l'impression d'être pris en charge. Au fond, c'est un retour à la sécurité de l'enfance.

Un rêve de clan (une femme de 20 ans)

> — *C'était un groupe en cagoules. J'avais commis une faute. Je ne savais pas contre quoi. Un juge se levait, ôtait son masque. C'était un gitan, très beau. Je le savais juste. J'allais payer ma faute, peut-être mourir, mais je savais que je recevrais la médaille pour aller aux Saintes-Marie-de-la-Mer.*

Cette jeune femme souffrait des symptômes de culpabilité suivants (et fort classiques...) : sensation de n'être pas acceptée par autrui, de n'être pas « reconnue », d'être sans cesse mise en doute, de n'être pas aimée.

Voyons les associations de la rêveuse :
- CAGOULE : *secret, anonyme, noir, punition, loi implacable ;*
- FAUTE : *... mais je me sens toujours en faute, depuis toujours !...*
- JUGE : *surveillant, voit tout, critique tout, enfance ;*
- GITAN : *comme on doit se sentir bien chez eux, effacer le restant du monde, pauvreté...*
- JUSTICE : *je n'ai jamais été reconnue en tant que moi ; comment pourrais-je alors me situer dans la vie ?...*
- MOURIR : *... bah ! zut. Après tout...*
- MÉDAILLE : *je suis reconnue. Je participe à la fête. Oui, je dois me trouver des amis et des amies ; je dois soigner mes peurs ; je dois trouver une famille d'élection. Je dois surtout arriver à me reconnaître moi-même...*

Culpabilité et masochisme

Le terme *masochisme* est tellement galvaudé aujourd'hui qu'il a perdu sa signification réelle et profonde. On l'emploie à tort et à travers, comme un tic : et l'on ne se prive pas de le nantir de diverses abréviations. Mais que signifie-t-il réellement ?

On définit couramment le masochisme comme étant la recherche du « plaisir par la souffrance ». Cette souffrance peut être physique (se faire souffrir soi-même ou par le truchement d'un autre). Elle peut être affective ; surgissent alors des symptômes très courants, comme le besoin de se diminuer, de se dévaloriser ; le besoin de se placer « sous » les autres, de partir battu ; le besoin inconscient d'échouer, de se punir, d'être puni, non par sentiment de justice mais afin d'être pardonné ensuite (c'est-à-dire d'être à nouveau « reconnu » et aimé), etc.

Le masochisme possède un tout autre visage. Mais étant donné le « relent » dont ce terme est enrobé, il faudrait vraiment le définir par un autre mot !

Le masochisme essentiel ou la passion de reliance

Le besoin le plus intense de tout être humain est de se sentir « relié » à ce qui l'entoure : les autres, la nature, l'univers, Dieu. Consciemment ou non, chacun possède en lui cette « religiosité »*, et cherche sans trêve à l'assouvir — quitte à la refouler durant sa vie comme le font la plupart ! Ainsi, le Paradis Terrestre est devenu un Paradis Perdu, avec la nostalgie permanente que cela comporte.

---

* Dans le sens étymologique de *religare* = relier.

Or, *la religiosité est le fondement du masochisme, dont le sens devient on ne peut plus positif.* Il consiste à «*se fondre dans*» : dans Dieu, la Nature, la Musique, l'Amour, etc. Mais « se fondre » signifie disparaître en tant que « Moi » individuel. Le masochisme consiste ainsi à tendre vers zéro pour se fondre dans un infini ou un absolu. Et ceci, quel que soit le plan (religieux, moral, artistique, etc.) sur lequel on se place.

Le rêve d'un homme de 50 ans

— *La nuit était rouge-rose. Je me trouvais dans un désert. J'étais allongé sur le ventre, contre le sable. Je sentais que c'était un grand rêve. Une impression gigantesque. Le sol était comme un aimant. Je collais à lui. Je me fondais dans lui. Toute ma vie défilait vite, comme une inutilité, ou plutôt non, comme des événements accessoires, surajoutés... Il m'est difficile de l'expliquer... Je n'étais plus rien, mais je devenais tout, je participais à quelque chose de grandiose, mais pas en tant que moi, vous voyez? Mais... comment dirais-je? J'étais une molécule dans une loi universelle. Quel rêve!*

C'est un rêve de « religiosité » : il y a participation à l'Univers et fusion dans un « tout ». C'est un rêve de « masochisme » dans le sens large. On pourrait croire qu'il s'agit d'une régression et que cet homme se réfugie dans le « sein maternel ». Mais en fait, d'après ses associations et l'énergie qui se dégagea de ce rêve, il y a réunion avec la Terre-Mère et les lois universelles. Rêve qui procura à cet homme (un écrivain) un dynamisme et une joie de vivre considérables. Et cet homme n'aurait pas accompli ce rêve si ces informations potentielles ne s'étaient déjà trouvées en lui.

Il faut donc dégager le terme « masochisme » des acceptations étriquées.

□ *Un exemple :* les martyrs religieux étaient jadis considérés comme des mystiques ou des saints. Aujourd'hui, la « science » les qualifierait de masochistes (dans le sens négatif et pathologique). Cependant, la plupart d'entre eux recherchaient une fusion totale avec la divinité. Pour cela, ils devaient n'être plus « séparés » d'elle et, par conséquent, supprimer leur personnalité individuelle.

Ne pourrait-on pas dire alors que le fondement de tout être humain soit d'essence masochiste, c'est-à-dire : se réduire à rien pour participer à tout ? N'est-ce pas Freud qui a dit que le masochisme est (ainsi) la base de la psyché dans son ensemble ?

Et la mort, considérée par certains comme une *libération extatique*, n'est-elle pas alors du masochisme essentiel ?

Mais les appellations scientifiques ont pratiqué la réduction du véritable masochisme ; elles l'ont ramené aux seuls phénomènes pathologiques et à des fantaisies sexuelles qui ne sont que les dégradations maladives d'un phénomène parfois grandiose.

Et, dans sa vaste acception, le mot masochisme ne pourrait-il pas être remplacé par *la Passion de Reliance* ?

L'orgie

Le terme *orgie* doit être, lui aussi, considéré dans son sens le plus large. Et les phénomènes d'orgie dérivent du masochisme « supérieur ».

Le rêve d'une femme de 55 ans
— *J'étais allongée sur un lit bleu. Des chants montaient ; des centaines de bougies brûlaient. Je criais : « Mais je suis jeune, je suis jeune ! ». L'image de ma grand-mère apparaissait ; elle*

> *me souriait... Il y avait une grande foule assemblée en cet endroit, une foule calme et douce. J'étais heureuse.*

Il s'agit d'un rêve «orgiaque». Voici quelques associations de la rêveuse :

■ CINQUANTE-CINQ ANS. *...sextant, faire le point... porte ouverte... un poème dont je me souviens... quelques bribes : on y parle de la Seine ; le poète dit « j'ai cinquante berges, elle deux seulement ; mais tous les deux nous coulons...* » Mourir et naître à nouveau...*

■ LUMIERES, CHANTS, FOULE. *... mysticisme, messe profane, chants bleus, encens... participation. Instinct. Messes musicales... Jeunesse... Joie ; m'en a-t-il donné, de la joie, mon rêve !...*

■ LIT BLEU. *Je ne sais pas s'il était vraiment bleu ; ou est-ce ma joie qui me le fait imaginer ainsi en ce moment ? Mais le bleu est ma couleur préférée. Celle du ciel sans limite. Lit ? Couchée...horizontalité, comme l'eau...sans défense...sans agressivité ; flottant sur cette masse, sur ces musiques, dans cette foule... Perdue dans l'infini...non-existence...*

■ JEUNE. *Quel ressourcement après ce rêve !...*

■ GRAND MERE. *Passé, Tout le passé lointain, Racines, Durée. Bonté. Par-delà la mort. Eternité.*

Ce rêve, accompli à un âge «charnière», montre une participation «mystique» à une vastitude. C'est un rêve puissant, source d'énergie et de renouvellement de soi-même, marquant et provoquant un nouveau départ intérieur. Il y a dans ce rêve, à la fois *orgie* (nous le verrons plus loin) et *masochisme,* dans le sens de «reliance», bien entendu.

---

* Il s'agit d'un poème d'André Courraud, que voici :

La Seine et moi	Un point commun
Sommes différents	Pourtant
J'ai cinquante berges	Tous les deux
Elle, deux seulement	Nous coulons lentement.

Le rêve d'un homme de 50 ans

> — *Je fais partie d'un carnaval énorme, délirant, dansant, musical, criant. Mais tout cela a lieu dans un ordre parfait. Tout danse, chante, c'est l'harmonie, la beauté, des majorettes splendides passent, des enfants lancent des fleurs... Un rêve formidable!*

C'en est un, en effet! Nous le ressentirons mieux plus loin.

Le rêve d'un homme (40 ans)

> — *Je vivais en collectivité. Mais c'était une communauté platonique, pourrais-je dire, hippie, des fleurs, des baisers, de la musique d'orgue; c'était puissant et très doux, une entente générale et profonde, pas de mots, on se laissait aller à être, hors du temps, un climat d'infini, comme si le ciel et les eaux étaient présents...une merveille de douceur paradisiaque...*

Et le rêveur se souvient particulièrement du «climat affectif incroyable» contenu dans son rêve. Il parle également de la «spiritualité» indifférenciée; aucune personnalité ne s'oppose à une autre. C'était, dit-il, «comme une seule âme!»

Cet homme était un fonctionnaire, assez stéréotypé en apparence. Ce rêve montre que l'habit ne fait pas le moine. Est-ce un rêve d'*ombre* (page 184)? Et cet homme rêve-t-il de ce qu'il désire au plus profond de lui-même, et qu'il n'a pu réaliser? Peut-être. Mais, de toutes manières, il s'agit d'un rêve d'*orgie*, dans le haut sens du terme. Les «personnalités» disparaissent. La communauté devient une seule âme. Chacun «se fond» dans chacun.

Quel est le sens de l'orgie ?

Ce terme recouvre un grand nombre de phénomènes et de comportements. Il est généralement ressenti de façon péjorative. On pense à la luxure sans frein, à la débauche collective, à l'ivresse en groupe, aux danses «hystériques», etc. Mais on pense également aux carnavals, aux «débauches» musicales de haut ou de bas niveau, etc.

Toute orgie est une *démesure*. Toute forme d'orgie est «religieuse» (toujours, comme le masochisme, dans le sens de «relier»). *Orgie* s'applique à tout ce qui éclate vers l'immense, le grandiose, à tout ce qui jaillit, tonne, à tout ce qui fait se briser les barrages et les inhibitions quotidiennes, à tout ce qui peut donner la sensation de participer à plus vaste que soi, et à s'y «fondre». Et également à tout ce qui donne la sensation de «se perdre dans...».

L'orgie peut ainsi se manifester de multiples façons, selon la qualité des affects et des motifs en jeu. Mais l'orgie est *toujours* de «religiosité», quelle qu'en soit la forme. Cette religiosité peut être d'aspect hautement positif (une «débauche» de très belle musique par exemple), ou d'aspect régressif voire pourri (une débauche collective alcoolique ou sexuelle, par exemple).

Un retour aux sources...

On connaît les grandes orgies collectives de certaines populations primitives. Elles sont liées à l'Agriculture, à la Moisson, au Printemps, etc. Elles ont pour but de fondre l'homme dans la grande unité universelle. Dans certaines orgies rituelles primitives, le prêtre s'unit *publiquement* à son épouse. Tous les participants les imitent; l'orgie devient énorme, gargantuesque, démesurée, imaginez! Le but de cette orgie est de multiplier la prospérité de la

Terre, de la vie végétale et animale. Comme le signale Micea Eliade : *« tout ce qui est isolé cesse de l'être ; l'union est totale et les individus se fondent dans la grande Matrice Universelle... »*

Carnavals et musiques « pop »
Vous avez lu plus haut un rêve de carnaval « énorme et délirant ». Débauches de musiques, de danses et de chants... Car l'orgie comprend aussi bien les « bains spirituels » des musiques dégringolant des grandes orgues de cathédrales, que les réunions de musique pop. Tous les carnavals, petits ou grands, sont des formes d'orgie. En plus des danses, en plus des libertés accordées, les masques sont une recherche inconsciente de « reliance » (ils procurent l'anonymat et suppriment l'individualité). Et pour en revenir aux orgies de bas niveau (sexualité et alcool), les participants cherchent également à se fondre dans autre chose qu'eux-mêmes : en fait, dans le suicide de leur personnalité et dans la mort du Moi. C'est une orgie inversée, une religiosité à l'envers.

Un rêve de musique pop (un jeune homme)
> — *Cela venait de partout, la musique, les chanteurs, la foule, dans une grande enceinte pour musique pop, j'étais sur une estrade, je dirigeais tout, cela m'enveloppait, j'étais heureux comme jamais, il y avait des fleurs, de l'eau dans des vasques, des filles, j'étais le grand maître de tout, c'était du délire, un vrai cirque de joie...*

Ce qui m'amène à parler des « Messes musicales » des réunions pop...
Pourquoi des réunions musicales de ce genre atteignent-elles souvent des intensités telles que la raison semble y perdre tout contrôle ? Pourquoi des individualités y paraissent-elles anéanties ?

Le plus frappant est que cette foule s'agglutine dans une sorte d'émotion primaire ; c'est une masse indifférenciée, formant un « tout » émotif et semblant réagir comme le feraient des marionnettes.

Ici, également, les énormes forces instinctuelles mises en jeu rappellent celles des cérémonies chez les primitifs. L'atmosphère est, en effet, celle d'une « Messe » à l'envers, si l'on peut dire. On dirait parfois un énorme halètement collectif. L'individu devient la foule. Des gens se tordent, se révulsent, hurlent, entrent en « extase ». Et le tout baigne dans les déchaînements d'une « sono » démesurée.

Qu'on le veuille ou non, nous avons affaire, ici encore, à des manifestations « religieuses ». Ces « orgies » musicales (fortement teintées de sexualité) suppriment l'individualité au profit d'une communauté baignant dans la même ferveur.

Ainsi donc, ces orgies musicales ne sont qu'une manifestation parmi des milliers possibles, de phénomènes de « ressourcement » et de « fusion » qui ont toujours existé.

Les rêves de « Sur-Moi »

Ce terme est généralement employé au singulier. Le Sur-Moi se définit de lui-même : tout ce qui est « posé sur » le Moi, tout ce qui empêche le Moi d'être totalement libre.

Il existe ainsi des Sur-Moi qu'on peut appeler normaux, et des Sur-Moi pathologiques.

Les *Sur-Moi normaux* foisonnent ! Cela va des feux de signalisation routiers à tous les règlements divers, en passant par toutes les lois et interdictions possibles. Les autorisations diverses sont également des Sur-Moi, puisqu'elles sous-entendent une interdiction. Le fait de posséder telle ou telle nationalité est un Sur-Moi, puisqu'il oblige à un respect civique et légal. Toute forme d'éducation (même parfaite) est un Sur-Moi, puisque donnée par des éléments extérieurs au «Moi» éduqué. Il est évident qu'*aucun* enfant ne correspond à l'éducation qu'on lui donne, puisque cet enfant est, par essence, différent. Les règles de société sont des Sur-Moi, ainsi que les modes, les courants d'opinions et de pensée, les idéologies, les religions organisées, les morales, les temps à respecter, etc., etc.

Ces Sur-Moi (éducatifs notamment) peuvent rapidement être ressentis de façon *pathologique*. Il suffit que le sentiment de culpabilité ou d'infériorité se glisse dans la machinerie psychologique pour que le Sur-Moi devienne l'ennemi intérieur. Il se transforme en une véritable gendarmerie répressive et angoissante. La liberté intérieure se fissure. Le simple feu rouge des routes devient un symbole d'obligation à respecter sous peine de culpabilité et d'angoisse. Le Sur-Moi normal : tenir sa droite en voiture, devient anormal : je tiens parfaitement ma droite pour que «les autres» s'aperçoivent à quel point je respecte les règlements, ou parce que j'ai toujours la sensation de «gêner» les autres, de n'être pas à ma place, etc. Ceci à titre d'exemple.

Mais c'est évidemment l'éducation qui développe les plus importants Sur-Moi pathologiques. Surgissent alors les sentiments bien connus d'infériorité, de culpabilité, d'angoisse, de non-existence, de non-droit à l'existence, de peurs diverses, de castration, etc.

C'est ici qu'interviennent les rêves du «Sur-Moi». Soit pour dénoncer une situation intérieure inconsciente et mettre le rêveur en garde, soit pour avertir des probabilités d'un comportement à venir (toujours par le truchement de l'ordinateur inconscient infiniment plus informé que ne l'est le conscient).

Les rêves de Sur-Moi présentent généralement des personnages d'autorité. On y voit défiler les **gendarmes** les

douaniers* : il faut montrer « patte blanche » ; on est « en règle » ou non ; de toutes façons, il faut rendre des comptes. Apparaissent les **hommes de loi**, les **avocats**, les **juges**. Ou bien des **institutrices** ou **instituteurs**, des **surveillants** ou **surveillantes,** etc.

Dans le domaine des choses : ce sont des **barrières,** des **déviations routières**, des **panneaux d'interdiction** ; bref, *tout ce qui freine, brime, bloque, punit, accuse, met en doute, fait changer de route, etc.* En un mot : *toute entrave plus ou moins forte à la liberté.*

Un rêve « classique » de Sur-Moi (un homme, 30 ans)
Ce rêve comporte l'un des objets cités plus haut :

> *— Ma voiture roulait assez vite, mais quelque chose d'anormal avait lieu. De la fumée sortait du dessous. Tout en roulant, je constatais que les freins étaient serrés, et que la mécanique chauffait. Je me suis arrêté et j'apercevais au loin un gendarme routier ; il allait et venait à l'horizon, sans jamais venir vers moi.*

L'activité de cet homme est « freinée » ; le frein est intérieur, bien entendu ; la personnalité « chauffe », partagée qu'elle est entre sa liberté et les impératifs du Sur-Moi.

D'autre part, le gendarme à l'horizon est ici un symbole de la Mère dont on attend les secours mais qui, dans ce rêve, semble ne pas répondre à l'appel.

Etant donné le nombre incalculable des Sur-Moi même normaux, l'on s'aperçoit qu'une personnalité est toujours une entité que l'on enveloppe dans des conditionnements sociaux. Mais dans ce cas, les « individualités » ne sont-elles pas purement « fabriquées » ? Et si l'on pouvait débarrasser les « Moi » de tous les « Sur-Moi », ces Moi ne seraient-ils pas semblables sur toute la terre, dans leur indifférenciation ?

---

* Aussi paradoxal que cela paraisse, les représentants de l'ordre symbolisent souvent la Mère (voyez page 116).

V

Le langage des nuits

Pourquoi et comment notre pensée nocturne n'est-elle pas semblable à notre « raison » diurne ? Pourquoi n'employons-nous pas le même langage dans l'une et l'autre circonstance ? Mais aussi, pourquoi ce langage des nuits nous semble-t-il parfaitement naturel tant que nous rêvons ?

En réalité, le langage du rêve ne serait-il pas notre langage le plus authentique ? Notre mode d'expression essentiel puisque l'enfant et le primitif s'expriment avant tout par symboles ?

Qu'est-ce qu'un symbole ?

Imaginons un photographe. Il nous présente une image. Le photographe dit avoir voulu représenter telle ou telle sensation, tel ou tel état d'âme. Pour lui, *son* image possède un sens qui lui est propre ; et cette même image produit chez lui une émotion toujours la même, à chaque regard.

Elle peut susciter le souvenir d'un climat d'enfance, de bonheur ou de tristesse; elle peut « symboliser », pour lui, la solitude, la vie ou la mort, le temps qui passe, ou d'autres situations qui lui sont personnelles.

Mais nous? Ressentirons-nous le même type et la même qualité d'émotion? Il y a vraiment fort peu de chances, tant que l'image illustre une émotion personnelle. Tout serait évidemment différent si cette image faisait surgir, *chez cent mille personnes différentes, le même genre et la même intensité d'émotion.*

Et ceci montre déjà que les vrais symboles sont rares. Or, on emploie ce terme à tort et à travers, et à propos de tout. Une marque publicitaire devient un « symbole ». Telle actrice de cinéma devient même un archétype! etc. Pour en revenir au photographe, l'image sera pour lui un symbole réel; pour nous, elle ne sera qu'un « signe », ou une allégorie.

Il semble ainsi qu'un symbole soit *une représentation chargée d'émotion; sans cette émotion, un symbole cesse de l'être* pour devenir signe ou allégorie.

Pour en revenir au photographe, nous ne pourrons bien comprendre « son » symbole que si nous connaissons bien l'homme lui-même.

Mais nous savons déjà cela. C'est le principe même de l'analyse des rêves, puisque chaque symbole doit bénéficier d'une interprétation personnelle.

Une expression lointaine de soi-même...

Les exemples pourraient être multipliés. Voici un collectionneur. Pourquoi amasse-t-il des armes, des épées, des timbres, voire des boîtes d'allumettes ou des bagues de cigares? Et cet autre , pourquoi a-t-il besoin de cette collection de crayons, ou de chaussures, ou de vêtements? Que représente cette accumulation de choses dont il n'a nul besoin, choses qui sont, pour lui, *des symboles* mais qui pour nous — à première vue — restent sans écho? Or, il est à peu près certain que ces objets évoquent « quelque chose » de profondément enfoui dans l'inconscient. Ce sont des signes dont les « collectionneurs » ignorent la signification réelle. Mais lorsque ces objets apparaissent en rêve, ils placent l'individu sur la voie de climats ou de souvenirs lointains qui dirigent sa personnalité, à son insu bien entendu.

Le symbole est du domaine de la sensation

Je crois qu'il est une loi importante : *nous ne connaissons jamais, des êtres et des choses, que la sensation que nous en avons. Nous ne connaissons jamais la réalité objective, quelle qu'elle soit.*

Du même coup, tout devient symbolique : un mot, une image, une couleur, un objet, une musique, un geste, etc. Car le véritable symbole implique toujours quelque chose de plus que le sens immédiatement perceptible.

Ainsi, *nous utilisons d'innombrables symboles sans le savoir, et à longueur de vie.* Mieux : *un univers de symboles vit en nous ; ils nous font agir et réagir ; ils dirigent nos sensations et nos émotions.* Et si définir le symbole est tellement malaisé, c'est qu'il est du domaine de la sensation, jamais de la raison. Le meilleur exemple nous est donné par les rêves nocturnes.

Comment se « fabrique » un symbole ?

Dès que nous nous trouvons devant une abstraction, nous tentons de la représenter par un « signe ». Ainsi, nous essayons de tracer des signes pour évoquer une idée, un sentiment, une sensation ; et cela, au moyen d'une image, d'un trait, d'un objet, etc.

Tout symbole possède donc un sens *subjectif*. Pour qu'un symbole devienne commun à beaucoup, il faut que le « signe » rappelle à chacun, de façon immédiate, l'abstraction représentée. On dit, par exemple que ∞ est le symbole mathématique de l'infini. Ce n'est en réalité qu'un signe ne procurant aucune émotion chez la plupart. Pour d'autres, ayant la *sensation* de l'infini, ou des nombres, il deviendra un symbole réel.

On voit donc, une fois de plus, combien ardue est la tentative de traduire le symbole par des mots rationnels ! Je cite ici Bachofen : *Le symbole éveille l'intuition ; le langage peut seulement l'expliquer. Le symbole frappe simultanément toutes les cordes de l'esprit humain ; le langage ne peut s'attacher qu'à une seule idée à la fois. Le symbole plonge ses racines jusque dans les profondeurs les plus secrètes de l'âme ; le langage, comme un souffle léger, n'effleure que la surface de l'entendement. Celui-là est tourné vers le dedans ; celui-ci vers le dehors. Seul le symbole est capable de fondre les choses les plus diverses en une impression d'ensemble homogène. Les mots rendent l'infini fini ; les symboles font franchir à l'esprit les frontières du monde fini...* ».

Symbole = religiosité

Au fond, tout vrai symbole est « religieux ». Car il tente d'englober notre Moi, le monde et l'univers. Pour le primitif (et pour l'enfant), la plupart des actes sont « religieux » en soi. Ces actes se fondent sur un Inconscient demeuré en contact profond avec le monde ambiant.

Mais le symbole « vécu » est avant tout du domaine des rêves. Il y reprend sa véritable place. Il y reparle son langage. Lorsque les humains descendent en grappes dans les puits des rêves, remontent parfois en eux des images millénaires, ayant régné dans combien de cerveaux avant les nôtres ?

Freud, Jung et le symbole

■ **Freud**, à qui l'on a reproché de considérer tous les symboles comme étant la traduction d'une situation sexuelle refoulée, écrit pourtant : *les symboles ont souvent* *des sens nombreux et multiples de sorte que, comme dans l'écriture chinoise, seules leurs relations mutuelles permettent l'interprétation correcte dans chaque cas particulier. A cette ambiguïté des symboles, s'ajoute la propriété du rêve de permettre des hyperinterprétations, de représenter des structures de pensée et des élans de désir, différents dans leur contenu et souvent fort éloignés par leur nature.* Et il continue en écrivant : *...il est important de prendre en considération les convictions philosophiques, religieuses ou morales de la conscience.*

■ Quant à **Jung**, il a tenté d'opérer une classification de la formation des symboles.

a) *La comparaison se fait par analogie.* Par exemple : *le soleil* féconde ; il est ainsi comparable à l'amour dont la « chaleur » est fécondante affectivement. Le soleil *brille* et *rayonne* comme Dieu ou un Père. Le soleil est *haut* dans le ciel, ce qui produit le symbole de la *montée* : on « monte » vers la lumière ; viendrait-il à l'idée de dire : on « descend » vers la lumière ? *Lumière* peut être associé à *gloire* : on « monte » vers la gloire et les honneurs, on n'y « descend » jamais ! Ce qui montre bien à quel point un simple symbole analogique peut diriger le langage et les expressions toutes faites. On peut continuer, d'ailleurs, ces analogies à perte de vue, jusqu'aux très grands symboles universels que nous verrons plus loin.

Autre exemple : *la lune* est pâle et mystérieuse ; elle est du domaine des nuits. Elle est devenue un symbole de la féminité, de la douceur, du mystère, de l'amour caché, de la mère, etc.

Autre exemple encore : *l'eau* est indifférenciée ; elle est souple. Elle est soit accueillante, soit attirante et mortelle. Elle devient le symbole de la féminité*.

Etc. Il est cependant à noter que, en langue allemande, Soleil est du genre féminin (die Sonne), tandis que Lune est du genre masculin (der Mond) !...

---

* Voyez MS 250, *Les femmes*, de P. Daco.

b) Les symboles provenant des sensations les plus puissantes et universellement répandues. Les grands phénomènes naturels se trouvent au premier rang : l'eau, la pluie, les orages, le jour, la nuit, la montée et la descente du soleil au-dessus de l'horizon, la fécondation du sol, la vie, la mort, la puissance, Dieu... Et par conséquent, ce qui touche de près ces sensations profondes de l'homme. Les exemples pourraient être multipliés. Revenons au soleil et à sa « gloire » symbolisant Dieu, le Père, la brillance, la réussite, que sais-je ? Imaginons aussi la fécondation du sol dont dépend la vie des hommes : les outils qui travaillent la terre deviennent des symboles importants. La terre (fécondée) devient un symbole de la femme. Le soleil et l'eau (qui la fécondent), se marient pour accorder la fertilité. Le soc de la charrue devient un symbole « phallique » (il laboure et « perce » la Terre-Femme, etc.).

Le soleil qui, à chaque aube, sort de l'horizon, devient un symbole de renaissance après la mort. Sa brillance, sa chaleur, sa gloire, son invincibilité, rejaillissent sur le grand symbole universel des héros solaires, que l'on retrouve aussi bien dans les grands récits que dans de petits ou grands films de cinéma. C'est alors le thème du héros invincible qui rejaillit même... sur les champions sportifs.

A chacun selon ses mesures

1) *Voici une personne* de maigre culture et de pauvre vie. Elle s'entoure d'objets dérisoires qui, pour elle, possèdent une inestimable valeur. Ces pauvres choses deviennent ses symboles à elle. Qu'évoquent, en profondeur émotive, ces choses ? Une enfance ? Des chagrins ou des joies inexprimables par des mots ? Un grand amour estompé par le temps ? Un accord avec la nature ? Et cette image pieuse, couvée comme un fétiche, ne symbolise-t-elle pas une

union avec l'Absolu à la mesure de cette personne qui, ainsi, devient vaste ?

2) *Voici une autre personne* ayant une vie intérieure intense. Pour elle, tout devient symbole : l'arbre et le vent, le jour et la nuit, la vallée et le clocher, l'océan et le flux, le travail et le repos. Et cette personne-là est de richesse infinie.

3) *Voici une personne* trop rationnelle ; sa vie intérieure semble désséchée. Pour elle, les symboles ne semblent être qu'un archaïque objet de curiosité, détaché de tout contexte émotif.

Mais voici la nuit et ses rêves. Et ces trois personnes voient monter en elles des images identiques. Ce sont les grands symboles.

On les retrouve partout : chez l'ignorant et l'instruit, le jeune et le vieux, l'homme et la femme, l'enfant et le primitif. Ces grands symboles sont en dehors de toute race, de toute religion, de toute morale. Ils ont traversé les siècles. Ils ont fait fleurir d'innombrables mythes et légendes. Ils ont alimenté le besoin de paradis et d'enfer de tous les peuples.

Et ce sont alors les « grands rêves », qui plongent leurs racines dans les archétypes.

Qu'est un archétype ?

S'il n'est pas facile de définir un symbole, il est quasi impossible d'expliquer ce qu'est un archétype ! En fait, ils existent, les archétypes, puisqu'ils produisent des effets qui sont les symboles. Cependant, ils sont « incaptables » en tant que réalité tangible et formelle. Qu'est-ce à dire ?

Un archétype relève d'une *pure sensation*. Il est une

pure potentialité. C'est une sorte de *dépôt psychique. Si on tentait de représenter un archétype*, c'est un symbole qui se présenterait. Il serait plus ou moins proche de l'archétype, mais ce serait un symbole tout de même.

On peut imaginer une comparaison : l'archétype serait l'énergie indifférenciée, tandis que le symbole serait la « visualisation » de cette énergie. Ou bien : l'archétype serait les photons virtuels liés aux électrons; le symbole serait la lumière, produite par les photons devenus « actifs » après excitation des électrons.

Imaginons qu'un peintre — par exemple — veuille représenter un archétype. C'est impossible : il représenterait un symbole, comme dit ci-dessus. Mais on comprend bien qu'il est des symboles très proches des archétypes, qui « collent » littéralement à eux. Ce sont les très grands symboles ceux qui font réagir de la même façon les êtres humains, d'un bout à l'autre de la terre.

On saisit ainsi la puissance que peut revêtir un grand symbole proche de l'archétype, lorsqu'il apparaît en rêve, avec ses retentissements émotifs et énergétiques ! A tel point que la vie, parfois, peut s'en trouver complètement modifiée, comme portée par un arc-boutant de cathédrale. Nous allons le voir dans les pages qui suivent.

VI

Les grands rêves

Dans certains rêves disparaissent les symboles « individuels ». Cela peut sembler en contradiction avec ce qui fut dit ; en effet, tout symbole est individuel, dans le contexte d'une personnalité bien déterminée.

Mais les « grands » rêves font surgir des symboles émanant directement de sensations profondes appartenant à l'humanité entière (voyez le chapitre précédent). Ces rêves sont puissants, souvent inoubliables. Ils peuvent être chargés d'une énorme énergie, et faire basculer quelqu'un vers un climat très positif ou très négatif.

Comment reconnaître un « grand rêve » ?

Par la profondeur du climat qui s'en dégage, tout d'abord. C'est le type de rêve que l'on se sent obligé de raconter à quelqu'un, même à un voisin indifférent. C'est le rêve dont on doit se « décharger », même si aucune interprétation n'est en vue.

■ **Les symboles** qui y apparaissent se rapportent presque

toujours (revoyez le chapitre précédent) aux très grandes sensations humaines : la vie et la mort, le bonheur et le malheur, l'amour immense, l'unification ou la fragmentation de soi, les grandes espérances de l'enfance, etc.

Ils évoquent, dans des images parfois grandioses, la Nature, ses forces et ses dangers, la fusion de l'être humain avec les animaux et l'univers. Souvent, une intense poésie (positive ou négative) s'en dégage ; des musiques se font entendre, des paysages émouvants se découvrent aux yeux éblouis du rêveur. Ce sont des rêves de lumière ou d'obscurité, de soleils et de lunes, d'eaux de toutes natures. Mais s'y présentent aussi des « directions » (page 242) : ce sont des montées ou des descentes infinies. On y trouve des couleurs puissamment émotives (page 201) ; ou encore, des nombres, dont nous verrons le symbolisme et des formes géométriques.

■ **Les grands mythes** se présentent : ce sont des rois et des reines, des sorcières, des femmes éternelles et légendaires qui hantent l'âme des hommes (l'Anima, chapitre 7). Ou encore des géants, des princesses, des labyrinthes ; des carrefours, des couloirs, des grottes enchantées ou maléfiques, des fées...

Ce sont également le feu, le vent, l'orage, la plaine, la vallée, la montagne. Dans ces grands rêves, on vole de façon magique, on est maître du monde et des cieux. D'autres dimensions de l'âme se font jour, dimensions totalement inconnues dans la vie courante ; et cependant, elles se trouvent au fond de nous ; sinon, pourquoi en rêverait-on ?

Ce sont aussi des visages sublimés et ardemment désirés par l'âme humaine : des pères, des mères, des sœurs, des frères.

Et je vous proposerai de reprendre ici le rêve cité au début de ce livre. En revoici le texte, pour plus de facilité :

— *Je me trouvais sur un promontoire, d'où j'apercevais une vallée infiniment ondulée, merveilleuse. Ces ondulations se reproduisaient de façon régulière. C'était la vallée de l'Eden. J'y voyais quantité d'arbres fruitiers, portant fruits mûrs et fleurs. Beaucoup de pommiers, et aussi des buissons de roses. La vallée n'était qu'herbe grasse; des vaches blanches paissaient à perte de vue. Et, çà et là, de petits groupes de personnes dansaient, extrêmement lentement; ils dansaient sur une musique en trois temps, une sorte de valse ralentie, hors du temps. C'était fantastique... J'entendais la musique avec une parfaite acuité; elle sourdait de partout; c'était le premier mouvement de la cantate de Bach : « Wie schön leuchtet der Morgenstern ». Tous ces gens, se tenant par la main, me faisaient des signes. Je me sentais infiniment heureux; et je crois que je donnerais le restant de ma vie pour une heure de bonheur aussi prodigieux.*

Ensuite, arrivèrent du fond de l'horizon, derrière moi, trois avions à réaction, admirables fuseaux aux ailes courtes. Et soudain, je me trouvai dans l'avion central, les deux autres m'encadrant comme les côtés d'un triangle. Ces avions avançaient très lentement, calmement; toute leur puissance demeurait potentielle. Et ils volaient en silence total, à quelques mètres du sol. Tout défilait sous moi, doucement : l'herbe, les arbres, les gens... la musique continuait de se faire entendre... Jamais je n'oublierai ce rêve qui m'a donné une énergie et une joie que je ne pouvais imaginer...

C'est un rêve purement et simplement merveilleux. Il donna au rêveur énergie et enthousiasme : les images de ce rêve touchent directement les grandes sensations de l'âme humaine.

On y trouve :

■ L'ANIMA : elle est symbolisée par l'immense et douce *vallée* que le rêveur embrasse d'un seul regard, puisque se trouvant sur un *promontoire*. Le rêveur est comme «hors du temps»; il regarde, il est témoin immobile. Et si nous savons que l'*Anima* est probablement la sensation inconsciente la plus puissante chez un homme; si nous savons que seule la réalisation et l'harmonisation de l'Anima permettent à un homme de devenir ce qu'il est, nous pressentons déjà l'importance d'un rêve de ce genre.

■ LA MUSIQUE : ce mouvement d'une cantate de Bach (la cantate n° 1) est, en effet, une sorte de valse avant la lettre, très lente, d'une grande douceur. On pourrait danser sur cette musique. C'est ce que font les gens qui peuplent la vallée. Ici encore, le climat se situe hors du temps. Et si nous savons que le titre de cette cantate signifie : «*Combien resplendit l'étoile du matin*», nous comprenons davantage encore la beauté de ce rêve. Car c'est une aube dans l'âme du rêveur...

■ LA VEGETATION, LES VACHES : c'est le grand thème de la *fertilité* (de l'âme). Ce sont des *arbres fruitiers*, symboles de la *Terre-Mère*. Une *herbe grasse* tapisse le sol de la vallée. A perte de vue paissent des *vaches blanches*. La vache est évidemment un grand symbole agraire. Sa propre fertilité dépend de la fertilité du sol. La vache est un *symbole maternel*. Elle donne du lait, rappel de l'enfance liée à la mère. La vache représente également la *Terre-Mère* et la douceur patiente. Elle est un symbole pratiquement universel; et l'on sait combien elle est vénérée en Inde.

■ LES AVIONS : à réaction, ils recèlent une énorme puissance. Mais cette *puissance* demeure *potentielle*; elle reste «en réserve», car ces avions volent lentement, quasi au ras du sol, et en silence! De plus, les trois appareils forment un *triangle*, figure géométrique importante (voyez page 233). Ici encore, le rêveur survole; il demeure témoin de la vallée, témoin de lui-même.

■ LES GENS QUI DANSENT : se tenant par la main, ils dansent très lentement. C'est une sorte de *danse rituelle*, quasi sacrée. En fait, il s'agit d'une *orgie*, dans le haut sens du terme (voyez page...). Cette danse marque une *participation* à la Terre et à sa fertilité. Elle établit un *rapport* entre la Terre-Mère et l'Anima du rêveur. Elle marque une *étape spirituelle* importante. C'est également un symbole de *réintégration* et d'*unification* (les gens se tiennent par la main). Cette danse est un mouvement, un geste ayant un *sens*. Songeons ici aux danses de Bali; le moindre geste révèle un sens sacré, un sens de participation religieuse, dont les danses occidentales ne sont que de pâles copies, parce que ne pouvant plus s'appuyer sur une religiosité depuis longtemps perdue.

En résumé, ce rêve conduit le rêveur vers l'essentiel de lui-même et sa participation à toutes choses grâce à une Anima puissamment harmonisée.

Un grand rêve étrange
Ce rêve fut fait par un homme de 40 ans, ingénieur, marié.

— *Je me trouvais sur une sorte de plateau infini, comme une gigantesque galette circulaire. Ce plateau tournait autour d'un axe central invisible. Je ne ressentais aucune force centrifuge. Les horizons défilaient...des nuages...des lumières...Tout à coup, le plateau s'est immobilisé. J'ai entendu le chant d'une voix puissante; une voix d'homme, mais de très haut registre, un contre-ténor; une voix sans vibration, froide perçante. Je n'ai pu reconnaître la mélodie; cette voix était, je le répète, d'une extraordinaire puissance, mais froide comme un champ de neige éclairé par le soleil. Ensuite, je ne sais plus... j'ai dû me réveiller, sans doute?...*

Voici ce qu'en dit le rêveur :

— *C'est le rêve le plus étrange de toute ma vie! J'entends encore cette voix! Ce plateau infini? Je le ressens comme un état de solitude absolue; moi face à moi, moi cherchant ma place dans l'univers...Il est vrai que je suis à un tournant de mon existence; je n'aime pas mon état d'ingénieur...ou plutôt, je n'aime pas les spécialisations dans lesquelles je suis coincé; j'aurais voulu faire de la recherche astronomique dans un but métaphysique...Je voudrais cesser mon métier, mais comment? Je savais que le plateau tournait, comme nous savons que la terre tourne, sans que nous ressentions la force centrifuge étant donné la longueur du rayon. Mais quel appel dans ces horizons, tous différents, indescriptibles, qui défilaient! J'étais comme immobile dans le Temps, comme éternel...Le plateau s'est arrêté; tout s'est arrêté. Puis cette voix...Vous connaissez les voix de haute-contre?*

— *Oui.*

— *Ces voix me fascinent*; ce sont des voix d'androgynes; elles montent haut comme des voix de femmes, mais elles sont sans aucune vibration. On dirait des voix d'anges, des voix de Lucifer, ombre et lumière, comme annonçant un jugement dernier! Mais que voulait me dire cette voix-là? Elle me semblait hors de moi, hors de tout. C'était comme une épée qui transperçait tout...Oui, une voix...attendez...magnifiquement esthétique...une lame...un rayon... une pureté parfaite...mais il manquait la chaleur d'une femme...Au fond tout était froid dans ce rêve...j'étais seul...ah! si une femme était apparue!*

N'ayant plus revu cet homme, je n'ai pu poursuivre avec lui un essai d'interprétation de ce grand rêve. Que signifiait-il? C'est vrai que tout y semble glacial. Quoi qu'en dise cet homme, on peut penser que ce rêve soit l'expression de son âme profonde à ce moment-là de sa

---

* On trouve d'admirables interprétations de haute-contre dans les cantates de Jean-Sébastien Bach, dirigées par Nikolaus Harnoncourt (Telefunken).

vie. La voix de haute-contre, sans vibration en effet, est une voix d'alto-homme. Elle a repris son rang dans les interprétations de musique ancienne. Il est à noter que J.S. Bach, ne pouvant faire appel à des femmes interdites dans les églises, employait des voix de garçons comme sopranos, et de haute-contre comme altos. Bach, souvent, avait recours à l'alto lorsque le texte musical évoquait une « chute », une pénitence. On le comprend : l'alto est un soprano « déchu », puisque ne pouvant atteindre les « hauteurs » (la tessiture) du soprano. Mais dans ce rêve ? Serait-ce l'Anima du rêveur qui se perd dans des infinis glacés ? Cette voix de haute-contre accuse-t-elle ? Le met-elle en garde ? Cette voix lui annonçait-elle un « jugement », une punition, une « castration » de sa personnalité ? Y a-t-il chez le rêveur une « homosexualité » latente, les voix de haute-contre étant jadis des voix de « castrats », mais aujourd'hui des voix spécialement travaillées ? Ce rêve est évidemment très étrange. Et le tout aurait été de connaître le « message » que le chant puissant et glacé de la haute-contre lui transmettait...

Et nous verrons plus loin un autre « grand rêve », accompli par un ingénieur également.

Un rêve de labyrinthe
Il fut fait par une femme, 35 ans, journaliste.

> — *Je me trouve dans un vaste labyrinthe, mais à la surface du sol. Sensation grandiose. C'est le jour. Je vais vers la sortie. Devant moi se trouve une porte fermée. Je l'ouvre. Mais de l'extérieur arrive sur moi un rayon jaune-orange, très linéaire. Ce rayon me repousse dans le labyrinthe. Je fais des efforts désespérés pour en sortir, mais le rayon me repoussait encore. Je n'éprouve aucune angoisse. Mais je me dis simplement : « que se passe-t-il ? que veut-il ce rayon ? »...*

Qui était cette personne ? Une femme *trop* sociale, trop extravertie, vivant par monts et par vaux, célibataire, *sans foyer* donc *sans centre*. Il était visible que son extraversion exagérée lui permettait de fuir quelque chose : elle-même sans doute.

Que dit ce rêve ? Les éléments principaux sont évidemment : labyrinthe ; sortir du labyrinthe ; rayon qui repousse. Voyons donc ces éléments.

■ LABYRINTHE : il fait songer à des expressions telles que : errer dans le labyrinthe ; en chercher la sortie. Ce mot suggère également des difficultés d'orientation, des parcours aboutissant à un cul-de-sac, etc. Il est évident que, pour cette personne, il s'agit du labyrinthe de sa propre vie.

Le labyrinthe peut s'apparenter au carrefour. De nombreuses directions sont possibles. Il y a donc hésitation quant à la direction à prendre, puis choix.

Il s'agit de détenir « la clef » permettant de sortir du labyrinthe, ainsi que le fit — classiquement — Thésée dans le palais crétois de Minos où était enfermé le Minotaure ; on connaît l'histoire du fil d'Ariane.

Mais le labyrinthe peut surtout, symboliser *la recherche du centre*. La fonction du labyrinthe est alors de *retarder* le voyageur dans la recherche de son propre centre intérieur, de son « Moi » profond. Il s'agit d'une recherche de spiritualité.

Le labyrinthe est, symboliquement, un voyage initiatique. Les non-initiés ne peuvent pas trouver le centre. Des *épreuves* doivent être affrontées avant de pouvoir atteindre le centre secret. Le labyrinthe est *concentrique*. Il est un symbole magique. Il signifie : se concentrer sur soi-même, supprimer ses obstacles intérieurs, ne pas être dupe de ses faux chemins qui n'aboutissent qu'à des cul-de-sac, ne pas se laisser tromper par les apparences, etc.

Symbole de rénovation intérieure, le labyrinthe se rapproche du *Mandala* (page 111).

■ **RAYON ROUGE-ORANGE** : il fait penser au fameux rayon laser, dont cette personne était superficiellement informée par son métier. Pour le public, le rayon laser signifie la puissance, la lumière concentrée. C'est le rayon qui coupe, tranche, perce, tue (rayon de la mort)*

Il s'agit d'un très beau rêve. Son « message » est simple : cette journaliste doit cesser ses fuites en avant ; elle doit cesser de s'échapper sans cesse de ses labyrinthes intérieurs ; c'est au centre de son Moi qu'elle trouvera la solution de ses difficultés. Elle doit retrouver la partie introvertie d'elle-même, celle qu'elle ne cesse de fuir. Il est urgent qu'elle opère ce demi-tour : la puissance du rayon qui la repousse le montre. Ce rayon l'avertit également du danger qui la menace : c'est la société qui risque de la repousser si elle continue son jeu de fausses personnalités agressives. Et, en pensant à ce rayon laser, elle me dit :

— *Je me suis transformée en une copie d'homme. Un*

---

* LASER signifie *Light Amplification by Stimulated Emission of Radiation*. Au départ, un laser est composé d'un monocristal d'alumine renfermant une faible dose d'oxyde de chrome. C'est un bâtonnet d'une longueur de quelques centimètres et de moins de 10 mm. de diamètre. Les bases en sont parallèles. Une base est réfléchissante, l'autre transparente. Par la base transparente pénètre la lumière d'un flash, d'une fréquence telle qu'elle entre en résonance avec la fréquence des ondes optiques. Les électrons des atomes sont pompés à leur niveau supérieur. Le signal les fait alors retomber tous ensemble à leur niveau inférieur. A ce moment, ils lancent tous ensemble leur radiation. La lumière émise spontanément dans le rubis fait des aller-retour entre les deux faces parallèles, arrivant à une telle concentration qu'elle provoque une émission stimulée. Un éblouissant jet de lumière rouge jaillit du rubis : c'est la fascinante lumière laser. Il s'agit d'une lumière « cohérente », issue d'une source dont tous les atomes projettent en même temps la même onde, de même phase et de même amplitude. Et ce, contrairement à la lumière habituelle, où chaque atome émet une radiation différente ou non des autres (lumière incohérente). C'est Einstein qui, le premier, eut l'idée théorique du laser, idée reprise ensuite par Townes et Maiman. La directivité et la puissance du rayon laser sont stupéfiantes. Projeté vers la lune, un rayon laser y ferait une tache lumineuse de 3,6 km de diamètre ! De plus, l'intensité de cette lumière laser est des millions de fois supérieure à tout ce que l'on connaît. Un rayon laser, par concentration et focalisation, perce et volatilise tout ce qu'il touche. Ses applications sont nombreuses : industrie, médecine, biologie, ophtalmologie, holographie, informatique, etc., grâce à cette science nouvelle de l'optique cohérente.

rayon de ce genre est phallique ! Et combien d'hommes m'ont repoussée en me disant ou en me faisant comprendre : « Deviens une femme, sois capable d'avoir un foyer (= un centre), et je t'aimerai ».

Un rêve de ville
Il s'agit d'un cauchemar, subi par un homme de 42 ans.

— *Jamais je ne pourrais traduire la puissance effrayante de ce rêve. Je me trouvais dans une ville. Elle était tentaculaire, super-moderne, kafkaïenne. Je la sentais respirer ! Cette ville vivait, haletait, bougeait ! Une ville vivante, comme consciente ! Elle était pleine de bruits gigantesques ; car tout était gigantesque dans ce cauchemar. Une ville consciente, sachant ce qu'elle faisait : c'est ce qui me terrifiait le plus. Je m'y sentais seul, isolé, perdu ; cependant, s'y trouvaient des foules énormes, par grappes, partout, et je me trouvais au centre de l'une de ces grappes, qui respiraient en bloc, elles aussi, comme un seul corps. A l'horizon de cette ville, c'était l'océan. Ses eaux respiraient ! Elles montaient et descendaient avec un bruit énorme de soufflet rauque : horrible ! Je voyais cet océan comme prêt à dévaler, prêt à dévorer la ville. Dans un coin, dans un endroit de la ville, je dis bien : de la ville, il y avait un bateau, posé sur des pilotis.*
Un bateau dans une ville, vous imaginez cela ? C'était terrible et étrange... A bord de ce bateau se trouvait un équipage en uniforme d'été. Immobile, cet équipage regardait la ville qui bougeait de plus en plus. Comme s'il n'avait rien à voir avec elle. J'ai détourné les yeux de ce navire ; ensuite, toute la ville s'est mise à tournoyer, de plus en plus vite. Tout s'enfonçait comme aspiré vers le centre d'un énorme

entonnoir. Je me suis réveillé en criant : « Je ne veux plus, je ne veux plus ! ».

Voici — sans entrer dans trop de détails — la signification de ce rêve ; elle fut établie en collaboration avec le rêveur.

Ce dernier était le « directeur » d'une importante entreprise *familiale*, d'une certaine région de France. Nous sommes donc dans la « bourgeoisie de la petite industrie ». Richesse, paraître et efficience étaient les mots d'ordre. Mais la caractéristique était que l'entreprise et les propriétés qui en étaient le fruit, *étaient gérées par les femmes*, de la grand-mère à l'épouse, en passant par la mère du rêveur. Autrement dit : les femmes étaient phalliques et les hommes dévirilisés. Cela dit, on voit immédiatement que *l'« Anima » de cet homme était littéralement encastré dans les femmes qui l'avaient entouré depuis l'enfance*. Il n'avait pas d'« âme » personnelle ; cette âme était celle de sa mère, plus celle de sa grand-mère dont sa mère était la copie conforme, et à quoi s'était ajoutée la domination engloutissante de son épouse. Son père ? Inexistant, puisque mangé par sa femme, lui aussi. Et le rêveur travaillait quatorze heures par jour pour échapper au climat féminin insupportable, mais également pour éviter qu'on lui fasse le moindre reproche (qui le plongeait dans l'angoisse). Donc : un homme dont l'« âme » était mangée, engloutie par les femmes qui, pour lui, représentaient une image totalement négative et dangereuse.

Revenons-en au rêve qui s'éclaire ainsi singulièrement.

■ LA VILLE QUI RESPIRE : la ville peut être considérée ici comme un *symbole maternel*. Une ville protège. Elle possède — symboliquement — des enceintes, des fortifications, des portes. Une ville est une « cité », contenant des habitants : elle est le symbole d'une mère protégeant ses enfants. C'est pourquoi — symboliquement encore — une femme est toute désignée pour être à la tête d'une cité, qu'elle gère en bonne mère de famille*.

---
* Voyez MS 250, *Les femmes*, de P. Daco.

Mais si une ville s'apparente au principe féminin, on voit néanmoins dans quel piteux état se trouve l'*Anima* du rêveur! (chapitre 7). Au lieu de lui procurer protection et bénédiction, cette ville du rêve n'apporte qu'un cauchemar destructeur.

Cette ville *respire, halète, est comme « consciente »*. Elle représente une formidable menace d'engloutissement. Face à cette ville, le rêveur est totalement démuni. Le bruit et la fureur y règnent. Des foules en grappes s'y trouvent, étouffantes, isolant le rêveur de tout secours possible.

☐ *La respiration (de la ville)*
Depuis que l'Occident est plus ou moins informé du Yoga, il connaît l'importance physique et symbolique de la respiration. L'air est un symbole de l'esprit et du souffle. A son tour, le souffle est le principe de vie et de création. Mais ceci s'applique-t-il à cette ville du rêve ?

Ce n'est pas une ville de vie, mais de mort. Et il est un fait que le rêveur a toujours (inconsciemment) considéré *sa* vie comme la mort de sa personnalité, de sa liberté, de son autonomie, tout cela étant effacé par le pouvoir des femmes !

Car si une ville est symbole de la Mère, elle représente également la vie *et, par conséquent, elle peut représenter son contraire : la destruction et la mort*. L'anonymat et l'abandon ressentis profondément dans certaines villes n'est-il pas, lui aussi, une « mort » de soi-même ?

De plus, toute ville possède un « centre », symbolique ou non (une Grand-Place, par exemple), centre d'où rayonnent des rues (c'est le symbole du Mandala, page 111). La ville du rêve ne possède pas de centre visible. Tout y est bousculé, bouleversé. Elle respire, sans doute, mais c'est un halètement terriblement menaçant : celui d'une « Anima » qui est près de tout avaler, de tout engloutir.

■ LE BATEAU ET L'EQUIPAGE : ce bateau se trouve, non pas sur l'eau, mais *dans la ville*. Cependant, il ne fait nullement partie d'elle : il est comme en attente, et son équipage est en tenue d'été : c'est le navire « solaire », le bateau de l'évasion hors de cette ville épouvantable. Mais...le rêveur détourne les yeux, sans lui accorder l'importance qu'il mérite. En détournant les yeux d'une circonstance apparemment simple qui pouvait le sauver, il se perd. L'océan lui-même menace de tout submerger.

C'est ensuite le final : une giration avec aspiration, vers un « centre ». Quel centre ? Celui de son « Anima » malade, complètement envahi par l'image dangereuse de la Femme.

C'est un rêve d'avertissement très sérieux. Ce centre du rêve aurait été celui d'une dépression profonde et, peut-être, d'une psychose. Mais cet être n'avait-il pas déjà perdu le contact avec les réalités joyeuses et libres de l'existence ? Cependant, cet homme était en analyse ; et ce rêve, rapporté ici, ne fut qu'une étape dans son évolution qui, plus tard, se termina au mieux.

Un rêve de « Mandala »
Il fut fait par un homme de 50 ans, écrivain.

> *— J'étais assis dans un grand parc. Proche de moi, il y avait un autre parc, un jardin plutôt, absolument circulaire, et délimité sans l'être, par des fleurs se trouvant au ras du sol. Partant de ce jardin, se traçaient des chemins, dans toutes les directions, comme si le jardin était le centre d'une roue. Quatre enfants buvaient l'eau d'une fontaine : deux garçons, deux fillettes. J'avais envie de chanter ; et je me suis surpris à siffloter durant toute la matinée qui suivit !*

■ QU'EST UN MANDALA ? En fait, un Mandala est composé d'un *centre* autour duquel sont tracés, soit une *circonférence*, soit un *carré*, soit *diverses formes* géométriques plus complexes. Dans certains rêves, une *ville* peut symboliser un Mandala : une ville possédant des enceintes, par exemple. *A Paris, la place de l'Etoile* est un véritable Mandala : les rues partent comme des rayons de circonférences à partir d'un centre. *Un carré* est un Mandala ; les quatre côtés sont égaux, tracés à partir d'un centre. Dans certains rêves, une *roue* symbolise le Mandala (centre et rayons, circonférence, comme évoqué dans le rêve ci-dessus).

Dans certaines représentations orientales, le Mandala représente l'image du monde (centre et circonférence). Les tapis orientaux sont souvent d'admirables Mandalas ; ils forment le support des méditations, et sont censés conduire à l'illumination ceux qui les contemplent.

Songeons aussi à ces touchants médaillons contenant de petites photographies jaunies, voire des mèches de cheveux : ce sont également des « Mandalas » circulaires, où l'œil est irrésistiblement attiré par le centre.

Les grands rêves de Mandalas sont assez rares, encore qu'ils apparaissent au moment d'une rénovation intérieure (en fin de psychanalyse par exemple). Ces rêves sont généralement l'aboutissement d'un lent mûrissement de l'âme, d'une progression dans une harmonisation psychologique, d'une « sagesse » lucide.

C'était le cas de cet écrivain cité plus haut. Est-il bien utile d'analyser ce rêve, où le Mandala est représenté par le *jardin circulaire*, dont la circonférence n'est que très peu délimitée, et d'où partent de nombreux rayons, dans toutes les directions possibles ? Nous y trouvons également *le nombre 4* (deux garçons, deux filles. Voyez page 236). La fontaine, signe de jouvence, symbolise l'Anima de cet homme (chapitre 7). Les pôles masculins et féminins sont réunis. Et est-il nécessaire de dire que le bonheur apparaît ?

Les grands rêves et l'âge

Les grands rêves peuvent avoir lieu à tout âge. Les enfants font souvent de « grands rêves » ; ces derniers ne sont pas le signe d'une précoce rénovation intérieure, mais montrent à quel point l'enfance reste fort proche des grands symboles. C'est compréhensible : un enfant n'est pas encore « décollé » de l'inconscient profond.

Beaucoup de grands rêves se situent également à la fin de l'adolescence, époque où l'on se trouve à un « carrefour » (voyez page 242) et où des chemins doivent être empruntés, de façon souvent irréversible.

Mais si tel « grand rêve » peut conduire un adolescent vers une route large, tel autre, au contraire, l'entraîne parfois dans de redoutables projets.

Ainsi, les grands rêves semblent se présenter à certaines périodes décisives de la vie (adolescence, vieillesse, changement d'état intérieur, bifurcations dans la profession, etc.). Egalement à des époques de crises psychologiques souvent inconscientes, mais qui exigent d'être résolues sous peine de dégradation de la personnalité. Le grand rêve décharge alors une somme de tensions qui auraient pu empoisonner la vie intérieure.

Un grand rêve (une femme de 50 ans)
— *Seule dans la nacelle, je montais en ballon. Sensation très forte de devenir semblable à mon destin, de m'ajuster à ce destin, de ne faire qu'un avec lui. Sensation que tout, dans ma vie, avait eu sa raison d'être, dans la convergence vers l'instant présent. Le ballon s'est immobilisé. J'ai alors vu, avec enchantement, une immense superficie de terres. Dans ce rêve, cette surface représentait ma vie entière. Une unité sans faille...*

D'après les associations de cette personne, l'impression la plus puissante fut de découvrir la terre dans une multi-direction quasi infinie. Le ballon était ainsi le « centre » d'une gigantesque circonférence ; et nous retrouvons le thème du Mandala.

Elle dit aussi :

— *C'était comme un carrefour sans nécessité de choisir une direction. Toutes étaient bonnes. Il n'y avait ni passé, ni futur. Tout s'emboîtait, tout allait de soi. Comme je vous l'ai dit, c'était la représentation de ma destinée dans sa totalité, depuis ma naissance jusqu'à ma mort. La totalité de mon Temps. Il n'y avait plus de petits morceaux de temps, mais une durée sans cassures...*

Notons ici qu'il pourrait également être question d'un rêve « sexuel » dans le sens très large (montée, ballon gonflé). Il faudrait alors le traduire par une sublimation de l'affectivité, par un regroupement des énergies, travaillant toutes ensemble dans un but commun.

Les grandes images de deux importants symboles

Comme déjà dit, chaque symbole « émet » une floraison d'images oniriques. Je crois intéressant de passer en revue ceux des symboles qui se présentent le plus souvent dans les « grands rêves ». Il faut répéter ici qu'*un symbole n'a que peu de valeur en soi*, mais que, dans un rêve, c'est toujours *la totalité de la personne* qui doit être prise en considération si l'on veut aboutir à une interprétation sérieuse et utile. De plus, tout grand symbole peut avoir un aspect positif ou un aspect négatif. Comme un sablier que l'on retournerait... Ici également, le positif ou le négatif dépendent de la vie intérieure de la personne qui rêve, *en ce moment-là*.

L'un des plus grands symboles étant probablement celui de la *Mère*,* il est normal que de très nombreuses images oniriques en jaillissent. Voyons-en d'abord l'aspect généralement positif.

La mère positive

1) *Tout ce qui accueille, protège, réchauffe, rassure, enveloppe...*
Par exemple :

LA MAISON	LA GROTTE	LA GRANGE
L'AUBERGE	LE VILLAGE	LA VILLE
LE JARDIN CLOS	LE COFFRE	L'ARMOIRE

2) *Tout ce qui allaite, nourrit, donne la vie; tout ce qui est promesse...*
Par exemple :

LA TERRE	LES CHAMPS	LE VERGER
LA FERME	LE JARDIN	LA VACHE
LA SOURCE	LA MER	LE FLEUVE
L'OEUF		

3) *Tout ce qui est étalé, horizontal (contrairement à la masculinité qui est « dressée » et verticale...*
Par exemple :

LE LAC	LA NEIGE	LA ROUTE
LA PLAINE	L'HORIZON	

---

*Voyez également *MS 250, Les Femmes*, de P. Daco; ce point s'y trouve très développé. Il y aura d'ailleurs ici certaines redites; mais comment faire autrement?

4) *Tout ce qui est « mystérieux » comme semble l'être la femme*...
Par exemple :

LA NUIT	LA LUNE	LE MARECAGE
LE SILENCE	L'OMBRE	LE SOUTERRAIN
LA MONTAGNE ENNEIGEE	LA FORET	LE SOUS-BOIS
	LE FELIN	

5) *Tout ce qui enferme, contient, englobe (comme le ventre maternel)*...
Par exemple :

LE NAVIRE	LE SOUS-MARIN	L'ASCENSEUR
LA VALISE	L'ARMOIRE	LE CALICE
LA MAISON	LE SOUTERRAIN	

6) *Tout ce qui passe pour posséder les secrets de la vie*...
Par exemple :

| LA GITANE | LA SORCIERE | LA DISEUSE DE |
| LA SYBILLE | | BONNE AVENTURE |

Toujours en ce qui concerne la mère, passons aux symboles généralement ressentis comme négatifs et où nous retrouverons des images présentées précédemment comme « positives ». Tout dépend, une fois de plus, de l'état intérieur du rêveur.

La mère négative

1) *Tout ce qui évoque le passé ; tout ce qui symbolise l'enfance ; tout ce qui « descend » vers le passé, vers l'inconscient, vers l'obscurité* (voyez le symbolisme des Directions, page 242).
Par exemple :

Les grands rêves / 117

L'ENFANCE	LES PLANS INCLINES DESCENDANTS
LES ESCALIERS DESCENDANTS	LA DESCENTE VERS LES SOUTERRAINS
LES CAVES	LES FONDS MARINS
LES FLEURS FANEES	LES JARDINS ABANDONNES

2) *Tout ce qui est repli sur soi...*
Par exemple :

LE SOMMEIL	CERTAINES MUSIQUES
L'INTROSPECTION	L'IMMOBILITE
LA DANSE	CERTAINES PEINTURES
LA NUIT	(IMPRESSIONNISME, par ex.)
LA SOLITUDE	LE JARDIN CLOS

3) *Ce qui empêche de « grandir », d'avancer ; ce qui enferme dans l'enfance...*
Par exemple :

LES MURS	LES FORTIFICATIONS	LES VILLES
LA PRISON	LA PORTE FERMEE	TENTACULAIRES

4) *Ce qui peut « maudire », jeter des sorts...*
Par exemple :

LES DISEUSES DE BONNE AVENTURE   LA SORCIERE
LES ANIMAUX « MAGIQUES » (hibou, crapaud, serpent, etc.)

5) *Ce qui menace, rejette dans la solitude...*
Par exemple :

L'EAU STAGNANTE	LA NUIT OBSCURE
L'ATTENTE SILENCIEUSE	LA RUE DESERTE
LA CAVERNE	LE LABYRINTHE
LE TUNNEL	LA VILLE NOCTURNE
LA VILLE DESERTE	LE DESERT

6) *Ce qui exige que l'on montre « patte blanche » avant d'aller plus loin, ou avant de passer la frontière (de la vie adulte)...*
Par exemple :
LE DOUANIER   LE GENDARME
LES JUGES

7) *Ce qui guette, piétine, dévore, étouffe, emporte vers le néant...*
Par exemple :

L'AVALANCHE	LA NOYADE	LE POISSON (parfois)
LE TREMBLEMENT DE TERRE	L'OCEAN DECHAINE	LA SPIRALE L'APOCALYPSE
LES ALGUES	LE POULPE	L'ARAIGNEE
LE CROCODILE	LE CHEVAL EMBALLE	LE FILET
LE PIEGE	LE PRECIPICE	LA CHUTE
LE VERTIGE	LE NAVIRE QUI SOMBRE	LES FONDS MARINS
LA JUNGLE		L'INONDATION
LA GLU		

Le rêve d'un homme (30 ans)

— *Je me prépare à quitter mon lieu de vacances. Mais l'aubergiste (un homme) me retient. Il me montre la table mise ; les meilleurs mets y sont accumulés. Je proteste ; je dois partir ; je lui montre mon billet de chemin de fer.*

En fait, il ne s'agit pas d'un « grand » rêve ! Mais je le cite parce qu'on y trouve un homme — l'aubergiste — symbolisant la Mère. Ce rêve n'est ni positif ni négatif : il fait le point d'une situation intérieure. L'aubergiste — mère tente de retenir auprès de lui (d'elle) son fils qui désire prendre le départ dans la vie (le billet de chemin de fer). Ce rêve montre tout de même que cet homme a gardé, quelque part en lui, un « accrochage » envers sa mère. Mais cela n'est-il pas quotidien ?

Le rêve d'une femme (27 ans)
Cette fois, il s'agit d'un « grand » rêve

> — *Le ciel était rouge sang. La terre tremblait. Le silence était total; du non-bruit, du non-être. Des gens couraient dans toutes les directions. Leurs cris — s'ils criaient? — étaient en tous cas inaudibles; ici encore, le silence était absolu. Comme un énorme cinéma muet. Une apocalypse de silence... Je m'encourais à mon tour vers une trouée, une grotte? une clairière? je ne sais...*

Les rêves apocalyptiques sont assez nombreux dans les nuits humaines! Et je crois inutile d'interpréter longuement celui-ci. Laissons associer cette personne :

■ ROUGE SANG. *J'ai vu, un jour, un tableau contemporain. Il représentait cette partie de mon rêve. le ciel y était courbe, infini, rouge également. Les lointains semblaient y être roses. Ce tableau était fort beau mais, pour rien au monde, je n'aurais voulu l'accrocher chez moi. Le ciel rouge de mon rêve signifie pour moi les profondeurs matricielles. C'est le néant, la mort dans un infini sans retour. C'est le ventre.*

■ TREMBLEMENT DE TERRE. *C'est, je crois, le phénomène qui me terrifierait le plus! La terre qui s'ouvre! Disparaître vivante, comme avalée par des mâchoires... La Terre-Mère, à ce moment-là, quel monstre! Une terre maudite, une terre nourricière qui se met à maudire et à dévorer! Elle colle à vous, elle vous digère, elle vous coince...On court, on s'enfuit, mais il n'y a rien à faire : elle vous récupère toujours...*

■ SILENCE. *C'était le pire, dans ce rêve. Silence indescriptible. Le signe d'une impuissance à l'échelle cosmique. Que peut-on dire ou faire devant les silences de la mère? Mais on ferait tout pour qu'elle sorte de ce silence! On se lancerait contre un mur la tête la première, on se tuerait même! Le silence boudeur, revendicateur, menaçant, d'une mère, est comme la mort... C'est se trouver relégué dans un abandon absolu (voyez page 68). Apocalypse...silence...Etre seule, horriblement... Mais tout de même, j'allais vers une trouée...*

■ TROUEE, CLAIRIERE. *Espoir. Espoir lumineux, mais... N'est-ce pas un nouveau piège? C'est vrai qu'avec ma mère, je ne savais jamais à quoi m'en tenir. Hargneuse et boudeuse, puis brusquement gentille... J'ai toujours tenté de me faire accepter par elle, j'ai toujours joué la comédie de la soumission admirative... N'empêche que je ne me suis pas mariée. Comment ai-je pu aller vivre seule dans un appartement au lieu de rester collée à elle? Mais je lui téléphone chaque jour, et plutôt deux fois qu'une. Je ne pourrais pas ne pas lui téléphoner; mon angoisse serait trop forte. Mais pourquoi cette angoisse?*

□ *A quoi servit ce rêve?*

Cette jeune femme pouvait-elle, *sans le savoir*, ressentir l'image maternelle de façon aussi puissamment négative? S'était-elle arrêtée à des symptômes très superficiels (ne pas se marier, téléphoner chaque jour avec angoisse)? Il est un fait : sans ce rêve, sans les associations qu'elle fit, elle serait demeurée dans un état « larvaire » ; sans âge, hors du temps, petite fille sans cesse angoissée devant l'opinion d'autrui, craignant de prendre la moindre liberté (elle n'avait jamais « pris » de vacances par crainte des bouderies et des jérémiades maternelles, du genre « tu m'abandonnes encore ? » !), etc. Cette jeune femme *subissait* son état intérieur; elle ne le *connaissait* pas.

Le rêve fut — évidemment — un choc. Il était la soupape qui s'ouvrait, laissant s'échapper une trop forte pression. En même temps, ce rêve ouvrait de tels horizons à cette jeune femme qu'elle entreprit une analyse, du reste menée à très bon port.

Je reviens d'ailleurs sur le *ciel rouge-sang*. Il représentait donc les « profondeurs matricielles » ; il symbolisait également le ventre de la mère dont cette jeune femme refusait — inconsciemment — d'être sortie (refus qu'opposent à la vie tant de gens et pour la même raison!). Et, comme beaucoup de gens encore, cette jeune femme traversait la rue lorsqu'une femme enceinte approchait (ce qui était pour elle le rappel de sa propre naissance). S'étonne-t-on qu'elle ne se soit pas mariée à l'époque, non seulement par angoisse d'«abandonner» sa mère, mais surtout pour éviter d'être enceinte, angoisse qui l'avait empêchée jusqu'alors de répondre à la moindre avance d'un homme?

Mais aujourd'hui, Marylou, puisque c'est son nom, est mariée, heureuse, et mère de deux enfants. Et grâces soient ainsi rendues à son rêve!

□ *Notons encore que...*
Ces divers symboles évoquant la mère, peuvent évidemment représenter également la femme, selon le rêveur ou la rêveuse. Ces mêmes symboles peuvent représenter l'épouse d'un rêveur; il suffit pour cela qu'il «projette» sur elle la Mère : ce qui est courant. Combien d'hommes, en effet, n'épousent-ils pas une copie de leur mère?

Mais je vous propose de passer maintenant à quelques symboles d'un personnage important* dans la vie adolescente : le père. De même, les symboles du père pourront — selon chacun — s'appliquer au mari, au frère, à l'homme en général, etc.

Le père positif

L'idée du Père se confond avec celle de la masculinité. C'est assez évident. La masculinité, à son tour, dérive vers

---

* Mais considérablement moins important que la mère toutefois, cette dernière colorant la vie enfantine et adolescente de manière beaucoup plus profonde et plus indifférenciée.

le symbole du phallus.

Ainsi, nous trouvons déjà, par analogie, toute une série de symboles dans tout ce qui est *vertical, dressé, arrogant, agressif,* tout ce qui *perce, troue,* tout ce qui est tendu vers l'*avenir.*

Symbolisent donc souvent le père :

1) Ce qui évoque l'avenir, le devenir...
Par exemple :

| LE GUIDE | LE CHEF | LA VIE ACTIVE |
| LES PROJETS | LE BUT | CONDUIRE, PILOTER |

Notons ici deux symboles représentant l'avenir, donc souvent le père : *la montée* et *la droite*. J'en reparlerai plus loin ; mais dans les rêves se présentent assez fréquemment des images se rapportant à :

LES PLANS INCLINES MONTANTS	L'ALPINISME
LES ESCALIERS MONTANTS	LES ECHELLES
LES VERSANTS DE MONTAGNE	GRIMPER
LES SPIRALES (voyez cependant page 118)	GRAVIR

Se diriger VERS LA DROITE (à un CARREFOUR par exemple).

2) Ce qui évoque le « social »...
Par exemple :

L'EXPRESSION DE SOI	L'ACTION	LA LUTTE
LA CREATIVITE	LE DEVOIR	L'HONNEUR
LA REUSSITE		

Notons que ces « images » peuvent paraître abstraites ; mais elles ne sont que le fondement d'autres images oniriques. *L'expression de soi* peut, en rêve, se représenter par une création quelconque : le rêveur se voit peindre, dessiner, tracer des routes, diriger un orchestre, etc. La notion de devoir ou de lutte peut se transformer en une action sociale spécifique (tel rêveur se voit haranguer les foules, par exemple). Une autre personne rêvait qu'elle mettait en marche une machine à vapeur (signe d'expression de soi, d'extraversion et d'avenir, puisque la machine transmet un mouvement).

3) *Ce qui évoque l'aventure...*
Par exemple :
LE VOYAGE   L'EXPLORATION   LA RECHERCHE
LA DECOUVERTE   LE COMBAT   L'ARMEE

4) Ce qui est « brillant », réellement ou socialement; tout ce qui rappelle le soleil; ce qui « monte » (comme le soleil dans le ciel)...
Par exemple :

LE RAYONNEMENT   LA GLOIRE   LE FEU
LA LUMIERE   LA FOUDRE   L'INCENDIE
LES HONNEURS   LA ROYAUTE   LA REUSSITE
L'HEROïSME

5) *Ce qui avance, perce, est vertical, est linéaire...*
Par exemple :
LES FLECHES   LES ARMES   LES MATS
LES COLONNES   EN GENERAL   LES TRAINS
LES ARETES   LES TOURS   LES ROUTES
  ANGULEUSES   LES CARRES   LES VOITURES

6) *Ce qui évoque la loi et la parole paternelle...*
Par exemple :

LE BRUIT   LE TONNERRE   LE VENT
LE SOUFFLE   LA TEMPETE   LA VOIX
LES STRIDENCES   LA JUSTICE

7) *Ce qui évoque l'initiation, l'activation, l'apprentissage...*
Par exemple :

GUIDES	GOUROUS	MAITRES
PROFESSEURS	CHEFS RELIGIEUX	D'ŒUVRE

C'est ici que se place le symbole de *la Belle au bois dormant*. Il signifie que la jeune fille, souvent identifiée à sa mère, doit cesser cette « participation mystique » pour devenir une femme autonome et plénière. Symboliquement, elle « dort au bois », c'est-à-dire : « elle est engourdie dans la sécurité maternelle ». Et ceci, souvent par sentiment de culpabilité; elle se sentirait angoissée de quitter affectivement sa mère; sous-entendu de l'abandonner.

Le rôle du père est celui du chevalier dans la légende. Il doit arracher sa fille au sommeil. Il doit l'éveiller à la vie sociale, et l'initier à l'extraversion de la vie active. Il doit développer le « pôle masculin » de sa fille.* Mais cet arrachement ne se fait pas sans peine; la jeune fille regarde souvent en arrière, apeurée qu'elle est de quitter la sécurité maternelle, ou angoissée devant sa culpabilité de « rompre le couple » qu'elle forme avec sa mère.

Le père négatif

— *Tout ce qui peut représenter la castration, la destruction, la loi et la justice répressives...*
Par exemple :
L'AUTORITE ET SES REPRESENTANTS
LES REGLEMENTS DRACONIENS
LES DOUANES   LES GENDARMERIES
LES ARMES   LE FEU
LES CATASTROPHES BRUTALES ET BRUYANTES

---

* Voyez *MS 250, Les femmes*, de P. Daco

Les rêves héroïques

Ces rêves méritent une place particulière, tant ils interviennent fréquemment dans l'activité onirique. Ils se fondent sur le symbole du *héros,* que l'on retrouve dans toutes les civilisations avec d'innombrables variantes, allant des grands thèmes religieux aux héros de cinéma, en passant par les champions sportifs et certains comportements de délinquance juvénile.*

Une histoire sans cesse répétée...
Le thème du « héros » se fonde pratiquement toujours sur le même scénario. D'où provient ce thème ? L'interrogation foncière de l'homme étant la mort, il est logique qu'il désire une forme d'éternité (vie éternelle, gloire, laisser des traces au moyen d'une oeuvre ou de ses enfants, prolonger son nom, etc.). Ainsi, l'homme se tourne vers ce qui symbolise son besoin d'éternité. De même, tout individu se sentant démuni et faible, se voudrait fort et puissant ; à moins qu'il ne demande la protection de puissances invisibles et tutélaires.
Telle est la base du thème du héros. Quel en est le déroulement ?
1) Généralement, on ne sait d'où vient le héros. On dirait qu'il surgit du brouillard. Sa naissance est obscure, sans traces nettes. Et de même, il disparaît vers on ne sait où. On entrevoit déjà le thème de l'éternité : le héros n'a ni commencement bien délimité, ni fin. Il s'établit ainsi dans une durée, et non dans une temporalité terrestre.
2) Le héros est seul. Il se situe bien au-delà de l'humanité courante. Sa force physique ou morale est énorme. Il est précoce, et fait preuve, très rapidement, d'une grande intelligence. C'est l'être du Savoir et du Pouvoir. On voit

---
* Voyez également MS 29, *« Les triomphes de la psychanalyse »*, de P. Daco.

déjà poindre ici plusieurs catégories, allant de Tarzan à certains chefs religieux...ou militaires.
3) Le héros est généralement trahi ou trompé. C'est normal : il ne peut ni chuter ni mourir étant donné sa force extérieure ou intérieure. Mais il peut aussi se sacrifier « héroïquement ».
4) Il ne disparaît pas. Il est invincible. Il peut ressusciter. Il peut laisser des traces indélébiles dans les mémoires humaines. A moins qu'il ne « disparaisse » dans les flammes, sans que l'on retrouve trace de son corps (Hitler, par exemple).
5) Le héros « meurt » jeune. Soit réellement, soit symboliquement (le « héros » sportif qui se « retire » après une cabale ou une trahison, par exemple).

Le rêve de Jean-Jacques (18 ans)
— *Je roulais à moto, une Harley. Je virevoltais parmi la foule. Je stupéfiais les gens. Je grimpais et plongeais. D'autres jeunes à moto se joignaient à moi. La foule s'écartait. Je crois qu'on avait décidé l'attaque d'une banque lorsque je me réveillai.*

Ce rêve est donné à titre d'exemple. Nous y trouvons :
1) la moto, instrument individuel de liberté. Le rêveur virevolte : c'est un *virtuose* ; la virtuosité, dans n'importe quel domaine, fait partie du thème du héros. Notons toutefois que certaines virtuosités (à moto, en voiture, etc.) peuvent cacher une tendance « suicidaire », avec l'espoir secret d'un accident mortel ;
2) la moto est puissante (une Harley-Davidson). Elle peut représenter une puissance intérieure, ou un *besoin* de puissance compensant des sentiments d'infériorité et d'impuissance ;
3) le « héros » draine des « disciplines » ; d'autres se joignent au rêveur.

4) le thème de la *délinquance* apparaît (projet d'attaque de banque). La délinquance peut faire partie du thème héroïque lorsqu'elle donne l'impressions d'être plus « grand » et plus « fort » que les autres. Les « bandes » de jeunes formant une *maffia* font souvent partie du même thème ; ils sont isolés (donc seuls) de la société ; ils possèdent des secrets communs, etc.

Compensatoire ou non, ce rêve marque tout de même une « transformation intérieure » chez ce jeune rêveur. Ceci nous amène aux rêves de transformation.

Les rêves de transformation intérieure

Toute vie humaine étant un système en mouvement, subit en permanence des changements plus ou moins importants. Certaines étapes, capitales pour la vie intérieure — donc pour la vie tout court ! — se marquent par des rêves dont voici les thèmes principaux.

La traversée

Tout rêve de traversée marque un changement d'état, généralement positif. Ce rêve se voit parfois suivi d'une véritable « renaissance » intérieure, en même temps qu'apparaissent dynamisme, enthousiasme, joie de vivre...

Les rêves de traversée peuvent revêtir de multiples formes. Par exemple :
— on franchit un *gué* ;
— on traverse un fleuve *à la nage*, ou en *bateau* ; on passe ainsi d'une *rive* à l'autre ;

— on entre dans un *tunnel*, pour ressortir ensuite dans la *lumière* ;
— on traverse une *forêt obscure* pour aboutir à une *clairière* ;
— on fait une traversée en *sous-marin*. C'est le thème du voyage que fit Jonas dans le *ventre d'une baleine*. Symboliquement, c'est le retour au sein maternel où sont puisées des forces nouvelles. Une autre rive se présente alors après la traversée obscure (c'est-à-dire l'obscurité de l'inconscient);
— on voyage *dans la nuit*, en train, en voiture, etc. On aboutit à une route, par exemple, mais de toutes façons à un autre lieu qui marque un nouveau point de départ.

Le rêve d'un homme de 40 ans
Je ne ferai que synthétiser ce rêve assez long afin d'en retirer le symbolisme de la traversée.

> — *Cet homme rêve qu'il cherche une ville ; celle de son enfance. Il s'égare, puis rebrousse chemin pour retrouver sa voie. Il rencontre une Gitane qui lui montre la direction. Finalement, il arrive en vue de la ville. C'est la nuit. Il est séparé de cette ville par de l'eau. Il se réveille alors qu'il cherchait le moyen de traverser pour arriver enfin à cette « ville promise »...*

C'est un grand rêve ! Nous y trouvons :
— le désir de renouer avec les valeurs d'enfance (la ville où il est né);
— les tâtonnements de la vie intérieure (le rêveur s'égare);
— la Gitane (voyez page 116). Elle représente ici la Mère, celle qui sait les secrets de la route de la vie, celle qui montre l'avenir;
— l'aboutissement de la route devant la ville promise et

devant l'accomplissement de soi-même. Mais il reste un obstacle : l'eau. Il faut encore accomplir une traversée pour arriver à l'autre rive de soi-même. D'ailleurs, c'est la nuit (c'est encore l'obscurité dans l'âme du rêveur). Mais on peut être sûr d'une chose : il cherche le moyen d'accomplir cette «traversée» qui sera pour lui une renaissance...

Un autre rêve de traversée (un homme de 40 ans)

> — *Un train m'emportait dans un couloir fort long et obscur. Le bruit était fort. Mon angoisse augmentait au fur et à mesure du trajet. Un contrôleur apparaît; je suis en règle. Et tout à coup, le train sort du noir; il roule sur les hauteurs; dans une belle vallée, j'aperçois une petite ville autrichienne... Je suis heureux.*

Laissons associer le rêveur :
— *Il y a longtemps que je suis dans le noir, comme dans un tunnel. Ce voyage est à mon image... C'est pourquoi j'ai entrepris une analyse avec vous. Ce train était puissant; sa course était irréversible, irrésistible. Oui, quel tunnel! Mais depuis quelques mois, je me suis découvert, mon angoisse a largement disparu. Et malgré tout, je me sentais encore «en faute»; or, ce contrôleur me signale que je suis en règle! Quant à cette ville d'Autriche...c'est dans ce pays que j'ai rencontré, il y a longtemps, une jeune Allemande que j'ai beaucoup aimée, que j'aime toujours comme...comme une sorte d'entité sans visage... Elle a marqué mon âme à tout jamais. Elle est pour moi comme un symbole de vie profonde, participante. Elle est comme mon «double»; et cependant je ne la reverrai jamais. Mais je sais que, quelque part, se trouve un second moi-même, mon autre face, la «moitié» de moi-même si je puis dire... La fin de ce rêve serait-elle une grande arrivée?*

Ainsi donc, après la *traversée* que fait le train dans le couloir obscur, voici qu'apparaît une *vallée* et la *ville d'Autriche* où le rêveur connut un amour hors du temps. Le rêveur arrive ainsi à son *Anima*, cette puissance intérieure de l'homme (chapitre 7). C'est un très beau rêve.

Le pont

Le symbole est assez simple : un pont relie deux endroits. Grâce à lui, on peut passer d'une rive à l'autre. Dans les rêves, on jette un pont entre deux états d'âme, entre deux comportements psychologiques parfois contradictoires. Le pont procède ainsi de deux symbolismes : celui de la *traversée* et celui du *passage*.

Traverser un pont signifie, dans certains grands rêves : établir une alliance, relier, se réunir à quelque chose de plus vaste que soi.

Il s'agit donc toujours d'examiner le contexte : quels sont les lieux reliés par le pont ? Au-dessus de quoi est-il jeté ? Comment est le pont ? Quelles sont ses dimensions, les matériaux dont il est fait ? Dans quel état est-il ? Etc.

Le rêve de Jacqueline

— *Je roulais en voiture. Et j'arrivais devant de nombreux ponts superposés, très grands, comme des échangeurs auto-routiers. J'hésitais, effrayée. A droite, j'apercevais une petite passerelle de bois, qui surplombait un précipice. Je m'y engageais à pied, sans aucune crainte malgré le vide. Je savais que cette passerelle était solide. De l'autre côté se trouvait une étendue unie, une plaine ? Rien n'y accrochait le regard ; il n'y avait pas un arbre, mais uniquement des graminées, comme dans une pampa. Je me sentais joyeuse tandis que j'y avançais à pied.*

Jacqueline commente son rêve :

— *Je n'aime pas la voiture ; elle m'enferme, me rend anonyme. Je ne trouve rien de plus absurde que de croiser un ami à toute vitesse et de recevoir un appel de phares en guise de bonjour. Ces ponts-échangeurs étaient des trompe-l'œil. Beaux, certes, admirablement dessinés, mais aussi froids les uns que les autres, et ne conduisant que d'une autoroute à une autre. Donc, nulle part ; on ne sait jamais où l'on se trouve en suivant une autoroute... Ces ponts étaient des leurres écrasants. Ce pont de bois correspondait à moi-même, à ma liberté, puisque j'arrive dans cette étendue immense... Les ponts autoroutiers représentaient sans doute ma tentation de viser plus haut que mes possibilités, de faire comme tout le monde, de devenir brillamment anonyme sur des routes inhumaines... J'ai souvent été tentée de quitter mon rôle de femme pour m'imposer à coups de paraître, bien dessinés, dans le monde actuel. Je ne sais si ce rêve m'a mise en garde ou a décrit ma décision de demeurer ce que je suis ; mais je suis heureuse de l'avoir fait.*

D'autres rêves de ponts...

Je les résume sans commentaires ; ils parlent d'eux-mêmes.

☐ *Paul rêve* qu'il arrive devant un pont illuminé comme un arc-en-ciel ; ce pont joint un paysage gris de pluie à un fleuve où passent des péniches.

☐ *Etienne rêve* qu'après avoir longé un pont, il arrive devant une gare fleurie d'où partent des rails semblant se diriger vers l'infini.

☐ *Frédéric rêve* qu'il marche sur un pont comme enchâssé dans un passage étroit ; ce passage se rétrécit et aboutit à un cul-de-sac.

☐ *Julie rêve* qu'elle se trouve au centre exact de quatre

ponts se coupant à angles droits. Elle attend. Elle sent qu'elle doit choisir (c'est aussi un rêve de « Carrefour »; voyez page 242).

□ *Armand rêve* que, engagé sur un pont, il arrive devant un grand trou. Le pont y est brisé. Il fait demi-tour. Il se réveille en sanglotant.

□ *Marie-Jeanne rêve* qu'elle construit un petit pont au-dessus d'une petite rivière où il lui était pourtant facile de passer à gué.

□ *Hélène rêve* qu'elle gravit un pont montant presqu'à la verticale dans le ciel. Tous ses efforts sont vains; chaque pas la fait glisser vers le bas.

□ *Micheline rêve* qu'elle voit son père marchant sur un pont; son père lui fait signe. Micheline se trouve dans un parc; elle n'arrive pas à aller vers ce pont; elle regarde sans cesse en arrière (elle ne parvient pas à se détacher de sa mère).

□ *Yvon rêve* que le pont sur lequel il est engagé arrive dans la foule; il sait qu'il va devoir passer un examen.

La porte

Le symbole est assez clair : une porte fermée donne l'envie de la pousser pour « voir ce qui se trouve derrière ». La porte fermée signifie l'aventure possible, la découverte éventuelle, le mystère et le secret.

Quant à la porte ouverte, elle marque le *passage* d'un endroit à un autre. C'est une « traversée », en quelque sorte. Si elle apparaît en rêve, elle peut donc signifier que l'on est en train de changer d'état intérieur.

La porte *protège* également. Elle assure l'intimité. Elle empêche le passage : il suffit de songer aux portes d'une ville.

Au symbolisme de la *porte* est lié celui de la *clef*. Songeons encore aux clés de la ville, remises en grande pompe;

également à la clef des domaines secrets ou aux clefs des coffrets emplis de souvenirs.

Ainsi donc, portes de bois, portes d'or, portails et portiques ne sont que peu de chose sans les clés qui leur correspondent.

Voici quelques éléments de rêves très simples illustrant ce qui précède :

☐ *Pierre rêve* qu'il pousse une porte entr'ouverte. Il débouche sur une pièce obscure, qu'il ressent comme redoutable.

☐ *Anne rêve* qu'elle se trouve devant une porte fermée. Elle sait que cette porte donne sur un jardin. Elle cherche fébrilement la clef, mais sans succès.

☐ *Jacques rêve* qu'il cherche, dans la boue d'un ruisseau, la clé de sa maison.

☐ *Anne-Marie rêve* qu'une porte s'ouvre sur le vide. Elle recule.

☐ *Cécile rêve* qu'un homme la conduit devant une porte brillante. Il lui tend une clef, et lui fait signe d'ouvrir.

☐ *Simone rêve* que la porte de son appartement est abattue au sol. Toutes les pièces sont visibles d'un seul coup d'œil.

Ainsi donc, certaines portes peuvent s'ouvrir sur des promesses ; d'autres sur des endroits dangereux, ou sur un Inconscient encombré ou redouté. On peut hésiter à ouvrir une porte ; ne va-t-elle pas donner sur des refoulements soigneusement entretenus ? Et n'a-t-on pas « volontairement » perdu telle ou telle clef, afin de ne pouvoir ouvrir cette porte qui dévoilerait une partie de soi-même tenue dans l'ombre ?

Mais il est aussi des portes s'ouvrant sur des jardins enchanteurs, sur des pièces lumineuses. De toutes les façons, il s'agit toujours de rêves marquant la possibilité d'un changement ou d'une mutation intérieurs.

Notons également que *la clef* est un symbole phallique ; sa pénétration dans la serrure est d'un symbolisme assez clair.

Le seuil

Le symbolisme du seuil est lié à celui des *marches* et de l'*escalier*. Généralement, *franchir le seuil* signifie que l'on passe du domaine profane au domaine sacré. Dans les rêves, on peut traduire : l'on passe de la vie extérieure, de la vie des paraître, à la vie intérieure. On *« change de niveau »*. Dans des rêves, apparaissent également les *gardiens du seuil*. Dans ma propre documentation, il s'agit le plus souvent de femmes. Pourquoi ? La femme est gardienne de la maison. Elle accueille (ou repousse) sur *le seuil*. Pour franchir un seuil, il faut montrer patte blanche. Il faut répondre aux normes exigées par celui (ou celle) qui garde le foyer.

Le seuil est formé d'une ou plusieurs marches, généralement montantes. On trouve alors deux symbolismes :
1) *franchir le seuil*, c'est-à-dire être accepté, admis. Cela signifie aussi passer de la vie extérieure à la vie intérieure (qui peut donc être symbolisée par une maison ou tout autre lieu « secret »);
2) *monter les marches*, c'est-à-dire s'élever plus haut que sa condition intérieure première.

Voici quelques éléments de rêves :
□ *Suzanne rêve* qu'elle arrive sur un seuil *descendant*, sorte d'escalier court aboutissant à une cave. Mais elle sent dans ce rêve une sorte de promesse (il lui faut « descendre » vers son Inconscient avant d'émerger dans une nouvelle existence).
□ *Patrick rêve* que le seuil de sa maison est souillé.
□ *Mylène rêve* que sa mère se trouve sur le seuil ; Mylène part en voyage ; sa mère la bénit.

Le vent

Le vent est synonyme de *souffle*, du moins dans ce qui nous occupe ici. Le vent représente le souffle créateur. Pour les

Chrétiens par exemple, Dieu anima Adam par le souffle ; le souffle de Dieu s'étendit sur le chaos.

Dans certains rêves, le vent peut être destructeur, irrésistible. Le rêveur est parfois emporté comme un fétu ; il se fracasse, se voit emporté vers le ciel, etc.

Le vent est généralement un symbole de masculinité, de puissance, d'extraversion, de créativité. Il symbolise la parole du père : nous l'avons vu précédemment.

L'apparition onirique du vent signifie souvent qu'un changement intérieur est en cours, positif ou négatif.

L'enfant

« Attendre un enfant » est probablement un des rêves les plus fréquents chez la femme. Il s'agit le plus souvent de l'annonce d'une « naissance » intérieure, d'un changement important dans l'affectivité.

Les pierres précieuses

Elles apparaissent parfois en rêve dans la mesure où un « joyau » se forme dans l'inconscient, où la personnalité acquiert un centre, et où des énergies « spirituelles » se cristallisent. C'est le cas notamment lorsque *l'Anima* s'harmonise chez l'homme, *l'Animus* chez la femme, et lorsque *l'Ombre* remonte dans ses manifestations négatives et positives (*chapitres 7, 8, 10*).

Dans chaque « amour » que l'on peut éprouver envers une pierre précieuse, se trouve évidemment une projection de soi-même. Dans les rêves, une pierre n'est réellement précieuse qu'en fonction de la valeur affective qu'on lui donne. L'élément financier n'intervient pratiquement jamais. Et s'il intervient, ce n'est qu'à titre de symbole.

Voici un rêve à titre d'exemple :

— *Jean-Paul rêve qu'il place sa fortune dans un diamant de grande taille. Ayant placé la pierre dans un coffret, il l'enterre dans le jardin.*

La « fortune » symbolisait ici *l'énergie ;* le diamant représentait (dans le cas de Jean-Paul) le « centre vital », c'est-à-dire *l'Anima* du rêveur. Quant au jardin, il était ici le symbole de *l'introspection* trop grande, du repli sur soi. *C'était donc un rêve peu positif ;* cet homme cachait et refoulait sa vie intérieure (Anima) au lieu de tenter de la libérer et de l'exploiter. *Il aurait donc mieux valu* qu'il fît un rêve dans lequel il se voyait vendre son diamant contre nombre d'espèces « sonnantes et trébuchantes ». Cela aurait signifié qu'il transformait son énergie intérieure trop cristallisée (le diamant) contre de l'argent (énergie extravertie et « circulante »).

Les pierres précieuses se présentent généralement dans les rêves sous forme d'achat ou de vente (comme ci-dessus) ; également sous forme de cadeau reçu ou offert. A moins que l'on ne force un coffre oublié dans un grenier, pour y voir resplendir une pierre. A moins qu'on ne lise un vieux grimoire donnant le chemin à suivre pour trouver la pierre (le grimoire à déchiffrer symbolise ici le labyrinthe ; il faut alors rechercher cette pierre qui représente le centre de soi-même). Etc.

Essayons d'examiner les symbolismes les plus fréquents, liés aux pierres précieuses.

Le diamant

Formé de carbone pur cristallisé, cette pierre représente avant tout la limpidité, la dureté, la transparence. L'éclat du diamant marque un « sommet », un aboutissement naturel.

On comprend qu'il puisse représenter la spiritualité, la force de l'âme et la limpidité intérieure. On l'appelle « la reine des pierres ». Le diamant peut symboliser également le centre de la vie intérieure (comme dans le rêve ci-dessus). Il représente alors l'Anima (chez l'homme), ou la force affective (chez la femme). Le diamant symbolise aussi l'incorruptibilité et l'esprit libre de toute contrainte.

Dans certains rêves apparaissent des diamants diversement *colorés*. Il faut alors juxtaposer un symbolisme de la couleur.

Voici un exemple :

— *Noël (30 ans) rêve d'un diamant bleu-clair, très limpide ; ce diamant se trouve loin du rêveur, comme immobile dans l'espace. Noël se réveille en pleurant.*

Demeuré célibataire, Noël avait l'« âme » mangée par les femmes qui l'avaient élevé. Il rêvait, bien entendu, d'un amour idéal, mais impossible pour lui étant donné sa faiblesse intérieure. Son « Anima » était restée indifférenciée, vague, sans puissance. A partir de ces données, le rêve devient clair pour chacun. Et espérons que Noël cessera un jour de contempler platoniquement ce diamant-femme, aussi lointain que la couleur bleue qui symbolise les infinis inaccessibles.

L'émeraude

Les gens superstitieux croient que cette pierre donne des promesses de fécondation et de fertilité. Pour d'autres, il est dangereux de la porter. Les alchimistes — n'est-ce pas merveilleux ? — l'appelaient « rosée de mai ». Et la tradition ne dit-elle pas qu'une émeraude tomba du front de Lucifer durant sa chute princière ?

Elle est couleur de verdure, et d'eau. Elle est translucide et printanière. C'est sans doute pourquoi elle est souvent ressentie comme « bénéfique » dans les rêves. Son symbolisme est lié à celui de l'eau et de la couleur verte. Mais elle semble mystérieuse par sa teinte glauque. Dans certains rêves, elle prend alors le symbolisme des eaux dormantes, dangereuses, mystérieuses.

On comprend qu'elle puisse également symboliser la femme, sous des aspects aussi bien positifs que négatifs.

La pierre de lune

De faible valeur marchande, elle est cependant aimée de beaucoup de femmes pour sa simplicité « rêveuse ». Par sa coloration, cette pierre évoque la douceur des nuits lunaires. Ce n'est pas la pierre du « paraître », mais des profondeurs d'âme. Elle est éminemment féminine, « Yin », et symbolise ainsi la vie intérieure pacifiée, l'introversion.

Le rubis

La pierre de l'amour et des amants. Elle rougeoie. Et faut-il rappeler que les premiers « Lasers » furent à rubis, lançant leur fameux jet de lumière rouge ?

C'est la couleur chaudement rayonnante du rubis qui enclenche le symbolisme de cette pierre. Jusque dans les supersititions, elle est un porte-bonheur, et possède des vertus médicinales. Dans les rêves, elle symbolise souvent un changement d'état intérieur; « quelque chose » est en train de se passer. Ce symbolisme est dû au rayonnement caché de cette pierre, à sa couleur sobrement ardente qui semble émaner d'un centre pour rayonner dans toutes les directions.

L'améthyste

Son symbolisme est lié à celui de la couleur violette, celle de la sagesse, de la tempérance. C'est la pierre de la véritable humilité et de la responsabilité spirituelle.

La turquoise

Couleur de ciel bleu ou d'eaux bleues-vertes, son symbolisme dans les rêves est souvent lié à ces deux teintes. La turquoise peut également représenter l'évolution spirituelle, le centre secret de la personnalité, la fécondité affective. Chez l'homme, elle peut symboliser l'Anima.

Le jade

Le jade est chargé d'un symbolisme universel. C'est une pierre de toute beauté. Elle représente les hautes vertus, la bonté, la transparence de l'âme. En Chine, elle était symbole de la fonction royale. Par sa couleur verte, elle est associée à la nature, à l'eau, à la végétation, à la fertilité. Il semble toutefois qu'elle apparaisse peu dans les rêves.

L'opale

C'est la pierre des superstitions ; elle est généralement chargée d'influences « maléfiques ». Il n'est pas étonnant, dans ce cas, qu'une femme rêvant d'opale attribue à son rêve un aspect négatif et menaçant. C'est dû, sans doute, aux couleurs changeantes et insaisissables de cette pierre, rayonnant les bleus, les jaunes, les rouges, les bruns...

Le saphir

Son symbolisme est lié à celui des couleurs bleues (bleu-bleuet et bleu nocturne).

☐ *Une question se pose :* comment sait-on que l'on a rêvé de telle ou telle pierre, et non d'une autre (le diamant mis à part) ? Il n'y a pas de réponse précise possible. Dans ma documentation, il s'agit parfois d'une personne qui s'y connaît en pierres précieuses. D'autres personnes rêvent qu'une pierre leur est offerte, pierre dont le nom est cité par le donateur ou la donatrice. D'autres associent simplement une couleur à une pierre, notamment en ce qui concerne le rubis et le saphir (toujours dans ma seule documentation, ce qui limite évidemment la réponse).

Par exemple :

— *J'ai rêvé d'une sorte de pierre bleue...un véritable saphir.*

Ou bien :
— *Une pierre rouge était enchâssée; sans doute un rubis...*

Ou bien :
— *J'ai rêvé que mon père passait une merveilleuse bague à mon doigt. La pierre était comme de l'eau... Je crois qu'il s'agissait d'une turquoise ? ou d'un diamant vert transparent ?...*

Etc.

La perle

Il est facile d'imaginer le symbolisme de la perle. Elle fait partie du monde des mers. Ne la dit-on pas née des eaux et de la lune ? A partir de là, la perle est symboliquement reliée à la femme, au Yin, à la vie intérieure et cachée, et à la sexualité. Elle représente le trésor enfoui dans les profondeurs marines, et qu'il faut ramener au jour.

Traditionnellement, la perle passe pour posséder des vertus aphrodisiaques et de régénérescence.

Emblème de l'amour, du don, elle prend une signification spirituelle. La perle est l'aboutissement parfait d'une évolution naturelle. Elle est sphérique. Elle est rare, pure, et sa conquête est dangereuse. C'est ainsi que la perle possède, dans le monde entier et de tous temps, une signification presqu'ésotérique.

Le rêve d'un homme (28 ans)
— *Il se voit offrir une « grappe » de perles à une jeune femme. La scène se passe dans la rue. Cet homme se retrouve ensuite chez lui ; les perles sont devenues une belle grappe de raisins, dans une coupe.*

Les associations de cet homme furent (en résumé) :
□ *richesse, combler de cadeaux, faire plaisir, séduire, la jeune femme acceptera peut-être de m'accompagner chez moi, peur des femmes, grappe de raisins juteuses, nourriture, maternel, enfance...*

Ce rêve va donc d'un point à un autre. La « grappe » de perles est un symbole sexuel ; la grappe de raisins un symbole maternel, image du « sein » qui nourrit, et de la fécondité de la terre. Dans ce rêve, le besoin de séduire dans la peur fait place au besoin d'une femme maternelle et compréhensive. Ce dernier besoin (d'une mère) est ici une régression.

Chez beaucoup de femmes, un rang de perles fait partie, non seulement du « paraître », mais de la séduction sexuelle. Dans les rêves, la perle peut prendre une des nombreuses significations décrites ci-dessus. Mais sa signification la plus haute — selon le contexte du rêve — est généralement spirituelle. La perle symbolise alors une démarche vers l'unité intérieure, et l'accord entre le conscient et l'inconscient.

Selon le contexte et l'évolution intérieure, elle peut également être considérée comme un *mandala* (page 111).

A côté de certains grands rêves, combien plate semble la réalité quotidienne ! Car voici que ces rêves dévoilent d'autres dimensions humaines, énergétiques et passionnantes, et dont on sait qu'elles se trouvent en nous. Ces rêves-là sont alors semblables à un œil qui pourrait voir à travers des objets opaques...

Il est d'ailleurs bien d'autres symboles de « mutation » intérieure. Des *tempêtes* soufflent, des *tornades* se déclenchent, des *orages* déferlent. On rêve que l'on *meurt*, ou qu'une personne à laquelle on était identifié *disparaît*. Des jardins se mettent à *fleurir*, des *brumes* s'élèvent, découvrant un paysage... On passe par des *couloirs* étroits, on grimpe des *escaliers* sans fin. Des *arbres* plient sous les *fruits*. On *nage*, on *plane*. Il y a aussi des *figures géométriques* (page 233), des *couleurs*. Des *mandalas* (page 111) tracent leurs dessins de *fleurs*, de *roues*, de *cercles*, de *carrefours*, de *croix*... Les *soleils* et les *eaux* traversent les rêves de leur grand symbolisme.

Et, pour couronner le tout, apparaissent chez des privilégiés les symboles de l'*Anima* et de l'*Animus*, ces entités de l'âme, sans lesquelles aucune réalisation de soi, aucune joie plénière ne sont possibles...

VII

L'Anima puissance et créativité intérieures

Les rêves d'Anima et d'Animus comptent parmi les plus importants que puissent faire les hommes et les femmes. Mais ces deux termes aux apparences de «jargon» psychologique doivent être définis, ce qui n'est pas facile. Disons déjà — en gros — que l'Anima appartient à l'homme, l'Animus à la femme (chapitre suivant).

Qu'est-ce que l'Anima ?

Littéralement, ce terme signifie «âme». Mais encore ? Dans la psychologie classique, l'Anima est définie comme étant la partie «féminine» de l'homme, ou bien comme étant «la femme en l'homme». C'est une mauvaise définition que beaucoup d'hommes rejetteraient à priori, parce qu'elle dégage un léger relent de «féminisation», chose qu'ils supportent mal comme chacun sait. Et cependant, ils auraient grand tort de rejeter la notion d'Anima à partir d'un malentendu; nous allons savoir pourquoi.

Disons plutôt que l'Anima est le « pôle féminin » de l'homme. Ce qui n'a rien à voir avec une faiblesse quelconque, bien au contraire ! Le pôle féminin ? Une bonne comparaison pourrait être faite au contraire ! Le pôle féminin ? Une bonne comparaison pourrait être faite avec une machine à vapeur. Le pôle féminin serait la chaudière et la vapeur sous pression qu'elle renferme. Le pôle « masculin » serait la turbine. On comprend que, sans la capacité de la chaudière et la puissance de son contenu, la turbine ne servirait strictement à rien, pas plus qu'une centrale hydro-électrique sans le lac qui l'alimente.*

De même, sans une anima *ordonnée*, sans le *potentiel exploité* de son Anima, l'intelligence et la raison de l'homme ne seraient que fruit sec. Un fruit sec très brillant parfois, mais fruit sec tout de même.

L'Anima ? C'est la potentialité intérieure. Présente dès l'enfance, tout dépend de ce qu'elle devient en cours de route. L'Anima groupe le réseau des sensations. C'est le *radar* de l'homme. C'est par son Anima qu'un homme ressent la vie, positivement ou négativement (...il est d'ailleurs souvent inconscient de cette dernière attitude).

Mais il y a davantage. **C'est par son Anima qu'un homme se construit ou se détruit. Cependant, il n'en sait rien neuf fois sur dix. Ou plutôt il n'en connaît pas la raison.**

Je vous propose ici de manger le pain gris avant le pain blanc, et d'envisager d'abord l'homme à Anima négative.

---

* Voyez Marabout-Service n° 250, *Les femmes*, de P. Daco.

L'homme avec une Anima négative

Reprenons la comparaison avec la machine à vapeur. Imaginons que la chaudière soit percée. Ou que la pression de la vapeur soit insuffisante. Ou que cette pression varie sans cesse. Ou que la courroie de transmission patine.

Nous observerons que la turbine tourne par à-coups. Elle s'arrête et repart. Elle patine. Elle est « capricieuse ».

Voici un homme dont l'Anima est négative. Nous verrons pourquoi. Si nous observons cet homme, nous constaterons que l'égalité de son humeur est oubliée depuis longtemps. Sa « chaudière » intérieure est désordonnée. Nous voyons aussi que cet homme est capricieux, un peu comme un enfant rageur. Le tout est parfois recouvert d'un comportement durci, dont l'aspect hyper-viril le trompe et trompe les autres. Il est irritable, brutal, vindicatif... mais les larmes lui montent aux yeux pour un rien. Il est volontiers tyrannique envers sa femme et ses enfants. Mais très vite, il redevient d'une douceur suspecte. Il se méfie de tout et de tous. C'est souvent un excellent homme d'affaires, grâce à sa propension acquise de « rouler » autrui, propension qui n'est que la projection de sa propre peur d'être « roulé ». Il est charmeur; il n'est pas charmant. Il est efféminé dans le mauvais sens du terme, sous des aspects faussements virils ici également. Il est souvent de type paranoïaque. Il est l'ennemi juré des femmes, tant il en a peur; mais il les « charme » par des ronds-de-jambes et autres courtoisies. C'est l'homme qui recherchera les femmes faciles (dont il a moins peur), mais détalera devant une femme belle et accomplie.

En résumé, la chaudière est en panne. Cet homme a perdu le contact authentique avec les puissances de la vie et de l'amour.

Un rêve d'Anima négative (un homme de 40 ans)

— *Je naviguais sur une eau glacée. Le chenal était étroit. Des icebergs flottaient à perte de vue. Le ciel était d'un bleu métallique. Je me trouvais seul à bord. Je dirigeais mon bateau droit devant, vers l'infini des glaces et du ciel...*

Ce rêve traduit la tragique situation intérieure du rêveur. Il le met en garde également. On constate la *désolation glaciale* de l'âme. Sa vie est *canalisée* de façon dramatique (le chenal). La *couleur bleue* (page 202) est ici une couleur de *mort*, de perte de soi. Le bateau va *droit devant* (voyez le symbolisme des Directions, page 242), de façon irréversible. C'est un rêve *suicidaire*. Et ce monde effrayant présente la même fascination « neurasthénique » que l'appel des sirènes attirant les navigateurs vers la mort.

Qui était cet homme ? Il correspondait à la description faite plus haut. Il avait fondé une petite entreprise, très florissante. Il était riche, marié. Mais il se montrait tyrannique (ou plutôt tyranneau) envers sa femme et ses trois enfants. Ses rares élans traduisaient une profonde tristesse. Il s'oubliait à travers des voyages d'affaires, des réceptions, un travail acharné. Mais au fond, il vivait dans une solitude intérieure absolue.

Il est vrai qu'une Anima négative sépare un homme de la plus essentielle de ses fonctions intérieures : l'espérance...

L'Anima est donc, au départ, une pure potentialité intérieure. C'est une cire à peu près vierge. Face à cette potentialité — à ce radar — vont intervenir des personnages et des choses : celles de la vie. La première « pétrisseuse » de l'Anima est la mère ; elle est la première femme qui « colore » le pôle féminin du garçon. La mère est, évidemment, l'image féminine primordiale. Et l'attitude profonde de la mère envers la vie sera captée par l'enfant.

Inversément, l'Anima sera fortement influencée par l'attitude du garçon envers sa mère. Cette dernière est-elle ressentie comme une puissance bénéfique ? absolue ? positive ? maléfique ? négative ?

Ainsi se déforme rapidement l'Anima du garçon dont l'âme est imbriquée dans celle de sa mère. La vie se passe. D'autres visages féminins apparaissent, souvent nombreux. Visages proches, mais aussi femmes de passage : fascinantes actrices de cinéma ou de théâtre par exemple. Il y a aussi les fillettes des amours enfantines que l'on n'oublie jamais. Et les visages d'institutrices aimées ou désirées, de sœurs, de parentes, cousines... Ainsi l'Anima devient une entité chatoyante aux innombrables résonances. Mais l'influence principale demeure toujours celle de la mère.

Il faut répéter ici que de la bonne (ou mauvaise) formation de son Anima dépend le comportement d'un homme envers la vie, les femmes, l'amour. Parfois, l'Anima et l'Ombre sont mélangées ; nous le verrons plus loin.

Non seulement l'Anima *règle l'attitude profonde*, mais elle est *projetée* à l'extérieur de soi : sur des femmes, des choses, des lieux... Et, bien entendu, elle apparaît dans les rêves sous des formes diverses.

Qu'est-ce qu'une projection ?

Il est important de la comprendre avant d'examiner les rêves d'Anima. Voici le rêve accompli par un homme de 50 ans.

> — *Je grimpais. C'était le long de l'Everest. Blancheur, mais surtout silence. La menace était partout. Le ciel était fantastique, immense, d'un bleu profond, presque noir. La neige était si calme que je m'attendais à être*

> *englouti d'un instant à l'autre. Puis je me collais à la neige et ne bougeai plus. J'attendais le pire...*

C'est un rêve d'Anima. Cette dernière est *projetée* sur l'Everest, sur la neige, et sur sa menace d'engloutissement. Or, nous savons pour l'avoir vu, que la neige et la montagne sont (ici) des symboles de la femme et de la mère dangereuses. On peut donc croire que l'Anima de ce rêveur est fortement influencée par sa mère. Ce qui était le cas. Il est intéressant d'ailleurs de constater, une fois de plus, le travail symbolique du rêve. Après tout, cet homme aurait pu rêver que sa propre mère le menaçait d'anéantissement, qu'il se tenait coi devant sa propre mère, etc. Mais le rêve prend un chemin plus large. Il étend la situation. C'est tout un climat intérieur qui est décrit par ce rêve. C'est une attitude envers soi-même et l'existence. Voyons donc cela d'un peu plus près.

Le rêveur *grimpe*. Il « monte ». Il veut aller *plus haut*. Vers quoi ? Il cherche à *s'élever*, à se transformer. Il accomplit une montée *verticale*, c'est-à-dire une montée mâle, phallique, aventureuse. Il cherche à se réaliser en tant qu'homme. Et cela, *malgré la neige* et sa menace d'engloutissement. Le ciel (à nouveau !) est *bleu-noir*. La neige est *trop calme* ; le rêveur ne peut prévoir ce qui va se passer. Enfin, il se colle à la neige et *cesse de grimper, et de lutter*.

Qui était cet homme ? La victime d'une mère « engloutissante », despotique, envahissante, étouffante. Tout cela est ici *projeté* sur la neige. Le rêveur veut se libérer en grimpant ; mais il n'y a rien à faire ; sa peur et son angoisse sont les plus fortes. *Son Anima est engloutie dans l'image de sa mère*. Et la vie, pour lui, n'était qu'une menace. Sa peur des autres était énorme. Il *projetait* ainsi sa mère sur autrui, envers qui il se conduisait comme un enfant coupable...

Revenons à la projection... Le mieux est d'imaginer un phare dans lequel on placerait des ampoules diversement colorées. Si l'on allume ce phare, la couleur de l'objet sur lequel on projette le faisceau sera influencée par la couleur de l'ampoule. Si l'on n'en est pas averti, on verra donc l'objet éclairé sous une couleur qui n'est nullement la sienne, mais on jurera sans doute que sa couleur est réelle.

Il en va de même pour les projections humaines. *Projeter signifie :* attribuer à des gens ou à des choses des caractéristiques qu'ils n'ont pas, mais qui ne sont que la projection de ses propres sensations inconscientes. *Par exemple :* voici un fils qui n'a jamais pu « liquider » sa peur envers son père. Mais il l'ignore ; il a tout refoulé. Il croit être un homme à part entière ; en fait, il est demeuré un fils. Il va donc « projeter » autour de lui. Tous les hommes seront ressentis comme des « pères » dangereux, menaçants, castrateurs. Sans le savoir, il aura envers les hommes des attitudes de fils. Il attribuera ainsi a priori aux hommes des caractéristiques qu'ils ne possèdent pas. Donc, il ne pourra *jamais* établir une communication authentique avec un homme, qui lui apparaîtra *toujours* à travers la projection de son propre comportement inconscient.

C'est assez hallucinant si l'on y pense ; car la plupart des relations humaines se font à travers un énorme réseau de projections. Le premier projette sur le second qui, à son tour, projette sur le premier. *Ils ne se connaissent donc jamais*. Mais ils sont en relations « fantomatiques », tout en croyant à la vérité de leur comportement mutuel. Imaginons alors une assemblée de vingt personnes, où chacun projette des tas de choses sur chacun. Faites le calcul : la somme des projections mutuelles devient vertigineuse. Chacun parle, discourt, discute, aime, adore, méprise, hait, critique. Mais dans cent de ces comportements, quatre-vingt-dix sont régis par des projections ! Ainsi, chacun devient la marionnette de ses projections, en même temps qu'il reçoit à jets continus les projections des autres.

On peut projeter tout sur tout : on peut projeter la mère sur les femmes, sur des lieux, des choses, mais aussi sur les hommes. On peut projeter le père sur les hommes, les femmes, des lieux, etc.

De même, on peut projeter l'Anima sur... n'importe quoi. Dans les rêves, l'Anima se projette souvent sur des femmes, ou des objets, ou des lieux. Dans l'existence diurne, elle se projette sur tout, puisqu'elle est le principal moteur de la vie intérieure ! Et il faut répéter ici que : *on ne connaît jamais la vie, les gens et les choses qu'à travers la sensation qu'on en a*. On voit donc à quel point il est nécessaire de purger son « âme » des projections qu'elle fait. Et l'on comprend que le « retrait des projections » soit si important en psychanalyse, étant donné l'authenticité et l'intense liberté que cela procure.

L'Anima (négative) dans les rêves

■ **Etudions tout d'abord les projections oniriques sur des femmes.**
On constatera encore que les images d'Anima négative se confondent parfois avec celles qui symbolisent négativement la mère ; c'est logique, ainsi que nous le savons. Nous retrouverons certains de ces symboles plus loin sous une apparence positive.

Voici quelques extraits de rêves masculins, puisés dans ma documentation. Je ne ferais que peu ou pas de commentaires, ces rêves étant assez clairs.

■ *Robert rêve qu'une prostituée lui fait signe. La rue est obscure, à peine éclairée par des torches archaïques. Il suit la prostituée.*
Nous remarquons :
□ *la prostituée :* c'est une image classique de l'Anima

négative, destructrice. C'est celle qui dégrade l'homme, qui le pousse vers la déchéance. Elle accueille et « permet tout » à condition d'être payée ;
□ *la rue* : elle représente l'obscurité de l'inconscient de Robert. Seules quelques faibles lumières proviennent du passé (torches archaïques).

■ *Maurice rêve qu'une femme semble l'attendre. Il ne sait où. Mais la femme est immobile. Maurice se sent figé, comme paralysé. Il observe cette « apparition » ; elle porte une très longue cape noire. La femme s'assied. Maurice se dirige vers elle.*

Nous remarquons :
□ cette femme *« fascine »* le rêveur par son immobilité. Elle rappelle ainsi les Lorelei et autres Antinéas qui attirent le voyageur vers la mort ;
□ elle porte une *cape noire* qui renforce son mystère et l'attraction qu'elle exerce.

■ *Jacques rêve d'une sorcière, très belle, très jeune. Elle lui prédit l'avenir. Brusquement, Jacques se sent en voiture, roulant « à tombeau ouvert » sur une route sinueuse bordant un précipice.*

C'est le même symbolisme.

■ *Dominique rêve d'une femme échevelée qui lui vole de l'argent.*

Même symbolisme. L'Anima négative se retourne contre le rêveur et détourne son énergie de ses buts normaux.

■ *Simon rêve d'une ivrognesse avec laquelle il danse.*

Même symbolisme de l'Anima négative, qui dégrade l'homme.

■ *Jacques rêve d'une femme aux cheveux noirs. Elle se*

promène seule dans un parc. Il la regarde de loin, comme « fasciné » (ici encore !).

C'est le symbolisme des sirènes, des Lorelei, attirantes et mortelles.

■ *Paul rêve de scènes pornographiques, d'orgies de bas étage. Il ressent un « bonheur triste ».*

Il s'agit d'Anima négative, mais également du symbolisme de l'orgie (page 83).

Ainsi donc, ces visages de femmes négatives sont souvent présents dans les rêves. Ce sont aussi des *statues* (Anima figée), des *sorcières fort laides et sales*, des *chanteuses de cabaret*, des *entraîneuses*, des *strip-teaseuses*, des *femmes-sphinx*, toute la gamme des *femmes mystérieuses et fatales*, des *femmes-objets*...

Quand l'Anima négative est projetée sur des lieux ou objets...

Nous en avons déjà rencontrés dans le courant de ce livre. On trouve fréquemment :

☐ des *vallées* ; elles sont généralement « féminines » par leur douceur, leurs harmonieuses ondulations. Comme Animas négatives, elles apparaissent désolées, ou calcinées ou enneigées. Elles se montrent sans espoir. Aucune nourriture ne peut s'y trouver. Ce sont des vallées de solitude. Le voyageur s'y égare. L'espérance y est morte ;

☐ des *plaines* ; elles sont alors nues et arides. Elles sont parfois mystérieusement éclairées par la lune. Les points de repère manquent. Comme les vallées, elles sont des lieux de solitude et de perte de soi ;

☐ des *bateaux* ; ils peuvent (négativement) symboliser le « ventre maternel » où l'on se réfugie pour échapper à la vie. Dans certains rêves, ils sont en mauvais état. Ils sont mal gréés. L'intérieur est misérable. La peinture tombe en lambeaux. La coque est trouée. Les voiles sont déchirées. Ce sont également les *bateaux-fantômes* errant au large.

Ou des bateaux indéfiniment ancrés au port, sans espoir de départ. A moins qu'ils ne partent vers des lieux sans retour, comme dans le rêve du début de ce chapitre...

☐ des *maisons*; c'est un important symbole; les différents niveaux de la maison représentent les niveaux de la personnalité (voyez le dictionnaire). La maison est le domaine de la femme et de la mère, mais aussi de l'intériorité. Comme Anima négative, la maison se présente évidemment sous des aspects maléfiques. Elle peut être figée dans le passé. Ou bien archaïquement bourgeoise, stratifiée, morte. A moins qu'elle ne soit entourée d'un jardin défleuri, abandonné. Elle est vide, désolée. Le grenier et la cave sont angoissants. Les escaliers sont sales, délabrés, à moins qu'ils ne mènent nulle part...

Un rêve de maison (un homme, 28 ans)

— *Je venais d'acheter une maison. On me la montre de loin. Elle se trouve dans une sorte de paysage en tôle ondulée. Je vois mes enfants planter des sapins en plastique...*

Le plus étrange, dans ce rêve, est la « tôle ondulée ». Elle rappelle la *vallée* citée plus haut, mais vidée de toute substance vitale, de tout charme, de toute attirance. Il semble donc que le « Moi » du rêveur (= la maison) soit placé au centre d'une Anima quasi-morte (ou refoulée). Pour couronner le tout, ses enfants, images de la vie, plantent des sapins artificiels... alors que le sapin est un symbole d'éternité. Ici encore, comme l'espérance est lointaine!

Cela ne fait-il pas songer à Apollinaire?

Comme la vie est lente,
Et comme l'espérance est violente!

☐ des *villes*. Elles sont généralement des symboles maternels, ou d'Anima. Répétons qu'une ville contient en elle les habitants (les enfants) comme une mère en son ventre. En tant qu'Anima négative, la ville est ressentie comme étant hostile, corrompue, fascinante. Dans des rêves de ma documentation, *Las Vegas*, ville corrompue par le jeu, apparaît assez souvent.

Un rêve de ville (un homme de 50 ans)
— *Il rêve qu'il erre dans une ville inconnue. Il cherche une maison amie. Il demande son chemin à des femmes-policiers. Elles lui désignent un endroit lointain où le rêveur entrevoit les constructions de Brasilia, qu'il avait vue dans un film.*

Ce n'est pas Las Vegas, mais Brasilia qui apparaît ici : ville brûlée par le soleil, située au milieu du désert, ville non-achevée et figée dans une sorte d'éternité futuriste et sans espoir. Et cependant, le rêveur recherche le centre sécurisant de sa propre personnalité (la maison amie). Les femmes-policiers représentent une Anima « en uniforme », sans souplesse, figée dans le Sur-Moi (page 88)

☐ des *jardins*. Lieu secret où l'on médite, où l'on participe à sa vie intérieure, le jardin se présente en Anima négative comme glacé, abandonné, hivernal, embrumé... Il rappelle alors les fameux vers :
> Dans le grand parc solitaire et glacé
> Deux ombres ont tout à l'heure passé...

☐ des *statues*. Symboles d'Animas figées, non-évoluées, bloquées au temps de l'enfance, les statues peuvent présenter des aspects de sirènes, de gargouilles, de sorcières, etc.

☐ des *eaux*, symbole de l'engloutissement possible (du moins comme Anima négative !). L'eau peut, ici encore, se présenter sous forme de marécage, de lac, de neiges, de brouillards, avec les dérivés : barques, nénuphars, cascades gelées, ou polluées, vasques asséchées, poissons malades ou morts, chants de femmes sur les eaux dangereuses ou dans les brumes...

L'Anima en cours de remontée...

On note généralement deux stades : a) l'Anima positive, mais non intégrée à la personnalité; b) l'Anima positive « se coulant » dans la personnalité et s'y intégrant. Je sais qu'il est fort difficile de comprendre rationnellement tout ceci, mais l'Anima fait suffisamment de dégâts et provoque suffisamment de drames (coups de foudre qui s'écroulent dans l'amertume, ménages à trois, hommes qui se perdent dans un « amour » absurde, amours insensées et destructrices, etc.) pour qu'on s'y attarde longuement.

Le premier stade de l'Anima positive

L'image de la femme n'est plus menaçante ni obscure. Elle s'illumine. Elle devient nostalgique, douce, cachée, mystérieuse, romantique. Mais l'Anima de l'homme demeure encore inconsciente, comme un bloc enfoui dans la personnalité. Comme elle est inconsciente, elle est *projetée*. Des rêves peuvent apparaître :

☐ *J'ai rêvé d'une jeune fille; elle me regardait doucement; j'éprouvais une sensation d'infini...*

☐ *J'ai rêvé que je lisais à voix basse un poème où il était question d'une jeune femme qui m'attendait...*

☐ *J'ai rêvé d'une femme en blanc, dans un parc...*

☐ *J'ai rêvé que j'attendais un paquebot; il y avait sur le pont une passagère belle et triste; je ne voyais qu'elle...*

☐ *J'ai rêvé d'un jardin; c'était l'automne; deux femmes*

s'y promenaient lentement; l'une d'elles me regardait; j'éprouvais l'impression d'un amour intense au fond de moi...

☐ *J'ai rêvé d'une châtelaine...*

☐ *J'ai rêvé d'une jeune infirme que je prenais en charge; je l'aimais éperdûment...* (songeons ici aux innombrables « Animas » nostalgiques et souvent misérabilistes qui peuplent les films de Charlie Chaplin)...

☐ *J'ai rêvé que je tenais dans mes bras une femme inconnue; j'étais émerveillé...*

Et ainsi de suite. Ces types de rêves sont aussi fréquents que l'appétit de bonheur des hommes... C'est le stade de l'attente, de la recherche inconsciente de soi. L'homme *se* cherche... et risque de se trouver, non pas en lui, mais à l'extérieur de lui. Et le danger apparaît en même temps.

■ Lorsque la projection a lieu sur une femme...

— *Je sais qu'il y a quelque part dans le monde mon grand amour...* me disait un homme. En fait, tous les hommes de la terre ne pourraient-ils le dire puisque tous le ressentent au fond de leur nostalgie?

Lorsque l'Anima remonte, le « grand amour » rôde. Ils sont liés comme une planète et son satellite. Et ici, l'on ne peut plus ajouter grand-chose. Où est la frontière? Où se trouve l'authentique? S'il y a projection, quand correspond-elle ou non à une réalité? A quel moment telle ou telle femme ressemble-t-elle tellement à l'Anima de l'homme qu'elle se confond avec elle? Si un homme épouse la projection de son Anima, que se passe-t-il? Car il existe de merveilleux couples Homme + Femme + Anima, mais il en est de terriblement catastrophiques. Essayons donc de mettre un peu d'ordre dans ces difficultés.

De toutes façons, l'Anima idéalise la femme sur laquelle elle est projetée. C'est un premier point. Si cette femme « colle » à cet idéal, elle devient vraiment celle « que l'homme attendait depuis toujours » ; elle est vraiment celle dont il savait « qu'elle existait quelque part dans le monde ». Mais c'est aussi rare que la neige en juin.

Si la femme ne correspond pas à la projection, c'est l'écroulement rapide du « grand amour », avec les tourments intérieurs que cela suppose.

Mais, de toutes les façons, la remontée de l'Anima donne à l'homme une optique des choses et de la vie totalement différente de celle qu'il connaissait. L'homme devient un véritable « radar ». La « chance » apparaît ; tout simplement parce que, ressentant mille fois plus les choses, il se trouve mille fois plus souvent sur le « trajet » des circonstances. Il acquiert une sensation « panoramique ». Son énergie augmente dans de considérables proportions. Et il peut alors aboutir à ce que cette Anima remonte totalement.

Le second stade de l'Anima positive

Ici encore, il est très difficile d'expliquer le processus au moyen de mots. Voici d'ailleurs un rêve fait par un homme. Vous verrez combien il est d'apparence banale. Et pourtant, c'est un rêve d'Anima de haut-vol...

> *— Je me trouvais dans un jardin. J'étais allongé sur l'herbe. Une très petite fille (dix ans ?...) était assise à califourchon sur moi. Elle me disait chaque fois, trois fois et de façon rythmée comme une musique : « je t'aime, je t'aime, je t'aime » ; et je lui répondais, à la même cadence et sur le même rythme : « je t'aime, je t'aime, je t'aime »... C'était divin, merveilleux, inoubliable, comme universel... Et il me suffit de me rappeler ce rêve accompli*

> *il y a un an pour qu'apparaissent la même énergie et la même joie qu'en ce moment du rêve !*

Ici, l'Anima est « projetée », non sur une femme, mais sur une fillette. Le rêveur renoue avec les valeurs essentielles de la vie, avec ses potentialités et ses promesses. Il lance un pont vers les sensations de l'enfance. Notons également le rythme en trois temps (voyez la signification du nombre 3 plus loin), qui rappelle les « trois temps » et les « trois avions » du rêve cité au début de ce livre. C'est un rêve qui plonge — sans aucune sentimentalité — dans l'Amour.

D'autres symboles de l'Anima recouvrée...

Il est logique que nous retrouvions des symboles d'Anima négative ; mais ils sont « retournés ». Autant ils étaient à l'envers, autant ils se présentent ici à l'endroit...

Ce sont, dans les rêves :

☐ des *vallées*. Elles sont enchanteresses, fertiles, gorgées de promesses. Véritables paradis terrestres, elles sont l'image de la féminité dans sa puissance et son appartenance à l'universel ;

☐ des *villes*. Harmonieuses, printanières, elles symbolisent la douceur de vivre.

☐ des *plaines*. Elles se montrent infinies, sans obstacles, souvent doucement ensoleillées.

Et ce sont également :

☐ des *eaux* irisées ou bondissantes, des *fleuves* au travail où passent les péniches, des *jets d'eaux* multicolores, des *sources* vives...

☐ des *maisons* bénéfiques et merveilleuses, des *oiseaux* ou *poissons* mordorés, des *paysages* calmes, des *neiges* et des *montagnes* lumineuses et vivantes.

Parfois aussi :

☐ des *épées* brillantes telle la Durandal de Roland, des *statues* qui s'animent et dansent...

Ce sont, en somme, tous les jaillissements d'une âme rénovée.

Pour terminer...
... et pour en revenir à l'Anima non-résolue, je cite deux vers qui la traduisent :

> La force du miroir trompa plus d'un amant
> Qui crut aimer sa belle et n'aima qu'un mirage...

(Apollinaire : « Il y a »)

... mais je cite également un rêve d'Anima résolue ; et que chacun pourra aisément comprendre :

> *— Je me trouvais dans une foire, ou une fête ? Une jeune femme était assise dans un coin, sur une chaise ; je me dirigeai vers elle. Je ne l'avais jamais rencontrée, mais je la connaissais. Elle se leva, m'attendit, et me dit : « Je suis en toi depuis longtemps... ». Puis elle s'en alla ; et je savais que plus jamais je ne la reverrais...*

VIII

L'Animus extériorisation créative chez la femme

L'Animus est le pôle masculin de la femme. C'est la partie extravertie, créative et structurée socialement; c'est le pôle de la raison et de la pensée. C'est, en elle, la dimension de l'avenir. Tout dépend, ici également, de l'authenticité de cet « Animus ».

Comment se forme l'Animus ?

Sa formation (ou sa déformation) dépend du père ou, du moins, de la *sensation* qu'éprouve la fille envers son père.

Pour la jeune fille, le père est le premier grand mâle symbolique se trouvant sur sa route. *Il est un symbole avant d'être un personnage* en chair et os. Symbole de puissance, d'infaillibilité, de connaissance, d'avenir, symbole du social et de l'art de « s'imposer ».

La vie « extériorisée » de la fille dépend ainsi de ce qu'est réellement le père, ou de la façon dont elle le ressent et surtout, de la connaissance profonde qu'elle a de lui. Si la jeune fille manque le coche, son Animus se cristallisera, restera une pure potentialité tournant en rond, sans « exploitation » possible.*

La femme à Animus négatif

Elle présente généralement deux aspects possibles.

■ Un homme à l'envers
Tout se passe comme si la féminité avait disparu. La sensibilité et l'intuition semblent mortes. La chaleur de l'âme féminine paraît évanouie. En la femme dévorée par son Animus, règne un démon autoritaire, quasi sadique.

Cette femme est apparemment froide, agressive, têtue, obstinée, impitoyable, ratiocinante, hargneuse, agitée. Elle peut ainsi devenir une meneuse de débats faussement idéale, réduisant à néant toute l'argumentation nuancée.

Il est important de savoir que, pour cette femme, la dimension « avenir » n'existe pas. Malgré les apparences, car elle est souvent en pleine action, voire en pleine revendication.

Rappelons-nous que si l'Animus est formé par le père, il contient une dimension sociale et, par conséquent, des idées et des opinions sociales. Ces idées et ces opinions doivent être tournées vers l'avenir; cela va de soi. Or, nantie d'un Animus négatif, une femme émet des opinions

---
* Notons ici qu'elle peut diriger un bureau ou une entreprise, avec la certitude que c'est elle qui agit... alors qu'elle est conduite de bout à bout par un Animus stéréotypé provenant d'une mauvaise relation d'avec son père. Ce genre de femme *fait* des choses ; elle n'en *crée* pas.

arrêtées. Et si le mot « avenir » n'évoque en elle rien de profond, elle bloque ses opinions dans le présent.

C'est alors qu'elle émet des avis qu'elle a lus ou entendus quelque part. Ce sont d'ailleurs pratiquement toujours des opinions d'hommes. La formule la plus couramment utilisée est : « mon mari dit toujours que... ». Ou bien : « j'ai lu dans un journal que... ». Mais souvent, elle donne ces opinions comme étant les siennes propres, avec une force qui défie toute contradiction.

■ La créativité velléitaire

Chez cet autre genre de femme, la féminité demeure visible, avec ses qualités. Mais la créativité reste impuissante, larvaire, velléitaire. Cette femme « stagne ». Elle erre dans la vie. Elle est hors du temps. Pour reprendre la comparaison avec une machine à vapeur : la chaudière est relativement bonne, la vapeur possède suffisamment de pression, mais la courroie de transmission vers la turbine fait défaut. Neuf fois sur dix, cette femme « émane » d'une mère difficile et d'un père absent...

L'Animus négatif dans les rêves

Il se traduit par des images de « castration », c'est-à-dire d'impuissance dans l'action dirigée vers l'avenir :

☐ ce sont les rêves classiques de *trains* sans locomotives, de *voitures* sans direction, ou sans conducteur, de *bateaux* sans compas ou sans gouvernail, etc ;

☐ ce sont des rêves où l'action est brisée : *voyages* qui ne s'accomplissent pas, *travail* qui se détruit ou s'effrite, *rues* qui aboutissent à un cul-de-sac, *recherches* qui ne débouchent sur rien, etc ;

☐ ce sont aussi des rêves d'impuissance générale dans la vie : des balles de *revolver* retombent mollement, des *fusées* manquent le départ, etc. (On trouve ces mêmes types de rêves chez les hommes).

On trouve également des symboles représentant le *vertical*, le *linéaire*, le *créatif*, la *brillance*, la *puissance*. Mais... les *colonnes* sont fêlées, les *échelles* sont brisées, le *soleil* est obscurci, des *mâts* sont arrachés de leur support, etc.

Notons toutefois que le père n'est jamais seul en jeu mais que la mère joue souvent un rôle capital dans les cas d'Animus négatif... voire dans TOUS les cas !

Quelques rêves d'Animus négatif

Le premier grand symbole de l'Animus est l'homme. Mais il est un fait assez curieux : si l'Animus (formé par le père) contient une dimension *sociale*, il contient, par là même, une dimension *collective*.

C'est ainsi que, dans beaucoup de rêves, l'Animus négatif se présente sous forme de *groupes d'hommes*, ressentis comme menaçants ou dangereux :

☐ des *bandits* attaquent en groupe ;
☐ des bandes de *hors-la-loi* défilent à l'horizon ;
☐ des *Gitans*, des *gens de voyage* menacent ;

Egalement :

☐ des hommes *sadiques* ou *démoniaques (vampires* par exemple ;) des *tueurs* (soit sous une forme moderne, soit sous des visages de Landrus) ; des *pirates*, des *corsaires*, des *pilleurs d'épaves* ; des *militaires-dictateurs*, des *exécuteurs de « hautes-œuvres »*, etc.

Tout cela étant donc la projection de l'Animus destructeur de la femme, bien entendu : ces rêves possèdent toujours une importante signification.

Des rêves d'Animus négatif, mais plus « normal »

Ici, l'Animus ne se traduit plus par un danger, une menace ou un sadisme, mais par des figures d'hommes élémentaires, instinctifs, frustes, mais généralement bienveillants.

Ce sont :

- [ ] les *Tarzans* et autres êtres primitifs ;
- [ ] les *grands singes* ;
- [ ] les *hommes des bois*, les *franc-tireurs*, les *hors-la-loi au grand cœur* (Robin des Bois, par exemple) ;
- [ ] des *acteurs de cinéma* d'apparence peu intelligents, mais pleins de bonté ;
- [ ] des *Tziganes* protecteurs, etc.

Ce genre de rêves correspond généralement à « la créativité velléitaire » évoquée ci-dessus.

La femme à Animus positif

C'est la femme autonome, créative, calmement active, capable de raisonner de façon indépendante. Chaudière, vapeur, courroie de transmission et turbine sont en bon état ! Son insertion sociale est solide mais sans revendication agressive. C'est une femme à haut esprit, très réceptive aux grandes idées. Son Animus a cessé d'être une copie de l'homme, mais est devenu une objectivité personnelle. Faut-il ajouter qu'il s'agit alors d'une femme profondément compréhensive ?

L'Animus positif dans les rêves

Comme pour l'Anima de l'homme, ils peuvent présenter plusieurs stades, allant de la « remontée » positive de l'Animus jusqu'à la réalisation totale et bien intégrée dans la personnalité.

Les rêves ne présentent plus d'hommes dangereux ; cela va de soi ! Les groupes masculins disparaissent ; un homme individuel fait son apparition.

Ce sont le plus souvent :
- des *chevaliers*, des *aristocrates*, des *princes* et des *rois* ;
- des *acteurs de cinéma*, connus pour leur intelligence et leur bonté ;
- des *héros*, tantôt romantiques, tantôt contemporains ;
- des *cosmonautes*, des *pilotes* ; etc.

Mais la femme à Animus positif *se voit elle-même* en rêve.
- elle *pilote* un avion, un bateau, etc. ;
- elle pratique des *métiers* traditionnellement masculins, etc.

Il importe ici d'examiner s'il s'agit bien d'un Animus en cours de réalisation harmonieuse, ou d'un besoin « phallique » et revendicateur.

Le rêve de Paule (35 ans)

> — *J'étais actrice de théâtre. Je me trouvais sur la scène. Il y avait beaucoup de lumières. J'improvisais de façon parfaite, et je parlais avec beaucoup d'aisance. Mon mari était dans la salle ; nous nous regardions en souriant. J'ai remarqué que la salle était, elle aussi, en pleine lumière. Je me sentais très heureuse, très calme...*

Remarquons que Paule n'est plus « spectatrice » dans la vie, mais *actrice*. De plus, elle est «*sociale*» : le théâtre représente ici la société. Elle improvise : elle dit ainsi *ses propres paroles*, et non le texte d'un (ou d'une) autre. Notons également son aisance. Son mari, lui, est spectateur ; mais *personne n'est dans l'ombre de* l'autre : la lumière est partout.

Dans l'évolution de la vie intérieure de Paule, il s'agissait ici d'un beau rêve d'Animus en voie de réalisation.

Dans d'autres rêves...

L'Animus positif engendre des rêves où apparaissent de « hauts personnages » tels que des *chefs d'Etat*, des *savants*, des *écrivains*, ou des personnalités masculines connues pour leur spiritualité.

Mais il va de soi que l'homme peut disparaître des rêves ; l'Animus est alors représenté par des symboles masculins : le *vent*, le *souffle*, par exemple, ou par des objets *linéaires* ou *verticaux* : *routes, tours, épées, arbres, etc.*

Le rêve de Lucienne (40 ans)

— *Je voyais une grande étendue, très plate. Assez loin, mais très proche de moi, de mon Moi, se dressait une tour blanche. Ce qui m'étonnait était le nombre des fenêtres percées dans cette tour. Beaucoup de gens allaient et venaient, vers et de la tour. Des drapeaux flottaient à des fenêtres, très colorés.*

Notons, pour commencer, l'atmosphère de *fête* : les *drapeaux* aux fenêtres. Le deuxième élément est évidemment la *tour*. C'est un objet *vertical, dressé, phallique*. Mais cette tour n'est pas agressive ; elle est *blanche*, signe de spiritualité et de calme. Elle se dresse comme un signe de ralliement, comme une « gardienne », comme un « centre ». C'est un point de repère dans l'étendue. Elle est également une sécurité vers laquelle et de laquelle vont et viennent les gens (élément *social*). De plus, elle est percée de fenêtres qui regardent le monde et laissent entrer la lumière.

Dans le cas de Lucienne, et à ce stade de son évolution, il s'agit d'un très beau rêve, réunissant le pôle masculin (Animus) et la féminité (l'étendue horizontale). Et Lucienne ne dit-elle pas ressentir cette tour comme étant proche de son « Moi » ?...

Si une femme épouse son Animus ?

Surgissent les mêmes difficultés que pour un homme rencontrant son Anima. Si une femme épouse la *projection* de son Animus, elle épouse son propre pôle masculin. Elle épouse donc un homme enrobé d'une projection. Le danger est grand, ici également. Car si cette femme résoud son Animus, la projection se brise. Le tout est de savoir ce qui restera...

Mais si l'Animus reste inconscient, et qu'une femme épouse la projection de cet Animus ? Sans couper les cheveux en quatre, on peut croire à un couple passionné et idéal (à condition que la projection ne cesse pas). Mais la femme tombe alors sous la dépendance affective totale de l'homme, puisque l'Animus (créativité, buts, projets, réalisations, extraversion, rôle social, etc.) dépend uniquement de lui. Cette femme restera une petite fille passionnée, mais une petite fille tout de même. Mais, comme me le disait une femme dans ce cas (et combien y en a-t-il ?...) : « Après tout, n'est-ce pas le bonheur qui importe » ?

IX

Les différences d'interprétation

Vaut-il la peine de se donner tant de mal ?

Oui, vaut-il la peine de tant peiner parfois, pour interpréter un rêve dont beaucoup pensent encore qu'il n'est qu'une sorte de pensée travestie ?

Comme en toutes choses, rien ne sert d'exagérer. Il faut éviter de considérer le rêve comme la seule clé de connaissance de soi, et comme l'unique moyen d'exploiter ses possibilités cachées. Car l'interprétation des rêves a pris une importance considérable; et l'on pourrait être tenté d'attribuer une valeur exagérée au rêve en ce qui concerne son action sur la vie diurne.

Conservons donc l'église au milieu du village. Comme je l'ai déjà expliqué, la condition première est qu'un rêve soit *ressenti* comme important, ou comme ayant un sens. Le rêve doit être considéré comme une impression privilégiée, d'autant plus qu'il n'y a jamais de « responsabilité morale » dans un rêve. Etre soi face à soi, tout étant détaché de soi, n'est-ce pas là le privilège accordé par le rêve ?

Les rêves comportent des images aux intrications multpiles. Certains forcent des barrages qui auraient empêché toute prise de conscience durant la vie diurne. Le rêve marque également un « jeu de forces » entre les tendances les plus « basses » et les plus « nobles » de l'être humain. Il présente ainsi un champ de recherches fertiles pour qui désire devenir ce qu'il est profondément : libre, capable d'aimer et d'être aimé, donnant et recevant, avec le moins de peurs possible.

Ceci est d'autant plus vrai que certains rêves mettent en jeu l'Anima, l'Animus et l'Ombre, qui peuvent être le point de départ d'énormes coulées d'énergie et de liberté sans angoisse.

Et si les rêves, opiniâtrement interprétés et « digérés », nous donnent un maximum d'informations, ne vaut-il pas la peine de se donner du mal ?

La valeur d'une interprétation

Comme chacun sait, une œuvre musicale peut être interprétée de plusieurs façons. Faisant l'objet d'exécutions sous diverses directions, elle reçoit des colorations, des rapidités et des puissances diverses, selon la sensation personnelle de l'interprète.

Dans l'idéal, ne pourrait-on pas dire qu'il n'existe qu'une seule interprétation possible : celle du compositeur ? Mais, dans la pratique et à talents égaux, l'on peut évidemment retirer beaucoup de chacune.

Dans les rêves, il existe pareillement différentes interprétations. Alors, telle interprétation serait-elle exacte et telle autre plus ou moins fausse ?

Un travail d'équipe

Je reprends l'exemple déjà donné : un psychanalyste auquel serait envoyé un rêve fait par une personne inconnue, ne pourrait en aucun cas « tirer » une interprétation complète et correcte de ce rêve. Ce dernier, en effet, fait partie du contexte général d'une personnalité et ne peut *jamais* en être séparé.

Ainsi, la pratique moderne d'interprétation ne peut atteindre toute sa mesure qu'avec l'aide du rêveur. Comme nous le savons, le sens d'un symbole varie selon la personne dont il émane. Et c'est ici que les interprétations peuvent diverger, selon — entre autres — les optiques de deux géants de la psychanalyse : *Freud* et *Jung*.

■ Voici un rêve court, fait par un homme de 30 ans, et qui se prête bien à recevoir deux interprétations *apparemment différentes, mais très complémentaires*. La première approche sera faite selon FREUD, la seconde selon JUNG (chaque fois avec la collaboration du rêveur).

> *— J'avais des rapports sexuels avec une jeune femme très belle et d'une inimaginable luxure. J'atteignais des extases qu'on ne peut certainement pas connaître dans la vie courante. Mais j'apprenais peu à peu qu'elle était prostituée.*

Première approche (optique freudienne)
Ce rêve semble traduire l'extériorisation de *refoulements* sexuels et affectifs. De plus, il y a *compensation* de l'impossibilité, pour le rêveur, d'atteindre de pareils échanges dans la vie courante. Echanges « sexuels », ou affectifs ? Mais le plus important est que ce rêve symbolisait *la réalisation* d'un complexe d'Oedipe (voyez le Dictionnaire). Et le symbole de la *prostituée* ? Voyez également le Diction-

naire : la prostituée est ici un symbole maternel. Elle représente *la mère du rêveur*. Il dit : « *Ma mère, dont je veux l'amour total, absolu et sans partage, et avec qui je voudrais des fusions quasi cosmiques, ma mère n'est qu'une prostituée, puisqu'elle me « trompe » avec mon père, et « se donne » à mon rival...* ». Ce rêve marque, au fond, l'intense nostalgie de tous les complexes d'Oedipe non résolus.

C'est, ainsi, un rêve de « désir refoulé » durant la vie diurne, mais remontant en surface dans un face-à-face nocturne...

Deuxième approche (optique jungienne)

L'optique freudienne *réduisait* le rêve à son point ici essentiel : le complexe d'Oedipe.

L'optique jungienne, elle, sera *extensive*. Cela n'empêche pas, au contraire, que l'approche précédente soit parfaitement valable. Il s'agit même de commencer par elle ! La seconde en sera simplement la prolongation vers d'autres horizons.

D'ailleurs, remarquons que le rêveur lui-même parle de *fusions quasi cosmiques*, ce qui déborde le cadre strict de l'optique freudienne. Il faut donc laisser de côté l'aspect « génital » de ce rêve, et envisager son aspect affectif.

Et ce rêve traduit — en plus du refoulement — un intense désir de « fusion » avec la mère. C'est-à-dire? Le complexe d'Oedipe est, au fond, un complexe « religieux »*. Se fondre « dans » la mère signifierait disparaître à soi-même pour faire partie de la Vie (symbolisée par la mère), et de l'univers. Dans ce sens, aucun complexe d'Oedipe n'est jamais résolu. Il reste une nostalgie : celle du Paradis Perdu...

Toujours en ce qui concerne les différences apparentes d'interprétation, en voici, rapidement, les fondements.

---

* Dans le sens de *religare* : se relier.

Selon Sigmund Freud...

Les destinées sont ce qu'elles sont; et Freud eut une existence inversément proportionnelle à son génie. Les souffrances physiques et morales s'abattirent sur lui; les calomnies le poursuivirent. La guerre de 1914 lui prit deux fils. Un cancer de la gorge fut son lot; mais il continua son travail, soutenu par sa soif de connaissances, par son dévouement à ses patients et par la somme d'amour qu'il portait en lui. Il subit des attaques venimeuses, sans doute durant toute sa vie. Car cet homme, pour la première fois dans l'histoire, put et osa mettre à jour les moteurs secrets de l'être humain, tout en s'appliquant à lui-même ses découvertes. Il ouvrit les sépulcres blanchis. Il parla nettement et scientifiquement des refoulements, des tabous sexuels tant infantiles qu'adultes. Il osa — imaginons cela en nous reportant à l'époque ! — hisser sur le pavois le fameux « Complexe d'Oedipe », ce ressort permanent des vies humaines...

Et aujourd'hui, nombreux sont encore ceux qui considèrent Freud comme un « matérialiste » pur, ou comme un être « hanté » par une sexualité qui serait la seule motivation des humains.

Cependant, la façon dont il a universalisé l'instinct fait de lui un quasi-métaphysicien. Et l'on oublie trop souvent que cette fameuse « sexualité » n'est que l'expression immédiate de phénomènes affectifs... dont le but premier est *toujours* de tenter de se « relier » à autrui, voire à l'univers. Ce qui nous conduit fort loin du « matérialisme pur » de Freud...

■ Freud et le rêve

Freud envisage généralement le tréfonds *personnel* et *infantile-sexuel* de l'individu. Pour Freud, un rêve révèle des conflits non (ou mal) résolus de l'enfance. Le rêve fait remonter des refoulements de diverses sortes. Il dénonce les désirs inavoués et souvent inconscients.

■ Un rêve courant à titre d'exemple

Il est fréquent que l'on rêve de la *mort de personnes proches*. En gros, cela signifie que, enfant, le rêveur a souhaité la mort de ces personnes, mais a refoulé son désir, incompatible avec la morale. Ce rêve peut signifier aussi que l'on souhaite actuellement que cette personne « meure ».

Mais il faut comprendre que *l'enfant* ignore ce qu'est la mort. Elle signifie pour lui : « élimination de ce qui le gêne ». Freud croit qu'un rêve de mort a souvent pour objet le parent de même sexe : le *fils* rêve de la mort de son *père*, la *fille* de la mort de sa *mère*. Ce qui est normal si l'on pense au complexe d'Oedipe : le *fils* veut sa *mère* pour lui seul ; la *fille* désire l'amour exclusif de son *père*. Et le rêve élimine le parent gêneur, tout simplement. C'est d'une logique irréfutable !

Mais lorsqu'un *adulte* rêve de la mort d'une personne chère, il faut y voir le plus souvent : *a)* qu'il désire que cette personne disparaisse de son chemin, pour telle ou telle raison ; *b)* que le rêveur est en train de « faire mourir en lui » cette personne, de se détacher d'elle.

■ L'interprétation « réductive »

Généralement, Freud s'en tient à l'individu et s'y arrête. Il demeure dans le « personnel ». Il n'envisage pas le supra-individuel ou l'universel. L'interprétation freudienne est ainsi « réductive ». Elle fait *converger* les circonstances du rêve vers un point unique : les fonds infantiles du rêveur (alors que Jung, comme nous le verrons, fait *diverger* l'interprétation).

Pour Freud, un rêve est souvent un rêve de désirs. Il est la réalisation, via le laisser-aller du sommeil, de désirs refoulés*. Je rappelle ici que le refoulement est totalement inconscient. On peut avoir refoulé, durant sa vie, des milliers de sensations ou de sentiments; on l'ignore totalement. On refoule parce que telle sensation, tel désir, tel souvenir, seraient insupportables et risqueraient de perturber dangereusement notre équilibre. Le refoulement est donc un mécanisme de défense. Mais n'empêche que les refoulements, chargés d'énergie, « tournent » dans les caves obscures de l'inconscient, et déterminent une grande partie des actions humaines. Mais, durant le rêve, l'état de défense est quasi nul, l'alerte est suspendue. La trappe de l'inconscient se soulève, les refoulements font surface, mais toujours sous la forme déguisée des symboles.

■ **Mais une interprétation peut-elle n'être que réductive?** Si un être humain, en effet, devait être « réduit » à ses seules composantes de l'enfance, il perdrait toute dimension pour devenir un point *séparé dans un univers où rien, justement, n'est séparable!* Et si certains analystes réduisent encore l'être humain de cette façon, l'on peut croire que ce n'est nullement la faute de Freud.

Selon Carl Gustav Jung

Avec Jung, la méthode d'interprétation des rêves s'est largement modifiée. Alors que, selon Freud, le rêveur « associe » librement, il collabore ici, très largement, avec le psychologue. L'analyste interroge. Le nombre des associations se limite à l'essentiel. Ces associations sont « amplifiées ». Si une image du rêve semble importante, on revient sur elle, puis sur une autre. L'analyste se dit, au départ, qu'il n'en sait pas plus sur le rêve que le rêveur. Il

---
* Voyez MS 15, *Les prodigieuses victoires de la psychologie moderne*, de P. Daco.

s'agit donc de dénicher l'interprétation par un travail commun. Chez Freud, on dirait : « Laissez aller librement vos idées sur telle ou telle partie du rêve ». Chez Jung, on dit : « A quoi vous fait penser ceci ou cela ? Que vous rappelle ceci ?

Ainsi, le symbole du rêve devient un point de départ, et non un point d'arrivée.

Voici un rêve sous deux intéprétations

Le rêveur est un homme de 35 ans, ingénieur chimiste. Il a une sœur, plus âgée de trois ans. Il m'a montré une photographie datant de l'enfance : c'était une merveilleuse enfant de quinze ans, digne de Boticelli...
Voici le rêve :

> — *Je me promenais doucement dans un jardin. Un insecte, une espèce d'énorme mante religieuse, se trouvait immobile dans un arbre. C'était horrible et fascinant. Je me suis réveillé avec des soubresauts angoissés.*

C'est tout. Que va-t-on pouvoir extraire de ce rêve, ressenti si profondément par cet homme ?

Une première interprétation

Elle fut faite sans que l'analyste intervienne, ou presque. Le rêveur fut simplement invité à « associer » librement. Il n'était évidemment pas difficile pour le rêveur de trouver les images principales. Quant à la suite, nous l'allons voir. Voici donc les associations. Je passe les silences... sous silence, afin de mieux synthétiser.

■ JARDIN

— *... jardin. J'avais un jardin lorsque j'étais âgé de douze ans, l'époque de la photographie. Il y avait des*

arbres. Arbres... peur, quand la nuit tombe... mais que ma sœur était jolie! bien plus... comment décrire?... terrible, cet insecte; qu'est-ce qu'il avait à faire, à foutre nom d'un chien, dans mon jardin? mante religieuse... la mort, l'immobilité, le cauchemar... je vais lui consacrer quelques associations, elle le vaut bien!
■ MANTE RELIGIEUSE
— ... horrible bête. Menace. Une sorte de crocodile en tout petit. Ça ne bouge pas, c'est comme mort, et puis crac. Elles sont de forme quasi-humaine, de là sans doute leur mystère. Elle tue son mâle après l'amour. Une salope, non? Je continue?
— Analyste : ... hé oui!
— ... bon. qu'est-ce qui reste? On ne va pas loin jusqu'ici. Il reste mon jardin.
■ JARDIN
— ... ah, mon jardin! Giroflées, phlox, œillets de poète... parfums d'amour et de rêve. Recueillement. Infini. Vous savez? j'ai infiniment aimé ma sœur. Elle se trouve aux Etats-Unis depuis son mariage. Je ne l'ai plus revue depuis. A quoi bon?... mon jardin était mon lieu secret. Celui des rêves d'amour de mon enfance. Mon jardin était comme une femme. Je... j'y attendais ma sœur durant des heures. J'aurais voulu ne pas être un garçon pour pouvoir dormir dans les bras de ma sœur.

Qu'avons-nous « récolté » jusqu'à présent? Peu de chose. A douze ans, le garçon était « amoureux » de sa sœur. C'est normal. Mettons-nous à sa place. Douze ans, c'est, en effet, l'époque des amours infinies, dont le souvenir dure toute la vie. Mais il s'agissait d'une sœur; donc, la notion d'« inceste » rôdait, avec la culpabilité que cela supposait; d'autant plus que le jeune garçon était élevé dans les principes d'une religion puritaine. D'une part donc, le désir éperdu (ce furent les mots de cet homme) de pouvoir aimer charnellement sa sœur; d'autre part, le tabou de l'inceste, et la vision d'une « monstruosité » sans pareille. Qui aurait pu lui dire, à son âge, que son désir était absolument normal *en soi* ? Et à qui aurait-il osé se confier ?

Au fond, c'était une sorte de complexe d'Oedipe ; la mère était remplacée par la sœur aînée, suffisamment jeune pour demeurer proche du garçon, et suffisamment âgée pour être, déjà, « la femme ».

En résumé, ce rêve traduit :
a) un amour incestueux ;
b) un désir de « castration » et de punition (la mante religieuse, attendant dans le jardin des désirs, et prête à le réduire à néant). Je signale que ces deux « conclusions » furent données par le rêveur lui-même.

Bien ; *mais pourquoi ce rêve maintenant, à 35 ans ?* Il faut reconnaître qu'il ne conduit pas à grand-chose jusqu'à présent. Et cependant, cet ingénieur ne s'était pas marié. Ceci expliquerait-il cela ? Et pourquoi cet homme cherchait-il sans cesse la femme idéale, sans jamais la trouver ?

Essayons donc d'aller plus loin. Ne croyez pas, surtout, que l'on « chipote » n'importe comment pour interpréter un rêve. Mais étant donné l'impact que celui-ci eut sur le rêveur qui insista lui-même pour qu'on y revînt sans trêve...

Une seconde interprétation

Ici, les associations furent faites à travers les interventions de l'analyste.

— Revenons au jardin de votre rêve. A quoi vous fait-il penser encore ?

— *A MON jardin. A MON enfance. A MON refuge. A MA douceur. A ma douce-sœur ; tiens, bizarre ! A l'immobilité de mon âme. J'y étais comme un alchimiste : j'attendais que des choses arrivent... Je m'imbibais du non-temps. Je participais.*

— *A quoi ?*

— *Au monde, à l'univers. Déjà, je rêvais de devenir chimiste, pour trouver les secrets des choses...*
— *... vous insistez beaucoup sur la possession : MON jardin, etc... ?*
— *... en effet, je ne m'en étais pas rendu compte. Mais oui ; je crois que quelque chose est bloqué en moi appartenant à mon enfance. Ma sœur est au centre, certainement. Elle se confond avec MON jardin. Je reste profondément ému lorsque je respire le parfum des phlox et des œillets de poète. Toute mon âme est là... C'était mon paradis, mon amour, ma sœur était mon amour...*

Essayons de comprendre l'essentiel. Et reprenons le symbolisme des éléments principaux du rêve :
■ LE JARDIN. C'est un symbole universel de Paradis Terrestre, de l'Eden. Il est le centre du Cosmos. Il est également l'image universelle du Paradis Céleste et des états spirituels. Ne songeons qu'à la Perse, où le jardin est un thème essentiel, métaphysique, et où des musiques sont dédiées aux jardins. Finalement, le jardin était, pour notre rêveur, la béatitude fraternelle, où se promène l'élu ; ici, l'élu est le préféré de la sœur, dont le jardin était l'image.

Le rêveur ne me cita-t-il pas lui-même les vers merveilleux du Cantique des Cantiques ?

> Elle est un jardin bien clos,
> ma sœur, ma fiancée,
> un jardin bien clos,
> une source scellée...

Et nous voici bien loin de l'« inceste » ! Nous sommes même aux antipodes. Bien sûr, le jeune garçon est « amoureux » de sa sœur. Mais que signifie cela ? Et quel est le symbolisme de la sœur ?
■ LA SŒUR. C'est le « double » du garçon (en général). C'est le miroir. La sœur représente souvent l'âme de l'homme ; son « Anima » (page 143). C'est le côté « envers ». Un frère et une sœur dont l'entente est parfaite

forment une unité indissoluble, une totalité. C'est le Yang et le Yin réunis, l'horizontalité et la verticalité réconciliés. C'est l'union des contraires; et deux êtres alors ne font qu'un. Il est, entre frères et sœurs, des amours immenses. Mais la notion d'inceste est moins forte; une sœur n'est pas une mère. C'est pourquoi les relations sexuelles (affectives!) entre frère et sœur sont si fréquentes. Dans le cas de notre rêveur, la sœur est l'Anima de sa jeunesse, avec toute la nostalgie de l'avoir perdue sans avoir pu l'intégrer dans sa personnalité. Et cela, jusqu'à l'impossibilité de se marier...

■ LA MANTE RELIGIEUSE. A un certain moment, le rêveur me dit :

— *c'est curieux... je pense* à l'Amante religieuse...

Est-ce tiré par les cheveux? Nullement. Il y a ici mélange de culpabilité (la mante qui dévore) et de « religiosité » (la sœur-amante qui relie à l'univers, pour les raisons dites plus haut).

Et le rêveur me dit encore :

— *...je ressentais, dans ce rêve, que cette mante était un animal quasi sacré, menaçant, sans doute, mais hiératique, comme éternellement figé...*

Quelle fut l'utilité de ce rêve?

Elle fut grande. Cet homme se rendit compte de ce qu'il ignorait totalement : que sa recherche permanente de « la femme idéale » était due à une « Anima » enfouie dans un passé nostalgique. Que la femme réelle ne l'intéressait pas du tout. Que sa sœur, faisant tellement partie de lui, l'avait littéralement coupé en deux par son mariage. Et que, dévoré par cette Anima, il avait négligé son côté masculin, pour devenir un être typiquement « Anima » (page 143) : capricieux, féminisé, irritable, tyrannique, sous des aspects d'extrême douceur. Et que, au fond, il aurait pu verser dans l'homosexualité.

Pour synthétiser...

Pour Freud, l'inconscient est généralement une sorte de « poubelle » où l'on entasse les refoulements et les désirs inavoués. C'est vrai dans de nombreux cas ; on oublie très vite ce qui fait souffrir : du moins, on croit l'avoir oublié. Mais le risque est qu'un jour, tout remonte à la surface à la suite de diverses circonstances. Et cela fait penser à une réflexion connue : *ce qui, en nous, est enfoui loin derrière, nous attendra un jour loin devant.*

Pour Freud encore, l'inconscient semble être le réservoir des résidus de la vie éveillée. Le rêve serait un « sous-produit » de la vie *personnelle*. Tandis que pour Jung, l'homme (donc ses rêves) s'envole vers des dimensions supplémentaires dont l'importance est parfois démesurée.*

---

* Voyez MS 15, *Les prodigieuses victoires de la psychologie*, de P. Daco

X

Mon ombre est ma lumière

Je crois que ce chapitre est le plus important de ce livre, parce qu'il touche à l'essentiel des vies humaines. Parce que l'« Ombre » recèle des énergies incalculables de liberté et d'épanouissement de soi, après découverte du « Moi » dans son essence plénière.

Généralement, l'être humain n'est que nostalgies, angoisses, refoulements, dépressions, mal de vivre ; panoplie à l'envers d'un être qui devrait se trouver à l'endroit. Car ces angoisses, ces dépressions et autres énergies noires ne sont pas l'être humain. Il n'est pas fait pour cela. Alors, où est-il ? Où se cache-t-il en nous ? Où est-il en attente ? Et comment, et pourquoi se cache-t-il ?

Mais si la partie de nous-mêmes la plus enfouie, la plus oubliée, la plus honnie parfois, si cette partie était notre lumière et notre liberté ? Au lieu de nous trouver coincés dans des systèmes où nous chipotons parmi des critères imposés par d'autres, eux-mêmes engoncés dans d'autres critères ne venant pas d'eux, et ainsi de suite jusqu'au début des temps ?

Ecoutons ceci :

> Du temps où j'étais écolier
> Je restais le soir à veiller
> Dans notre salle solitaire
> Devant ma table vint s'asseoir
> Un pauvre enfant vêtu de noir
> Qui me ressemblait comme un frère.
> ……
> Au coin de mon feu vint s'asseoir
> Un étranger vêtu de noir
> Qui me ressemblait comme un frère.
> ……
> Je m'en suis si bien souvenu
> Que je l'ai toujours reconnu
> A tous les instants de ma vie
> C'est une étrange vision
> Et cependant, ange ou démon,
> J'ai vu partout cette ombre amie.
>
> Musset, *La Nuit de Décembre*

Ombres noires ?

Ombre : ce mot évoque l'obscur, le noir, le potentiel, l'invisible, la peur, la menace, le dissimulé.
L'ombre de soi-même ? Voici les associations d'un homme sur cette expression :
— *Honte. Le côté noir de soi-même qu'on ne veut pas connaître. Ombre ? Qu'est-ce qu'on traîne avec soi ! Bagages oubliés dans l'ombre. Faux-bagages que l'on porte. Ombre... sous-bois, se connaître en totalité...*

Voilà. Ombre semble bien associé avec « honte de soi ». Notre Ombre contiendrait donc les refoulements, les complexes, les besoins inavoués, les facettes de personnalité oubliées parce que « indignes de soi ». Est-ce vrai ?

Voici un homme, qui pleure en écoutant une mélodie. L'homme traditionnel le regarde et hausse les épaules. Sentimentalisme d'enfant ? Voire. Pourquoi pleure-t-il ? Regrets ? Nostalgies, encore ? Sans doute. Mais nostalgies de quoi ? Et si cet homme, par le truchement de cette mélodie, se sentait « relié » à autre chose qu'à son « Je » racorni par la vie ? Ne serait-il pas, dans ce cas, mille fois plus « normal » que l'homme qui hausse les épaules en le regardant, et qui a même perdu « cela » en cours de route ?

Essayons donc d'examiner cette question de plus près ; elle en vaut la peine.

L'homme stéréotypé et le hippie

— Que pensez-vous des hippies ?
— Quelle horreur !
— Mais encore ?
— Ils sont sales.
— Mais que pensez-vous du vrai hippie, qui est parfaitement propre ?
— Sans foi ni loi.
— Qu'en savez-vous ? Vous en connaissez ?
— Non... mais... ils n'ont pas de structures, ils sont tous pareils, ils partagent tout, ils ne sont pas différenciés, ils ne méritent pas de vivre, ils n'ont pas d'idéal, pas de but précis. Ils ne sont rien.

J'aurais pu demander à cet homme : « Et vous, QUI êtes-vous ? ». Il m'aurait répondu : « Je suis... » et il m'aurait cité sa profession. Il se serait identifié à sa profession. Mais lui ? Et si je lui avais demandé : « QUOI êtes-vous ? » Il n'aurait certainement pas pu répondre.

Gageons que le hippie représente l'Ombre de cet homme. Comment ?

Quelques exemples

— *Je ne peux pas supporter cet homme ; il représente trop ce que je voudrais être, et que je n'ai pu devenir...*

Cette phrase pourrait être dite par quatre-vingt-dix personnes sur cent. Mais elles ignorent qu'elles le pensent.

Et ceci est déjà un excellent moyen de départ pour détecter notre Ombre. Un moyen élémentaire ; mais il faut bien commencer par le petit bout.

Et puisque nous parlions de hippies, voici un rêve, fait par un homme de quarante ans, et qui va nous aider à appliquer ce moyen de recherche.

> — *Je marchais dans une rue élégante, genre Champs-Elysées. Une sorte de jeune clochard chantait à côté de moi ; il me provoquait. Je voulais le chasser ; il chantait plus fort. Puis il se mit à marcher à mes côtés, me suivant comme mon ombre...*

Comme une ombre ? On ne le lui fait pas dire. Et voici d'ailleurs quelques vers d'Apollinaire auxquels ce rêve fait immanquablement penser :

> Un soir de demi-brume à Londres
> Un voyou qui ressemblait
> A mon amour vint à ma rencontre
> Et le regard qu'il me jeta
> Me fit baisser les yeux de honte...
>
> Apollinaire, *La Chanson du Mal-Aimé*.

Qui était le rêveur? Un homme sec, (trop) tiré à quatre épingles, habillé à la dernière mode, ayant fait des études très spécialisées.

Mais alors, ce jeune clochard braillard et provocant, n'était-ce pas une partie de lui? *En fait, c'était sa partie principale!* La partie visible de sa personnalité n'était qu'une *apparence* de lui-même. Il vivait ainsi sur l'envers de lui-même. Le jeune clochard représentait la partie libre, joyeuse, insouciante. Il ne pouvait pas chasser ce clochard ; il était en lui depuis l'enfance, mais refoulé au nom de principes sociaux inculqués par l'éducation. *Ainsi donc, le « clochard » libre était l'Ombre de notre rêveur.* Ou plutôt, l'aspect « clochard » avait été maintenu soigneusement dans l'Ombre, parce que risquant de tout remettre en question...

Les hostilités révélatrices

Revenons-en au moyen de détecter l'Ombre. Notre rêveur haïssait les clochards et autres « bons-à-rien ». Mais en même temps *et sans le savoir*, il aurait donné sa vie pour vivre parmi eux, retrouvant ainsi l'essentiel participant de l'enfance.

De même, cet « homme » honnissait les aventuriers, les play-boys, les désinvoltes. Il m'a d'ailleurs communiqué une liste d'acteurs de cinéma qu'il ne pouvait voir en peinture : les acteurs incarnant les James Bond se trouvaient en premier rang !

Et comme nous le savons maintenant, il était hanté par la partie libre de lui-même qu'il avait dû maintenir dans l'Ombre, partie qu'il projetait sur les « aventuriers » et autres « clochards » de la vie. En fait, il se haïssait lui-même, pour s'être laissé coincer dans un système sans issue pour lui.

Mais vint le rêve...

Ainsi donc, il est fort intéressant de rechercher ce que l'on n'aime pas chez autrui, ce que l'on hait, ce à quoi on est hostile ; de rechercher les gens qui nous irritent, ceux dont on dit « je l'étranglerais volontiers » ou « je ne peux pas le voir ». Intéressant également de trouver les critiques sur soi que l'on ne supporte pas, émanant de gens dont on dit « il ne vaut tout de même pas mieux que moi ; alors de quel droit me critique-t-il ? ». Car il y a de fortes chances, en procédant de la sorte, que vous mettiez le doigt sur une partie de votre Ombre... Mais en même temps, cette Ombre-là deviendra déjà du clair-obscur. Et ce sera un premier grand pas.

Quelques extraits de rêves d'Ombre

■ *Lucien rêve qu'il se voit jouer au football. Il est spectateur dans les gradins. Sur son veston est épinglée une décoration.*
Il faut dire deux mots de ce rêve : notons que Lucien est spectateur de lui-même. Le *joueur de football* (jeu jamais pratiqué par Lucien qui était fonctionnaire) représente *l'extraversion* que le rêveur n'avait jamais réalisée. Dès l'enfance, il s'était enfoncé dans la solitude et le sédentarisme ; ou plutôt « on » l'avait obligé de s'enfoncer... Il était devenu fonctionnaire — et fonctionnaire de la vie. Mais il se voyait décoré ; n'avait-il pas suivi, bien docilement, les chemins qu'on lui avait imposés ?

Lucien, *apparemment* très replié sur lui-même, était devenu un *faux-introverti*. Mais il aurait pu avoir une excellente expressivité de lui-même et une très bonne extraversion sociale, comportements qu'il avait soigneusement refoulés et maintenus dans l'ombre. Nous voyons ainsi que le joueur de football représente l'ombre de Lucien, une ombre qui aurait pu être sa lumière... Et notons également que Lucien éprouvait de violentes hostilités envers tous les sportifs en général, qu'il taxait volontiers de « Messieurs et Mesdames Muscles... ». Ce qui nous renvoie au paragraphe précédent.

■ *Hélène-Marie rêve que, mêlée à la foule, elle poursuit une femme médisante, qui lui a fait beaucoup de mal. Elle ressent en elle une rage de tuer.*

Notons que Hélène-Marie fit ce rêve après avoir vu le film de Clouzot : « le Corbeau », où il est précisément question d'une femme accusée d'avoir écrit des lettres anonymes.

Dans ce rêve, Hélène *se poursuit elle-même*. Elle veut tuer une partie d'elle-même. Hélène, d'ailleurs, colportait volontiers les potins. Et elle ne supportait pas cette part d'elle-même qu'elle ne parvenait pas à extirper, mais sans savoir que les défauts qu'elle reprochait aux autres *étaient en réalité les siens!* Il s'agit ici d'une partie *négative* de l'ombre. Nous verrons cela plus loin. Mais je cite ici Marie-Louise von Franz : — *Plutôt que de regarder en face nos défauts révélés par l'ombre, nous les projetons sur d'autres — par exemple nos ennemis politiques. Les projections abondent aussi dans les commérages malveillants.*

■ *Virginia rêve d'un Noir; elle danse avec lui; elle éprouve à la fois un grand plaisir et une forte répulsion. Le Noir est très affable, courtois, attentionné. Il danse* (dit Virginia) *« comme une liane des forêts. »*

Qui est Virginia? Une femme bloquée dans des comportements stéréotypés; une femme ayant — ici aussi — refoulé son extraversion. Sa mère, en effet, n'admettait aucune expression de soi, aucune manifestation de sentiments quelconques. Or, Virginia, foncièrement extravertie, était réellement une femme très « instinctive », impulsive, et qui aurait pu déborder d'expression extériorisée. Mais las...

Et voici donc que le rêve exprime l'Ombre de Virginia. *Que représente ce Noir?* La vie naturelle, instinctive, proche de la nature et des choses, et l'Ombre, évidemment (par sa couleur). De plus, l'Ombre de Virginia n'est pas aussi bloquée qu'elle le croit : elle est « proche » et courtoise. Virginia peut espérer la recouvrer sans trop de difficultés, pour peu qu'on l'y aide.

■ *Jean rêve qu'il marche dans la forêt, à la poursuite de grands singes qu'il veut apprivoiser.*
C'est le même type de rêve ; Jean recherche dans la forêt (*son inconscient*) une partie égarée de lui-même et symbolisée par les grands singes (instinct, vie libre). Un excellent signe : il veut les apprivoiser, donc les rendre proches de lui.

■ *Marie-Claude rêve de son fils. Elle l'accable de reproches pour sa tenue vestimentaire, ses cheveux longs, sa façon insouciante d'envisager la vie. En même temps, elle montre à son fils des photographies où on la voit enfant, et lui dit : « si tu crois que la vie m'était facile ! ».*
Traduisons tout de suite : Marie-Claude envie sourdement son fils. Parce que Marie-Claude est truffée de refoulements et de peurs de vivre qui l'ont poussée vers des comportements figés et sous-tendus par des principes rigides. Ainsi, le fils est l'Ombre de Marie-Claude ; avec de l'aide, elle arrivera à retrouver en elle ce côté « hippie » qui lui faisait horreur mais qui, au fond, représente le potentiel authentique de tout être humain.

La rivière souterraine

C'est C.G. Jung, je crois, qui propose la comparaison suivante : lorsqu'une rivière est obligée de s'enfoncer dans le sol, elle peut entraîner avec elle de la boue, mais également des pépites précieuses.

En ce qui concerne l'être humain, lorsqu'il est obligé de « refouler » des sensations ou des sentiments, ce refoulement entraîne avec lui aussi bien des comportements *négatifs* que des comportements *positifs*.

Un exemple : revenons au rêve cité en fin du chapitre 9 : le refoulement d'un désir sexuel envers la sœur (comportement négatif) a entraîné avec lui le refoulement de l'Anima, c'est-à-dire de l'âme entière de cet homme, contenant enthousiasmes, joies de vivre et autres énergies. Ici, le refoulement du positif avait dépassé largement le refoulement du négatif !

Et l'Ombre ? En quoi peut-elle devenir la « lumière » d'une personne ?

Du clair-obscur à la lumière

On comprend déjà que la découverte d'une partie de l'Ombre puisse être très bénéfique. En effet : elle dévoile des aspects ignorés (ou refusés) de soi-même. Cela permet de « récupérer » des pans entiers de personnalité qui travaillaient pour eux-mêmes, dans l'obscurité de l'inconscient ; parties de personnalité qui ne servaient qu'à « l'envers » en entretenant des refoulements, *des hostilités envers soi et envers ceux sur qui on les projetait*, alors que ces derniers n'y pouvaient rien et n'avaient pas le comportement qu'on leur attribuait.

De plus, lorsque l'Ombre remonte, on s'aperçoit que, neuf fois sur dix, il n'y a pas de quoi fouetter un chat. Et que ce qu'on a maintenu dans l'ombre depuis l'enfance prend, dans l'actuel, la valeur d'une tête d'épingle.

Un exemple :
— Un homme trop calme s'aperçoit que son ombre contient de la violence. Ou qu'il est réellement un violent. Mais on lui avait présenté la violence (la violence normale et non-dangereuse d'un tempérament coléreux, par exemple) comme un défaut majeur, voire comme une tare. Il a donc maintenu cette part importante de lui-même dans l'ombre où elle tourne en rond en consommant de l'énergie. Il est évident que, chaque fois qu'un peu de colère

monte en lui, il se garde de la montrer ; son perfectionnisme exige qu'il demeure calme. Or, être « soupe-au-lait » est son véritable caractère. Il doit donc « projeter » son ombre à l'extérieur... et haïr les coléreux et les violents, tout en se gardant bien de prendre conscience que sa haine s'adresse à lui-même... Or, cette « violence » qui lui fut dépeinte comme une tare, se représente à lui dans son actualité : il possède un caractère coléreux avec la violence bénigne que cela comporte. Cela ne valait donc pas la peine de faire d'une souris une montagne, pendant de longues années. Et recouvrer sa personnalité authentique — même si elle est mauvaise — n'est-ce pas préférable aux blocages inauthentiques avec les angoisses qu'ils provoquent ? Et si une personnalité est mauvaise (cela existe-t-il ?), ne peut-on la travailler ? Car dans ce cas, on agit sur un comportement vrai, au lieu de vivre selon une personnalité fantomatique.

Vers l'ombre-lumière

... Qu'as-tu fait, toi que voilà,
de ta jeunesse ?

Paul Verlaine, *Sagesse*.

Il est une évidence : un enfant est toujours éduqué par autrui, et non par lui-même. Il est non moins évident que les éducateurs ne sont pas l'enfant. Par conséquent, l'éducation, aussi bonne soit-elle, ne correspond jamais à ce qu'est l'enfant.

L'éducation est donnée par des adultes. Neuf fois sur dix, ceux-ci ont perdu le contact avec l'Essentiel, qui est la marque de l'enfance. Les adultes sont fortement « différenciés », professionnellement, socialement, moralement. Ils sont ce qu'on appelle des « individualités », face à un enfant qui est indifférencié, et dont la sensation essentielle est de « faire partie de ». Car l'enfant est branché sur l'universel. Il se relie à toutes choses comme il respire.

Tout être humain a un bel avenir derrière lui

Ce n'est pas un paradoxe. L'éducation consiste à supprimer l'indifférenciation de l'enfant, pour le pousser à se différencier de plus en plus.

On pourrait lui dire :
— Tu es universel. Tu es « semblable » aux autres. Tes atomes sont ceux de l'univers. Ton essence profonde ne présente aucune différence d'avec celle des autres. Ton être essentiel est celui de ton voisin. Les différenciations entre les êtres sont certes nécessaires dans une vie socialement organisée. Mais ces différenciations sont accidentelles et simplement juxtaposées à l'être essentiel. Ces différenciations doivent être employées comme un outil dans la vie communautaire. Mais le marteau n'est pas le menuisier ; et le menuisier n'est, lui aussi, qu'une différenciation nécessaire de son être essentiel.

Mais on dit :
— Tu es radicalement différent de ton voisin. Tu es unique. Tu es irremplaçable. Tu as beaucoup d'importance. Tu dois donc cultiver ta différence, qui doit devenir ta qualité la plus haute. Logiquement, puisqu'on te différencie, tu dois devenir le plus beau, le plus grand, le plus spécialisé, le plus intelligent. Tu dois devenir à tout prix autre que l'Autre.

Faisant cela, on « sépare » automatiquement l'enfant des autres, et du monde qui l'habite. En le différenciant ainsi, on commet un meurtre : celui de son essence universelle et participante. On découpe dans sa pâte une tranche minuscule, dont on lui dit qu'elle vaut l'univers à elle seule.

Automatiquement, dans cette course à la différenciation, l'Autre devient un ennemi. Cette éducation-là est de la paranoïa poussée à ses limites, la Tour de Babel à la portée de tous.

Il y a donc différenciation, et séparation, dans un univers où rien n'est jamais séparé. La séparation est donc une illusion que l'on entretient soigneusement. Mais de ce fait, il y a torsion permanente entre l'être essentiel et l'être séparé, par obligation de ne jamais « démériter » aux yeux des adultes séparés.

L'enfant, pour n'être pas honni ou abandonné, joue le jeu dans cette différenciation imposée.

A ce moment, son Essentiel descend dans l'Ombre. Il s'y met en hibernation et en attente, pour toute la vie souvent. Cet essentiel, ce potentiel, était son avenir, l'avenir de l'être. Et, dans l'Ombre, il laisse cet avenir derrière lui.

Il avance alors sur des superstructures édictées par d'autres, ayant laissé dans l'Ombre son essentiel, depuis longtemps. L'enfant commence à vivre — ou à essayer selon des critères établis par d'autres. Il existe en tant que petite cellule séparée, ennemie d'autres cellules séparées.

Donc, l'enfant fait descendre son Essentiel dans l'ombre. Et il commence de vivre sur un « Moi-je » séparé, solitaire, sans amour. Sauf des amours séparées, codifiées, cataloguées, autorisées, obligatoires.

De vaste qu'il était, il se rétrécit. On le pousse alors dans un étroit boyau : celui de l'éducation permanente. On l'y glisse, on l'y comprime. Son « Moi » authentique est déjà loin derrière, dans l'Ombre, mais est artificiellement remplacé par un « Moi-je » social, moral, bourgeois, ouvrier, riche, pauvre, méritant, démératant, récompensé, puni, et de plus en plus séparé au fur et à mesure que le boyau s'étrangle.

Mais le pire est qu'un jour, ressortant du boyau à l'âge dit adulte, il ne puisse plus reprendre son essence première située dans l'Ombre, loin derrière. Et le jeune adulte ressort du boyau dont il a pris la forme. Il est devenu un boudin de la vie, ennemi farouche de millions d'autres boudins.

C'est cela, le meurtre de l'enfance.

Certains, cependant, se déploient un peu en ressortant du boyau : ce sont des poètes. Mais, comme ils redeviennent plus participants et moins séparés, ils se voient refuser l'accès des territoires séparés.

Ainsi, c'est dans l'Ombre de l'enfance que se trouvent, en attente, les hautes lumières de l'adulte. Mais ce dernier l'ignore. Il vit sur l'envers de lui-même. Il n'est qu'une apparence. Mais il ressent, au fond, l'appel sourd de cette Ombre qui est lui. C'est un appel profond, vague; mais cela grince et crie, à travers des dépressions, des maladies, des angoisses, des nostalgies, des tristesses apparemment incompréhensibles.

Alors, beaucoup renforcent leur course à la différenciation et à la séparation. Ils ne supportent pas cet appel sourd. Ils ont une terrible peur de voir leur échec devant cet essentiel, qui fut le leur.

A moins que l'homme ne se soit trop pris à la gorge par la torsion entre son « Moi-je » séparé et apparent, et son essentiel en attente ; se présentent alors les dépressions et les appétits suicidaires. Non pour mourir ; mais afin de retrouver cet être participant et universel qu'il fut.

Ce bel avenir derrière lui, comment pourra-t-il le retrouver ? Par quel coup de pelle magique pourra-t-il rebêcher loin en arrière afin d'exhumer ce qu'il est ?

C'est peut-être sa tâche la plus dure, la plus impossible. Pensez ! Pour y arriver, il s'agit avant tout de faire table rase de tout l'appris, tout sans exception. Table rase, intérieurement, de toutes les conventions, tous les a priori, toutes les croyances, tous les idéaux, toutes les notions religieuses. Table rase intérieure ; en se disant que même si elles devaient être vraies, elles deviennent fausses dès le moment où elles se fondent sur des critères extérieurs à soi. Il faut alors retourner vers son Ombre, l'illuminer; et alors seulement reprendre ou rejeter ce qui correspond à soi. Quant au reste, jouer le jeu si nécessaire, mais sans y croire. Les séparations et les différenciations deviennent alors des instruments d'adaptation, et rien de plus.

Comment recouvrer cette sensation première d'être relié à l'univers? L'homme ne peut rien faire sans que son « Anima » ne soit libérée de sa coloration maternelle*, et sans que cette Anima ne remonte dans toute sa puissance originelle. La femme ne peut rien faire tant que son âme n'est pas libérée, elle aussi, de toute emprise maternelle.

Les rêves sont essentiels; ils mesurent le chemin parcouru. Mais il faut surtout et avant tout que l'homme se rende compte qu'il n'est qu'apparence face à ce qu'il est réellement. Il faut qu'il sache qu'être privé de son Ombre, c'est être en deuil de soi-même. Il faut prendre conscience des canalisations subies, ainsi que des Sur-Moi* normaux et anormaux. Il faut prendre conscience de l'existence de cette Ombre dans laquelle on se trouve; et cela doit éclater comme une évidence aveuglante.

De grands rêves peuvent alors se produire, parce que de nouveaux « câblages » ont lieu dans le cerveau. Des fiches se plantent dans des prises de courant inexploitées. Des comportements nouveaux apparaissent au fur et à mesure que des habitudes robotiques cessent, qui tombent alors de l'arbre humain comme des fruits desséchés.

Mais les grands rêves dirigent alors vers des essentiels : la poésie, la musique, l'astronomie, la physique, avec les métaphysiques qui leur sont reliées.

Ce sont de grands rêves de *mandalas**, de *nombres*, de *figures géométriques*, de *labyrinthes illuminés*, de *cos-*

---

* Voyez L'Anima, page 143.

* Voyez ce mot page 111.

mos, d'*étoiles*, de *soleils*, de *vieux sages*, de *traversées*, d'*horizons infinis*; de grands rêves, aussi, de *liberté éblouissante*, de *musiques*, de *dieux*...

Dans ma propre documentation, je possède un rêve, fait par un homme de quarante ans. Je retranscris un résumé de ce rêve :

— *Il voyait un soleil absolument circulaire, d'un or éclatant, qui tournoyait lentement et lançait des jets de lumière dans toutes les directions. Le ciel tout entier était empli d'autres soleils, tournant eux aussi. Traversant ces soleils, un immense plan horizontal, brillant comme du métal, et sur quoi le rêveur avançait lentement. Il sentait, dans ce rêve, qu'il était reparti de son enfance pour arriver à son âge actuel, qu'il était devenu une entité sans aucune séparation d'avec lui-même. Des femmes l'accompagnaient en riant. Il y avait des musiques dans l'air...*
Je ne puis évidemment reprendre ici l'historique de ce rêveur.

Il avait entrepris une analyse pour «se connaître» et développer ses potentialités. Il s'était rapidement rendu compte que l'analyse fait surtout connaître *ce que l'on n'est pas*, en débusquant les Sur-Moi et autres empêcheurs d'être ce que l'on est. On est donc «autre chose». L'angoisse? On est autre chose; mais pas cela. La peur? On est autre chose, mais pas cela. Un être rabougri, conformiste, bourré de critères appris? On est autre chose, mais certainement pas cela.

Et peu à peu, en élaguant toutes ces branches n'étant pas lui, était apparue l'Ombre négative, à élaguer elle aussi. Puis, lentement, l'Ombre positive s'était mise à remonter, jusqu'au moment où une énorme prise de conscience fit basculer les conceptions de vie de cet homme. D'homme truffé, comme chacun, de rétrécissements et de canalisations, il est devenu... un homme-participant, tout simplement, pour avoir retrouvé son Ombre essentielle. Et il a fondé une communauté, quelque part en France.

Je le répète : être privé de son Ombre, c'est être en deuil de soi-même.

XI

Les rêves en couleurs

Les rêves en couleurs ont-ils une importance plus grande que les autres ? Ils sont, en tous cas, plus rares. Mais leur importance n'en découle pas pour autant.

Tout rêve est une expérience de *perception* ; soit *auditive* (on entend parler), soit *visuelle* (on voit des choses), soit *tactile* (on éprouve la sensation de toucher).

On admet, après expériences, que les sensations visuelles sont presque toujours présentes. Les sensations auditives le sont beaucoup moins ; et moins encore les tactiles.

La question de la couleur dans les rêves est très intéressante. Beaucoup de recherches ont eu lieu à ce sujet. Des travaux et des expériences multiples ont tenté de dénombrer le pourcentage des rêves où intervient la couleur. Mais ce n'est guère facile.

Ainsi, une personne prétend avoir rêvé « en couleurs ». Interrogée à ce sujet, il arrive souvent qu'elle démente, ou déclare n'en être plus certaine. Il arrive également qu'une personne ayant fait un « grand rêve » confonde le grandiose du rêve et la couleur. Tout se passe comme si elle pensait : « Un pareil rêve ne peut qu'avoir été en couleurs. »

On comprend ainsi que les estimations concernant le nombre réel des rêves en couleurs varient fortement selon les estimateurs.

Certains biologistes (le Dr Hartmann par exemple) pensent que la couleur est probablement présente dans tous les rêves. Mais cette couleur n'est nullement un élément dominant ou spécifiquement important.

Comme déjà dit, les rêves produisant de grandes émotions sont souvent évoqués comme ayant été accomplis en couleurs. Puisque la question reste sujette à caution, il faut se demander : « Qu'il y ait eu couleur réelle ou non, quelle est la couleur dominante qui fut ressentie ou imaginée dans le rêve ? Et que signifie cette couleur ? »

Voici un rêve « en couleurs »

> — *Je marchais dans un chemin étroit. A gauche s'étendaient des champs cultivés, qui évoquaient pour moi les plantations tropicales. A ma droite, coulait une rivière d'eau rouge-vif. C'était après la guerre. La rivière allait lentement ; au loin, elle s'élargissait en une sorte de lac, rouge-sombre celui-là, et comme retenu par un barrage. Je savais que la guerre était finie...*

Ce rêve fut fait par une femme de quarante ans, *peintre*. Elle ne put d'ailleurs affirmer qu'elle vit réellement les couleurs. Il est probable que son métier de peintre l'ait poussée davantage à les imaginer.

Le rêve de cette personne présente beaucoup d'intérêt. Je résume ici les associations qu'elle fit, en y ajoutant quelques commentaires d'amplification.

■ CHAMPS CULTIVES. Ils sont situés *à gauche*, symbole du passé, du potentiel (voyez le symbolisme des Directions). Ils sont, non seulement florissants, mais luxuriants (cultures tropicales). La rêveuse peut ainsi compter sur ce qu'elle a acquis et ce qu'elle a « intégré ». Traduit autrement : son « intendance » répondra aux besoins.

■ GUERRE. Il s'agit de sa propre guerre à elle, guerre que se fit cette femme en entreprenant une analyse. Mais la guerre est finie : cette personne avait acquis une existence fort épanouie.

■ RIVIERE ROUGE-VIF. Notons d'abord qu'elle est située *à droite*, symbole de l'avenir et des réalisations créatrices. Quant à la couleur *rouge-vif*, elle représente le sang d'après la guerre. Mais notons que la rêveuse le ressentait comme *joyeux*. Le sang acquiert ainsi un symbolisme plus large. Il devient le véhicule de la vie. Il est un principe de régénération. Il symbolise la chaleur, la force, corporelles et mentales. Il symbolise aussi le cœur, la passion, l'émotion.

■ LAC ROUGE-SOMBRE. Il y a « élargissement » de la rivière, qui coule de *maintenant* vers *là-bas*, c'est-à-dire *l'avenir*. Mais la rivière s'accumule, devient lac, symbole ici de puissance en réserve. Notons que l'eau devient rouge-sombre, couleur plus « profonde », plus « sage », plus potentielle que le rouge-vif. Donc, réserves importantes à gauche, réserves droit devant ; ne sont-ce pas là d'excellents gages ?

Les couleurs et leur symbolisme

Toute couleur possède un symbolisme qui est propre à chacun de nous, même si les grandes lignes de ce symbolisme se recoupent. On sait que la couleur, dans la vie diurne, joue un rôle psycho-physiologique important. On ne se prive pas d'ailleurs d'appliquer cette théorie dans le choix des couleurs d'ambiance. Il est bien connu que la couleur rouge, par exemple, possède un pouvoir «excitant», et que la couleur bleue donne une impression de fraîcheur ou de froid. On peut constater également que des sentiments de froid ou de chaud peuvent exister grâce, uniquement, à la couleur du local, et indépendamment de toute modification thermique.

La lumière et la couleur font l'objet de recherches poussées dont on aperçoit de plus en plus l'intérêt dans le monde du travail; interviennent alors non seulement l'architecte, mais aussi le décorateur et le coloriste. Et faut-il parler des maîtresses de maison dont le premier souci est de mettre en jeu des couleurs psychologiquement satisfaisantes ? Remarquons aussi que, chez beaucoup de personnes, telles ou telles couleurs sont associées spontanément à la sonorité, d'un instrument de musique.

Ceci dit, essayons de résumer les significations symboliques des couleurs.

Le bleu

C'est une couleur « froide » ou rafraîchissante. C'est, classiquement, la couleur du ciel. Le bleu évoque la mer, l'espace, l'air. Le bleu agrandit l'espace. C'est la couleur des horizons. Egalement celle de la spiritualité.

Dans le monde chrétien, le bleu est adopté pour les fêtes des anges. *Dans l'Eglise anglicane*, le bleu est la couleur de l'espérance, de l'amour envers Dieu, de la piété, de la conscience et de l'amour du Beau. *En héraldique*, le bleu (colbalt et non bleu-clair) représente la justice, la fidélité, la joie, la noblesse. En fait, il s'agit de la couleur «azur». Ce même azur symbolise également la félicité éternelle, la chasteté, la douceur, l'humilité du corps.

Dans les rêves, le bleu est, le plus souvent, la couleur de l'infini. Le regard se perd dans les lointains bleus. Cette couleur est immatérielle, transparente, se fondant dans le blanc resplendissant. C'est la couleur du vide. Dans ce sens, elle peut devenir le symbole de la mort (nous avons vu des rêves de ce genre). Le bleu est inaccessible, parfois glacé comme les neiges bleutées de l'hiver. On peut se demander si *la tristesse profonde des peuples méditerranéens* (malgré leurs apparences volubiles) ne provient pas de cette immatérialité du bleu dans laquelle l'esprit et le corps s'évanouissent ; car lorsque le ciel est parfaitement bleu, nul ne peut s'accrocher en rien ; la vue vers le haut se perd et la Terre semble seule dans un espace sans fin. Les nuages ne sont pas là pour la « protéger », l'entourer, la sécuriser.

Toujours dans les rêves, le bleu peut être la couleur des vérités philosophiques ou des recherches métaphysiques.

C'est une couleur mariale : celle de la Vierge des Chrétiens. Mais le bleu symbolise aussi la fidélité, non pas terrestre mais céleste, la paix de l'âme dans la mort, une sérénité hors du commun.

Ainsi donc, le bleu est à la fois une couleur d'espérance de l'âme et de mort du corps, fondu dans les infinis.

En musique, la couleur bleue pourrait être associée à la sonorité insaisissable de la *flûte*.

Le vert

Composé, comme chacun sait, de jaune et de bleu, le vert possède des nuances nombreuses. C'est une couleur d'équilibre, de repos ; cette couleur n'équipe-t-elle pas les tables de billard... et des conseils d'administration, voire les buvards sous-main ? On a d'ailleurs pu mesurer les pouvoirs du vert sur la tension sanguine.

Le vert est associé à l'espérance dans l'Egypte ancienne. *Dans le monde chrétien*, il symbolise également l'espérance et le désir de vie éternelle. *Dans l'Eglise anglicane*, c'est la couleur de la foi, de l'immortalité, du baptême, de la contemplation. *En héraldique*, le vert (sinople) est la couleur de l'honneur humain, de la courtoisie, de l'espérance, de la joie dans la vigueur. Egalement celle de l'amour et de l'abondance (le vert est la couleur dominante des végétations terrestres).

Dans les rêves, le vert est la couleur terrestre et printanière. C'est celle de la renaissance après l'hiver, et de la pérennité. C'est également la couleur de la patience, de l'attente, et de l'espoir immédiat (et non pas l'espoir métaphysique comme le bleu).

C'est une couleur nourricière (comme la végétation) et maternelle... mais aussi celle des amours enfantines et printanières.

Le vert possède aussi un climat maléfique. C'est la teinte des eaux profondes, menaçantes dans leur silence, engloutissantes.

« Vert j'espère » ? Sans doute, avec les amours terrestres et heureuses, les joies végétales et les prospérités agraires. Mais c'est aussi la teinte de la dégradation, de la folie, de la menace, comme la couleur traditionnelle des yeux de Satan, de la femme fatale... et du chat.

En musique, le vert peut être associé aux sonorités agrestes du *hautbois* et du cor *anglais*.

Le rouge

C'est le feu, la chaleur, la passion et l'amour. Cette couleur possède toutes les nuances, du brun sombre au rouge éclatant. C'est une couleur de sang, de plaies, mais aussi de santé vivifiante. Teinte chaude par excellence, elle est brutale, criante, dynamique, énervante. C'est une couleur de guerre, qui s'impose sans difficulté. Elle occupe un rang privilégié dans le choix de beaucoup. Les enfants aiment particulièrement le rouge, ainsi que les primitifs.

Dans le monde chrétien, le rouge évoque le sang divin ;

on le porte pour les fêtes de l'Esprit-Saint allumant la flamme de l'amour divin. *Dans l'église anglicane*, c'est la couleur des martyrs pour la foi, et de la charité. *En héraldique*, le rouge (gueules) est l'amour, le courage, la colère, aussi la cruauté. Egalement la destruction et le jugement dernier (destruction par le feu).

Dans les rêves, il évoque surtout le feu et l'énergie. Il symbolise la vitalité des énergies et des passions — parfois dévorantes. C'est la couleur de la combativité, de l'extraversion. Le rouge-pourpre est impérial.

Renversement des choses : le rouge, couleur de sang, est alors le symbole de la violence, de la haine, du meurtre, du carnage.

C'est aussi une couleur « matricielle » ; elle évoque le ventre maternel, avec le symbolisme angoissant qui y est relié*.

En musique, la couleur rouge pourrait être associée à la sonorité de la *trompette*.

Le jaune

C'est une couleur de soleil ou d'argile, selon sa nuance. *Dans le monde chrétien*, le jaune est une couleur d'humilité ; c'est un rappel de ce que le corps n'est qu'argile et poussière future (Vie de St-Patrick, Ve siècle). Dans l'*Eglise anglicane*, le jaune n'est pas une couleur fondamentale. *En héraldique*, le jaune est remplacé par l'or.

Dans les rêves, le jaune est avant tout une couleur solaire. Celle du rayonnement, de l'intelligence et des cœurs rayonnants. C'est la couleur du Père. Le jaune pur y apparaît comme aveuglant, strident, tendant vers un blanc éblouissant. Couleur des affectivités intenses, le jaune est alors plus « chaud », moins vif, tels les jaunes inimitables

---

* Voyez MS 250, *Les femmes*, de P. Daco.

du Greco. Pâle, il devient un signe de tristesse, de déception ; mais aussi, parfois, de déloyauté ; c'est la couleur de la traîtrise.

Le jaune est une couleur « mâle ». Il « domine » par sa richesse. Comme l'or, il est une teinte d'éternité, de religiosité transcendante. Mais ses nuances infinies font zigzaguer cette couleur entre les bornes où on voudrait l'enfermer.

C'est aussi la couleur des fins d'été, des radieuses journées qui marquent l'apothéose avant l'hiver ; c'est la somptuosité avant la mort.

En musique, le jaune strident pourrait être associé à la *petite trompette* ; le jaune chaud à la sonorité du *cor*.

L'orange

C'est l'accueil chaud, moins brutal que le rouge ou le jaune, s'adoucissant mutuellement en se mélangeant. *En héraldique*, cette couleur (aurore) est négative ; elle signifie l'hypocrisie et la dissimulation.

Dans les rêves, l'orange est évidemment « solaire ». C'est la chaleur du cœur et de l'accueil. C'est une teinte d'activité, un peu hybride, voire « androgyne ». C'est aussi la couleur du confort de l'âme, de la tranquillité profonde ; du moins généralement.

En musique, la couleur orange pourrait être associée à la sonorité d'un *cor* jouant dans l'aigu, ou d'une *trompette bouchée*.

Le violet

C'est une couleur assez froide. Il est à remarquer qu'elle représente généralement la pénitence, aussi bien *dans le monde chrétien* que pour *l'Eglise anglicane*. En héraldique, le violet (azur + gueules) signifie vérité et loyauté. Se rapprochant du pourpre, il signifie la tempérance.

Dans les rêves, le violet donne souvent des sensations de tristesse, de « pénitence » de l'âme, voire de deuil intérieur. C'est une couleur de passion (le rouge plus ou moins tempéré par le bleu, couleur de lucidité et de spiritualité).

En musique, le violet pourrait être associé à la sonorité de l'*alto,* ou des *violons avec sourdine.*

Le noir

Le noir absorbe les couleurs au lieu de les réfléchir. *Dans le monde chrétien*, le noir est couleur d'attente et de deuil. Il n'est pas pris en considération dans l'*Eglise anglicane*. *En héraldique*, la couleur noire (sable) représente la peine, le deuil, la durée de la tristesse ; mais aussi l'attente par la sagesse et la prudence.

Dans les rêves, il représente bien entendu le deuil ; mais surtout les ténèbres et la vie indifférenciée. Le noir est couleur de nuit, de sommeil ; aussi d'inconscience.

Couleur de l'attente symbolique (les couleurs absorbées pouvant être restituées) le noir est potentiel. Dans ce sens, il est, dans certains rêves, un symbole d'espoir. Toujours dans ce sens, le noir devient signe de gestation, d'inconscient au travail, d'instinct primitif que l'on peut diriger vers des actions élevées. Car la couleur noire évoque également l'Ombre (chapitre précédent) ; et l'Ombre humaine n'est jamais la mort, mais l'espoir qui, un jour, peut se réaliser.

En musique, et puisque le noir est une « non-couleur », les tambours et timbales (voilés ou non), émettant des « non-sons », peuvent être associés. Ces instruments signifient souvent le deuil, les supplices, mais aussi l'attente de ce qui peut venir...

Le blanc

Synthèse de toutes les couleurs, le blanc peut évoquer le clair de lune aussi bien que les lointains éblouissants. Il est l'image de la lumière et de la pureté. *Dans le monde chrétien*, il exprime l'innocence, la joie, l'immortalité, la félicité. Il possède la même signification dans l'*Eglise anglicane*, aussi bien qu'*en héraldique* (argent).

Dans les rêves, il contient, bien entendu, un symbolisme de pureté, et d'espoir. Mais il peut signifier (comme le bleu) la mort de soi-même, les horizons infinis où l'on se perd. En ce sens, il devient une couleur de deuil. C'est également la couleur de la neige, avec son symbolisme de joie aussi bien que d'abandon et de mort.

En musique, on ne pourrait l'associer qu'avec la synthèse de tous les instruments à cordes.

☐ *A noter*
Le symbolisme des couleurs pourrait être considérablement étendu, en l'examinant à travers de nombreuses religions. Dans les rêves, la signification des couleurs est limitée ; il faut se rappeler que peu de rêves ne présentent qu'une seule couleur spécifique (comme le rêve cité en début de ce chapitre). Si un rêve présente plusieurs couleurs, il devient fort difficile de rechercher la dominante. De toutes façons, il faut que cette couleur produise une émotion onirique, sans quoi le rêve n'aurait ni plus ni moins d'importance que s'il s'était accompli en « noir et blanc ».

XII

Lorsqu'on rêve d'animaux

Les animaux n'interviennent généralement que dans les rêves importants. Ils symbolisent entre autres les instincts et les forces vitales profondes — et parfois refoulées. Ils se montrent secourables ou menaçants. Ils sont des amis de paradis terrestres, ou des ennemis acharnés à nous détruire. Dans les rêves, *ils sont tels que nous les faisons*, puisqu'ils sont des projections de nous-mêmes. Ils représentent nos passions, nos angoisses, nos peurs. Mais ils sont parfois de merveilleux messagers, voire des « gardiens » de notre temple secret. Car entre le serpent rampant dans les broussailles (par exemple) et le Serpent Couronné se balançant dans le soleil, il y a un monde d'évolutions intérieures...

Il y a donc projection de soi-même : le Loup est typique à cet égard, et l'Ours. Mais les animaux oniriques sont souvent les symboles de personnages puissants, la mère et le père par exemple. C'est ainsi que la « mauvaise mère » peut apparaître sous les traits d'un cheval emballé et destructeur, d'un crocodile, etc. La « bonne mère », elle peut se transformer en lionne ou en ourse, entre autres.

Etant donné la présence fréquente de certains animaux dans les rêves, essayons de déterminer leurs symbolismes principaux.

L'aigle

C'est l'empereur du ciel. Il est censé regarder le soleil « face-à-face ». Il est le symbole de la puissance, de l'invincibilité. Oiseau solaire, il est parfois assimilé à la foudre. C'est aussi l'animal qui fonce sur sa proie, la troue, l'enlève.

L'aigle apparaît fréquemment dans les rêves. Il peut symboliser une spiritualité intérieure et un accomplissement de soi. Mais il représente parfois l'angoisse d'être « troué » ; c'est une angoisse de castration et de diminution de la personnalité.

Etre regardé par un aigle, être « épié » par lui, signifie souvent que des sentiments de culpabilité donnent la sensation d'être « vu » par les autres, d'être démasqué, d'être sous le regard des autres auxquels on attribue une supériorité par rapport à soi.

Certains rêvent qu'un aigle est abattu. Cette mort symbolise la destruction d'un idéal, la mort des illusions, voire la sensation d'avoir manqué sa vie.

L'araignée

Dans nos civilisations, elle n'évoque généralement que l'horreur. Chez d'autres peuples cependant, elle possède un symbolisme extrêmement positif. Eva Meyerovich signale qu'en Inde elle est un symbole cosmologique fort important. La forme de la toile d'araignée n'évoque-t-elle pas le soleil qu'elle irise, et qui « sécrète » ses rayons comme l'araignée ses fils ? Chez certains peuples d'Afrique, l'Araignée (Anansé) a préparé la matière humaine et créé le soleil, la lune et les étoiles. Chez les Achantis, l'araignée est un dieu primordial qui a créé l'homme. Du fait qu'elle tisse sa toile en tirant d'elle-même la substance nécessaire, l'araignée prend une fonction positive ; elle devient alors celle qui connaît les secrets de la vie, du passé et de l'avenir.

Chez nous, l'araignée est *généralement* ressentie comme négative dans les rêves, puisque nous sommes « imbibés » du climat de malfaisance attribué à cet animal. Mais nous verrons plus loin un « grand rêve » très positif dont le personnage central est une araignée blanche.

L'araignée négative

Deux éléments interviennent : la toile et l'animal. Elle « tisse » son *piège*. Elle *guette* sa proie. Elle *enlace* cette proie. Elle se trouve *immobile* au centre de sa toile ; mais elle réagit avec une extrême *rapidité*.

Ainsi considérée, l'araignée est devenue le symbole de la *« mauvaise mère »*, avec son côté accapareur et dévorant : mauvaise mère qui « englue » son enfant, l'étouffe et le reprend pour elle seule. L'araignée est alors un symbole de mort de la personnalité. Dans cette acception, elle apparaît souvent dans des rêves de personnes ressentant leur mère comme négative, régressive, néantisante. Ceci, surtout chez les femmes. C'est alors une transposition du symbole de la « méchante sorcière ».

Toujours négativement, l'araignée est le symbole de la *« femme fatale »*, de la femme fascinante et mortelle, ensorcelante et destructrice. Elle apparaît dans des rêves d'hommes, dont *l'Anima négative* (chapitre 7) est demeurée une puissance néfaste. Chez l'homme également, elle peut symboliser la mère : cela va de soi.

L'araignée peut aussi être un symbole de soi-même ; elle représente alors le côté *hyper-narcissique* et trop introverti d'une personnalité demeurant immobile et repliée au centre de soi... comme l'araignée dans sa toile.

L'araignée positive

Voici un rêve, fait par une femme de trente-neuf ans, et qui présente un aspect rare de l'araignée dans les pensées oniriques.

> — *J'ai rêvé d'une araignée. Elle était très grande, lisse comme du velours. Le plus étrange est qu'elle était d'une blancheur d'albâtre. Elle était d'une grande beauté... pour moi qui m'enfuis devant une araignée!... Je ne sais pas où elle se trouvait, d'ailleurs. Elle marchait. Sa toile était plus loin, très vaste, emplie de gouttes d'eau qui resplendissaient, de toutes les couleurs. Puis j'ai perdu l'araignée de vue.*

Les éléments principaux de ce rêve sont : araignée *blanche*; *gouttes d'eau* dans la toile.

Nous allons voir comme les animaux oniriques rejoignent parfois les grands mythes et les légendes.

Araignée blanche. La couleur blanche « désamorce » ici la teinte habituellement sombre de l'araignée. Mais il est remarquable de noter que, dans la *tradition islamique*, une araignée blanche a sauvé la vie du Prophète. Dans ce rêve, le blanc de pureté et de non-menace, blanc d'albâtre en plus !

Gouttes d'eau. Ces gouttes multicolores resplendissantes sont comme des *joyaux* parsemant la toile. Revoyez les pages traitant des pierres précieuses. Les gouttes d'eau font penser ici à des *perles* irisées, symboles d'élévation de l'esprit et de perfection. De plus, et toujours dans ce rêve, la toile de l'araignée fait songer à un *mandala* (page 111) dont elle a la forme concentrique. Et reconnaissons qu'un mandala portant des joyaux n'est pas à la portée du premier rêve venu !

La biche

Son symbolisme élémentaire est facile à imaginer à partir d'expressions courantes telles que : « des yeux de biche — légère et farouche comme une biche — biche aux abois — sensible et gracieuse comme une biche, etc., etc. », sans compter les attendrissants surnoms tels que « ma biche ! »...

La biche est ainsi un symbole féminin avant tout. Elle apparaît fréquemment dans des rêves de femmes. La biche représente alors une partie d'elle-mêmes ; mais la féminité est encore sous-développée, identifiée à la mère. La biche représente une féminité trop « gracieuse », trop « fuyante » ; cette féminité n'a pas encore acquis la puissance que donne l'autonomie et le détachement d'avec la mère.

Voici deux résumés de rêves faits par des jeunes femmes :

■ *Simone rêve d'une biche poursuivie par des chasseurs masqués. Elle crie : « Mais laissez-la donc tranquille ! ».*

La biche « aux abois » représente ici la jeune femme elle-même. Les chasseurs symbolisent l'homme phallique, le mâle (un chasseur est généralement armé d'un fusil ou d'un couteau). Les chasseurs sont masqués. Il faut nous reporter au chapitre 8 (l'Animus de la femme). Remarquons qu'il y a *plusieurs* chasseurs ; or, l'Animus négatif se présente souvent sous forme de groupes d'hommes dangereux. Ce rêve signifie que Simone se ressent encore comme une « biche » devant l'homme. Elle craint le « viol » (de sa personnalité). Elle n'ose pas s'extravertir, ni se manifester. Son Animus (masqué) est ressenti comme menaçant. Elle le projette sur les hommes qui, de ce fait, sont des éléments redoutables pour elle. Et son cri du rêve pourrait signifier : « Vous, les hommes, laissez-moi donc auprès de ma mère ! Je ne veux pas me lancer dans la vie. Quant à mon Animus, cette partie masculine de moi-même, je la refoule, je ne veux pas l'écouter, puisqu'elle veut m'obliger à m'extravertir... Or, dans toute manifestation de moi-même, je me ressens comme aux abois...».

■ *Micheline rêve d'un troupeau de biches s'égaillant dans toutes les directions; le ciel est couvert, le tonnerre gronde. Immédiatement après, elle voit une troupe de bisons déferler dans une plaine.*

La féminité de Micheline est indifférenciée, anarchique, désordonnée (les biches s'égaillent). Elle sent une menace angoissante (tonnerre). Mais le plus important ici est le troupeau de bisons. C'est un déferlement aveugle, à l'état brut, dévastant tout. C'est le même symbolisme que celui du cheval qui piétine; les bisons représentent ici la mère de Micheline, femme «écrasante», qui n'a pu donner à sa fille qu'une féminité larvaire et apeurée. Pour synthétiser ce rêve : «Ma féminité profonde se craquèle et se morcèle dès que je suis devant ma mère, qui me «piétine» et m'empêche d'avancer dans la plaine (de la vie)».

Le chat

Le symbolisme du chat est très «pendulaire». Tantôt haï, tantôt déifié, cet animal — avec le serpent — a de tous temps provoqué les passions humaines. Ne sont pas rares, par exemple, les personnes qui seraient incapables de toucher ce félin. D'autres par contre, vivent entourées d'une véritable colonie de chats. Pourquoi des sentiments aussi opposés?

Sans doute ces symbolismes sont-ils dûs au caractère apparent de l'animal. On le dit indépendant, fier, indifférent; d'autre part, il passe pour être attaché, doux. On le gratifie de sournoiserie, de mystère, mais aussi de sagesse. Au Cambodge, on le croit capable de produire la pluie.

Chacun sait combien l'Egypte ancienne le vénérait pour son agilité, sa puissance musculaire, sa rapidité.

Dans les superstitions populaires, le chat joue un rôle. C'est un « mauvais présage » d'apercevoir un chat noir traversant la rue; ou bien la chance apparaîtra si un chat miaule à l'aube, etc. Dans beaucoup de traditions, le chat noir symbolise la mort.

Les rêves où interviennent le chat peuvent ainsi revêtir diverses significations, selon ce que telle ou telle personne « projette » sur cet animal.

Par son mystère, ses yeux « verts qui guettent », sa souplesse, sa détente brutale et « capricieuse », ce félin symbolise fréquemment la femme ou la féminité, généralement de façon péjorative dans les rêves.

Quelques exemples

■ *Une jeune femme rêve qu'elle traverse la rue. Sur un rebord de fenêtre se trouve un chat siamois qui la fixe de ses yeux mi-clos. La rêveuse trébuche; des gens se retournent sur elle.*

D'après les associations, le chat siamois représentait le monde des femmes hautaines, élégantes, sûres d'elles, femmes devant lesquelles la rêveuse « trébuchait » et perdait pied dans la vie. Et ce, à la suite de diverses circonstances qu'il serait trop long de raconter ici.

■ *Une femme rêve que sa chatte approche. La rêveuse palpe le félin, et se réveille avec des sensations sexuelles.*

Les associations principales de la rêveuse furent :
— *fourrure, douceur, corps mou, s'enfoncer dans le chaud, femme, impudeur, attente, répulsion, attraction...*

Toutes ces associations évoquent la femme; elles sont teintées de sexualité. Y a-t-il homosexualité latente?

■ *Un homme rêve qu'une nuée de chats enragés l'entourent, le griffent, poussant d'épouvantables cris rauques.*

Ses associations :

— *enfer, sang, colère, démence, lacération, dépeçage, mort, carnage...*

Il s'agit d'un rêve assez « infernal » et assez pathologique. En fait, cet homme sentait se dégrader sa vie intérieure ; il craignait la folie à la suite d'une dépression nerveuse. Mais paradoxalement, ce rêve lui permit de reprendre la bonne route. Cet homme se rendit compte combien il était l'artisan de son propre malheur, et à quel point il cherchait inconsciemment à se détruire (alcool, riques énormes pris en voiture, etc.). Ce rêve lui permit de donner un « coup de reins » très positif pour lui.

Voilà donc pour le symbolisme du chat. Mais n'oublions pas que par son attitude hiératique il symbolise également la Sagesse !

Dans les rêves, il s'agit donc d'examiner avant tout ses propres sensations courantes envers cet animal, ses propres superstitions éventuelles, ainsi que le contexte général du rêve, bien entendu.

La chauve-souris

Citons ici Bachelard : « ... quelque chose de sombre et de lourd, s'accumulera autour des oiseaux de la nuit ». Ainsi, pour beaucoup d'imaginations, la chauve-souris est la réalisation d'un mauvais vol...

Et Michelet : « En elle, on voit que la nature cherche l'aile et ne trouve qu'une membrane velue, hideuse, qui toutefois en fait déjà la fonction. »

C'est un oiseau « raté », hésitant en apparence (n'oublions pas le stupéfiant « radar » dont la chauve-souris est équipée) ; mais cet oiseau au vol noir et silencieux peut symboliser oniriquement les forces obscures qui sont en nous. Il peut représenter l'angoisse, la difficulté de se libérer d'un inconscient perturbé ; également le grouillement « noir » d'une âme entravée par la peur et incapable de s'élever spirituellement.

Le cheval

Cet animal intervient très souvent dans les rêves. Le cheval est un important symbole ; essayons d'en cerner les significations oniriques les plus courantes.

Le cheval surgit, galope, martèle, fonce, écrase. Chez de nombreux peuples, le cheval est fils de la Nuit ; il porte à la fois la vie et la mort. Mais il est aussi l'animal solaire. Il est la monture des guerriers et des dieux. Il est le « cheval de l'Apocalypse » ; lié au feu purificateur mais destructeur, il triomphe et annonce des temps nouveaux. C'est la monture des guerriers-justiciers aussi bien que des hordes dévastatrices.

Ainsi, il est souvent — dans les rêves — messager de mort ou de l'« écrasement » de la personnalité, aussi bien que de sa renaissance possible.

Il est l'image onirique de l'instinct, sauvage ou harmonisé. Le cheval, en effet, est peureux, capricieux, imprévisible, sauvage, souvent stupide. C'est l'animal que l'on « dompte » et que l'on conquiert.

Dans certains rêves, l'homme et le cheval ne font qu'un ; c'est une image de l'accord entre l'inconscient et le conscient. C'est un rêve d'harmonisation de la personnalité.

Oniriquement parlant, la couleur de la robe est importante ; cheval noir ou blanc, messager des enfers et de l'angoisse, ou monture qui conduit à sa propre renaissance ?

Quant au poney, il peut représenter la force vitale montante, l'énergie potentielle à extravertir, et la joie de vivre.

Des résumés de rêves
■ *Anne rêve que son cheval, devenu indomptable, prend*

irrésistiblement une direction différente de celle choisie par la cavalière.

La traduction de ce rêve est simple; il existe un désaccord entre les pulsions inconscientes et la volonté consciente d'Anne. Il y a « scission » dans sa personnalité. Il s'agit, dans ce cas, d'un rêve d'avertissement. Il signifierait : il est urgent que je remette en accord mon Sur-Moi et mon Moi, mes désirs inconscients et ma vie de tous les jours; sinon, je risque l'angoisse qui résulte de tout désaccord profond dans la personnalité...

■ *Marc rêve que, monté sur un cheval blanc, il avance lentement (avec des pas de haute école!) vers une forêt. Il se réveille dans un véritable enchantement.*

La couleur du cheval et les pas de haute école sont évidemment des signes positifs. La haute école signifie un accord total entre le cavalier et le cheval : donc une harmonisation importante dans la personnalité de Marc. Quant à la forêt, elle représente sans doute l'inconscient du rêveur. Il y part en exploration de lui-même. Mais on sent déjà qu'il peut y trouver une grande spiritualité et le silence calme de l'âme.

■ *Jacqueline rêve qu'elle suit son cheval. Elle ne sait pas où il se dirige. Mais elle lui fait confiance.*

Nous trouvons ici le « cheval-guide », qui ramène chez lui le cavalier aveugle ou blessé. Jacqueline sent ici qu'elle doit faire confiance à son instinct, « aveuglée » qu'elle est par les comportements contradictoires de sa vie quotidienne. C'est un rêve très court, mais fort important.

■ *Marguerite rêve de chevaux depuis des années. Le scénario est toujours le même. Les chevaux sont furieux, et la rêveuse tente de se réfugier dans un endroit quelconque. Chacun de ces rêves engendre de la panique.*

C'est un type de rêve fort courant, et l'on peut se demander combien de personnes le font chaque nuit à la surface de la terre ! Il y a donc dans ces rêves la sensation d'une force aveugle et destructrice, mais d'impuissance devant cette force écrasante.

Dans ce cas, chaque rêveur doit se demander : *qui* est ce cheval ? *Que* représente cette puissance imparable ? Et *par qui* le rêveur se sent-il menacé inconsciemment ? Quel est le personnage qui rôde en permanence dans cet inconscient ? Il y a de fortes chances que le cheval symbolise « la mauvaise mère », plus rarement « le mauvais père ». De toutes façons, ces rêves doivent toujours être pris en considération, étant donné leur impact, surtout s'ils se représentent de façon régulière.

Le chien

Habituellement, c'est le compagnon attentif. Il est la fidélité à n'importe quel prix. Il est l'instinct. Mais aussi celui qui « piste » et ressent des choses inaccessibles à nos sens limités.

Mais son symbolisme est beaucoup plus vaste que ces représentations élémentaires. Le chien est gardien : gardien de l'homme et des enfers. Il conduit l'homme dans la nuit de la mort, comme il guide l'aveugle. Nombre de mythologies l'associent aux mondes souterrains, au compagnonnage dans l'au-delà. Il garde les portes des lieux sacrés. Chez certaines peuplades (Gold) un mort est toujours enseveli avec son chien, qui le conduira vers les royaumes célestes.

Il peut être un symbole solaire ; ou bien un symbole maternel. Mais voici un rêve intéressant, fait par un homme de vingt-sept ans :

■ *Il rêve qu'il avance vers une vaste maison. La porte principale se trouve au-dessus d'une sorte de perron*

« *étrange, très surréaliste* » (dit le rêveur). *L'homme est suivi par deux chiens, un blanc et un noir, de taille moyenne. Soudain, les deux chiens le dépassent et vont se poster en haut du perron, faisant face au rêveur qui hésite. Mais les chiens ne semblent pas menaçants, sinon* « *sévères et très calmes* » (dit encore le rêveur).

D'après les associations de cet homme, nous trouvons :

☐ *la maison* : il s'agissait d'une habitation qu'il avait achetée récemment et à laquelle il n'était pas encore habitué. Cette maison représentait son « Moi ». Ce jeune homme, en effet, avait entrepris une analyse et commençait à découvrir ses potentialités aussi bien que ses anciens blocages. On comprend que cette maison symbolisait ce « Moi » auquel il n'était pas encore habitué.

☐ *le perron* : il s'agit évidemment d'escaliers. Ceux-ci symbolisent *le seuil* qu'il faut franchir. Le seuil marque ici un « passage » vers un changement d'état intérieur ; (voyez « les rêves de changement d'état »).

☐ *deux chiens* : blanc et noir, lumière et ombre. Ce sont deux opposés. Le nombre *deux* symbolise ici les « contraires » dans une personnalité (le bien et le mal par exemple, voyez le symbolisme des Nombres).

☐ *les chiens prennent place en haut des marches* : ils deviennent ainsi les gardiens de la maison. Symboliquement, ils sont les « gardiens du seuil », seuil qu'il faut franchir pour accéder à soi-même. Les chiens sont sévères et calmes : on peut croire qu'il suffira au rêveur de montrer « patte blanche », c'est-à-dire de se rendre compte qu'il devient de plus en plus « en règle » envers lui-même.

C'est un excellent rêve !

Le corbeau

Il est populairement considéré comme un oiseau de « mauvais augure », son cri et sa couleur marquant facilement les âmes frustes ou angoissées.

C'est un animal très social, organisé et structuré.

Il peut être un messager d'excellent augure; il peut même se présenter comme un ambassadeur divin (Japon). Et n'était-ce pas un corbeau qui, dans la Genèse, vérifia si la terre réapparaissait après le déluge?

Le corbeau est un oiseau perspicace. Symboliquement, il connaît les secrets de la vie et de la mort. C'est l'oiseau des «sorcières»; il remplit des fonctions prophétiques. Dans certaines peuplades (Indiens Tligit), le corbeau est un magicien organisant le monde.

Le corbeau est nanti d'un vaste symbolisme. *Dans les rêves*, il peut symboliser la solitude volontaire, la retraite spirituelle, l'espérance. Ou, au contraire, il peut y prendre des aspects maléfiques, en tant qu'annonciateur de troubles intérieurs; à moins qu'il n'annonce d'importants changements au sein de la personnalité.

■ *Une femme de trente ans rêve d'un grand corbeau; elle est épouvantée en voyant le bec anormalement crochu de l'oiseau. Elle rêve ensuite qu'on la poursuit.*

Je ne peux m'étendre sur l'analyse en profondeur de ce rêve; il faudrait reprendre tout l'historique de cette jeune femme. Mais nous remarquons le *grand* corbeau et, surtout, *le bec* qui fait penser au nez classique de la «méchante sorcière». La rêveuse associa :
— *bec : qui fouille les ventres, qui arrache les entrailles, Tante Pauline...*

Le bec est ici une sorte de symbole «phallique», une arme qui éventre. Pourquoi Tante Pauline? Parce qu'elle «éleva» la jeune femme, mais en lui interdisant la moindre liberté et le moindre amour. Et la rêveuse acquit la quasi-certitude de n'être pas une femme, de n'avoir pas de ventre. Le bec est ici un symbole de «castration» assez pathologique, associé à une Tante Pauline phallique, dominatrice, masculine à outrance. C'est, toutefois, un rêve assez pathologique. Quant à la poursuite, on pense au film de Clouzot : *le Corbeau* (déjà cité). La rêveuse se sent traquée par le monde entier à la suite des sentiments d'angoisse et de culpabilité déclenchés par la grâce de Tante Pauline...

Le coucou

Il semble qu'il apparaisse très rarement dans les rêves. Il peut y symboliser la sensation de parasitisme, l'impression d'être « en trop », de prendre la place des autres, etc. Il est dans ces cas, le signe de sentiments de culpabilité et d'infériorité. Il peut être également un symbole de l'instinct possessif, avec la jalousie tenaillante qui en découle.

Le crocodile

Il semble apparaître assez souvent dans les rêves. Il est un symbole archaïque par excellence, celui des tréfonds de nos inconscients. Il remonte dans la nuit des temps ; il est d'aspect antédiluvien ; il n'est pas étonnant, dès lors, qu'il représente également la sagesse ancestrale... C'est pourquoi il possède des qualités de « lumière », dans certaines traditions.

Mais le crocodile est avant tout le monstre du silence et de l'immobilité, de l'attaque brutale et rapide comme l'éclair (on l'associe parfois à la foudre). Il est celui qui entraîne au fond des eaux, sans aucun recours ni salut. Il symbolise le « mauvais œil », le « destin » ; dans certains jardins zoologiques, ne jette-t-on pas des pièces d'argent dans la fosse où il semble dormir et afin de conjurer le sort ?

Le crocodile est celui qui guette, invisible dans le monde des eaux. Il s'apparente au dragon, au varan, autres animaux arrivant du fond des âges. Capable de submerger et de détruire — car c'est un tueur —, il symbolise parfois le Grand Maître de la vie et de la mort.

Les rêves où apparaissent le crocodile n'évoquent pratiquement jamais de sensations agréables chez l'Occidental. Il faut toujours rechercher les grands fonds inconscients, et les personnages y ressentis comme maléfiques et destructeurs de la personnalité.

■ *Une femme rêve qu'un crocodile pénètre dans sa chambre conjugale. Elle se bat avec lui, mais le crocodile semble indestructible* (ce sont ses propres termes). *La gueule de l'animal s'approche de la rêveuse, qui se réveille en hurlant...*

... et comme on la comprend ! La question qui se pose est : *qui* ou *quoi* représente ce crocodile ? Quelle est cette puissance « indestructible » qui habite l'inconscient de la rêveuse, et qui, de plus, pénètre dans la chambre conjugale ? Et voici à nouveau (décidément...) le personnage de la mère « dévorante » symbolisée par le crocodile. Une mère qui accabla sa fille de reproches « d'abandon » lorsqu'elle se maria, reproches qui n'étaient d'ailleurs que l'aboutissement de vingt-huit ans de main mise sur la personnalité de la rêveuse. Et — ce qui montre la culpabilité de la rêveuse — la mère entra dans la chambre pour happer à nouveau sa fille et l'entraîner dans le châtiment et l'angoisse.

Telle fut, du moins, la version de la rêveuse...

Le hibou

Oiseau des nuits, le hibou a pris un symbolisme de solitude et de mélancolie. La superstition s'en est emparé, et en a fait un oiseau de mauvais augure. Mais il peut être également un symbole de haute connaissance : dans certains rêves, il « annonce » parfois d'importants changements au sein de la personnalité, parce qu'il « connaît » les obscurités de l'inconscient.

Dans d'autres rêves, le voici protecteur et guide (toujours dans la nuit de l'inconscient).

Il symbolise aussi le Sage en nous, ce « Vieux hibou » que chacun porte en soi... Et ce n'est pas pour rien que de multiples hibous, en céramique et autres matières peuplent nombre de maisons contemporaines. Symbole de sagesse ? Juste retour des choses pour cet animal absurdement honni malgré qu'il soit d'une irremplaçable utilité.

Le loup

A la fois Frère-Loup et Loup-Maudit, il suffit qu'un seul rôde quelque part pour que les hommes ferment les volets en tremblant. Et ce ne sont pas tellement les tueries dont il est capable qui provoquent cette peur ; c'est une angoisse quasi sacrée ; c'est un vieux rêve qui remonte avec l'attente du loup.

Ce rêve est sans doute celui de l'entente avec le loup dans un paradis perdu depuis longtemps. Le loup est chargé d'un vaste symbolisme ; les rêves où il apparaît sont toujours ressentis comme puissants.

Le loup est-il simplement « la Bête » ?, celle qui surgit, rapide et mystérieuse, pour disparaître sans traces après son carnage ? Dans les mythologies, le voici tantôt bénéfique, tantôt satanique. Le loup voit dans l'obscurité ; il est ainsi symbole du lumineux, symbole solaire. Le loup est le héros solitaire, qui défie ceux qui le pourchassent. Il est symbole d'intelligence et de courage. Mais il est aussi dévorateur d'enfants, grand-méchant loup, loup-garou, et divinité des enfers.

Dans nos rêves, il revêt l'importance qu'on lui attribue. Il est parfois une partie de nous-mêmes : bénéfique ou négative. Il peut représenter le repli sur soi, le retrait par rapport aux autres. Mais il peut symboliser l'instinct que certains ne peuvent extérioriser. Il peut représenter aussi un personnage «dévorant» que l'on porte en soi : un père, une mère... Voire aussi un personnage social ; car si l'homme est un loup pour l'homme, le loup l'est rarement pour le loup.

L'oiseau

Puisque l'oiseau appartient au domaine du ciel, il symbolise souvent la vie spirituelle ; notamment les alouettes, les hirondelles, les oiseaux chanteurs et colorés. L'oiseau peut représenter le conscient supérieur, mais être également un symbole sexuel, ou celui de l'Anima (chapitre 7).

Dans les rêves, est-il coloré, vif, terne, solitaire ? Est-il blessé ? Il est évident qu'un corbeau et un colibri sont nantis d'un symbolisme différent (voyez *corbeau* dans les pages précédentes). Ne s'agit-il pas d'un oiseau bleu, symbole d'espérance et de renouveau ? D'un oiseau blanc, annonciateur de simplification et d'harmonie intérieures ?

Tout dépend ainsi du contexte du rêve ; mais le symbolisme de l'oiseau est généralement assez simple.

■ *Une jeune femme rêve qu'elle pleure en regardant une cage dans laquelle s'agitent désespérément de petits oiseaux. Elle appelle son père.*

Les associations furent simples :

— *cette cage et ces oiseaux me représentent. Je suis en cage. Mon intelligence, mon esprit, ma liberté, sont enfermés en moi. Mes instincts sont freinés par la peur. J'appelle mon père pour qu'il ouvre la cage et me montre la route...*

■ *Un homme rêve qu'une nuée d'oiseaux, de toutes couleurs, s'élève verticalement.*

Ses associations furent :
— *joie, et affectivité rénovée. C'est moi qui vais jaillir hors de ma vie étriquée. Participation... Ces oiseaux étaient comme un grand jet d'eau colorée, vivante, chantante...*

C'est un rêve marquant une importante transformation intérieure ; certainement un rêve d'Anima (chapitre 7).

L'ours

C'est un animal qui fascine les enfants, par sa bonhomie apparente, son aspect paternel et calme. Il est un symbole important, assez rare dans les rêves nocturnes il est vrai. Certaines peuplades (Soïotes) disent de lui qu'il est le Maître de la forêt, le vieillard noir. D'autres l'invoquent comme possédant la sagesse. Il symbolise avant tout la force élémentaire, la puissance de l'inconscient, mais aussi l'imprévisible, la sauvagerie capricieuse et la violence qui forment souvent notre ombre négative (chapitre 10). Dans les rêves d'enfants, il symbolise fréquemment l'autorité paternelle (ou maternelle s'il s'agit d'une Ourse).

Le poisson

Il appartient aux domaines liquides, comme l'oiseau fait partie du ciel. Et si l'oiseau symbolise l'esprit et le conscient, le poisson représente souvent l'inconscient, la vie intérieure et profonde. Mais il peut symboliser ce qu'il faut « pêcher en soi » afin de l'amener à la lumière du conscient et désencombrer ainsi l'inconscient.

Il est tantôt irisé de la lumière colorée des rivières, mais il glisse également dans l'obscurité silencieuse des océans.

■ *Un homme rêve d'un grand nombre de poissons mordorés, très vifs, nageant dans une eau claire.*

C'est un beau rêve, réplique parfaite du rêve des oiseaux (page 225). C'est la beauté intérieure, la vie inconsciente en train de s'illuminer.

■ *Une femme rêve de poissons morts, flottant à la surface de l'eau.*

Est-il besoin de traduire? Ce rêve représente la façon dont cette personne se ressent : déprimée, désespérée, vivant dans un noir silence de l'âme.

■ *Un homme rêve que des poissons s'agitent sur la berge d'une rivière.*

Ses associations furent :
— *ils vont mourir; plus d'oxygène; je les regarde mais ne pense pas à les remettre dans l'eau; je suis paralysé en moi; je n'ai plus de vitalité.*

En fait, cet hommme semblait en très bonne santé; ce rêve traduisait ce qu'il ressentait inconsciemment. Le rêveur a quitté son chemin essentiel (comme le poisson a quitté l'eau). Il est urgent qu'il fasse un retour sur lui-même.

Le serpent

Et voici encore un animal chargé d'un vaste symbolisme. Dans les rêves, ce vertébré représente ce qui est obscur en nous. Le serpent appartient au monde souterrain, invisible ; il fait partie des crevasses, des trous d'ombre. Mais il jaillit avec la vitesse de la foudre. Le serpent étouffe sa proie, la digère, la déglutit. Ainsi (écrit Bachelard)» le serpent est l'un des plus importants archétypes de l'âme humaine. Déifié ou maudit, cent mille fois représenté dans les arts, gardien des secrets et des temples, il est le tentateur, représente aussi la Connaissance, la Sagesse. Il est le symbole de la médecine occidentale; il est un symbole sexuel universel, image dressée et phallique. Le serpent, n'en doutons pas, conservera longtemps encore ses symbolismes contradictoires, exercera sa fascination et provoquera des cris d'horreur. »

■ *Une femme rêve qu'un serpent bleu la précède sur un chemin. Ils arrivent devant un fleuve. Le serpent y pénètre, et traverse; la jeune femme le suit à la nage.*
Personne ne pourra ressentir ce rêve comme négatif! Les associations principales de la rêveuse furent:
— *étonnamment bleu; sachant où il allait; pas de crainte; je le suivais en confiance; il semblait vouloir me montrer quelque chose; ma traversée n'a pas abouti, je me suis réveillée.*
Il s'agit, dans ce rêve, d'un Serpent-Guide, d'un Serpent-Connaissance. Il veut sans doute conduire la jeune femme vers une meilleure connaissance d'elle-même, en découvrant un lieu encore ignoré d'elle. Il y a également cette « traversée » qui symbolise le passage d'un état intérieur à un autre. Où le serpent et la rêveuse auraient-ils abouti? A un temple? Une clairière? Un lieu où se trouvait un coffret? Nul ne le saura; cependant, ce rêve libéra de l'énergie.

■ *Une femme rêve qu'un serpent pénètre dans la pièce où elle se trouve. Elle hurle et se réfugie dans une armoire.*
C'est un rêve « phallique », dans un sens très large. Il y a peur du viol (de la personnalité). Cette personne, d'ailleurs, ressentait le ragard d'autrui comme « la pénétrant » jusqu'à l'âme. Elle se réfugie dans une armoire, qui est ici un symbole maternel (être enfermé, être dans un endroit protégé). Traduit simplement : la vie sociale angoisse cette personne, qui demande sans cesse la protection du giron maternel.

Au fond, tous les rêves de serpents tournent autour des mêmes thèmes : sexualité, aspect phallique, menace dans l'inconscient, parties « rampantes » et cachées de nous-mêmes ; mais aussi : sagesse, connaissance des choses, gardiennat des secrets et des temples intérieurs ; nous retrouverons d'ailleurs ici le thème du Chien.

Le taureau

Ce fauve jouit parfois d'un véritable culte. Le taureau est intimement lié à la vie et à la mort. Dans la plupart des rêves, il apparaît comme une bête déchaînée, furieuse, indomptable. C'est alors un fauve dévastateur ; le tout est de savoir ce qu'il symbolise dans tel ou tel rêve.

Le taureau représente également la nature animale chez l'homme, instinctive, liée à la terre et au soleil, ressentant toutes choses avec puissance. D'autre part, je cite JUNG : *le sacrifice du taureau représente le désir d'une vie de l'esprit ; celle-ci permettrait à l'homme de triompher de ses passions animales primitives qui, après une cérémonie d'initiation, lui donnerait la paix*. N'est-ce pas là tout le symbolisme des « courses de taureaux », aimées ou haïes, mais toujours fascinantes, avec les toréadors aux habits « de lumière » (= d'esprit) ? Dans les rêves, tuer le taureau peut ainsi représenter le besoin d'éliminer sa « bête intérieure ».

Dans d'autres rêves, un taureau peut symboliser le père furieux ; nous retrouvons le complexe d'Oedipe (voyez le dictionnaire). Si le taureau est mis à mort, cela signifie alors que le fils « tue » (= élimine) son père pour jouir de l'amour exclusif de sa mère.

A moins que le taureau, animal d'instincts, de force mais aussi de jouissance de la vie et de la nature, ne symbolise l'« Ombre ». Reportez-vous au chapitre 10 ; car dans ce cas, il y a de fortes chances pour que le taureau, ombre du rêveur, soit en même temps sa lumière... parce que sa vie instinctuelle est refoulée.

XIII

Les nombres, les formes, les directions

Parfois, mais rarement, un nombre apparaît en rêve sous sa forme spécifique ; par exemple, on lit un texte dans lequel se trouve un nombre. Mais le plus souvent, le nombre se présente sous une forme déguisée. On peut rêver d'un *triangle* qui est évidemment composé du nombre 3. On peut rêver également du nombre 1 sous la forme d'*une* colonne solitaire ; ou d'une « dualité » quelconque qui symbolise le nombre 2, etc. A moins que le nombre ne se présente sous un assemblage ou une forme déterminés.

Ils sont importants les rêves qui comportent des nombres dont le symbolisme est fort ancien. Dans les rêves, les nombres évoquent généralement des idées, des sensations, des « lignes de force » de la personnalité. L'interprétation des nombres compte parmi les plus anciennes. Platon ne faisait-il pas des nombres le plus haut degré de la connaissance ? Et n'est-ce pas par les nombres et par les lois d'action régissant la « matière » qu'on aboutit à la physique atomique ?

De ce fait, les études des nombres et de leur symbolisme sont fort nombreuses. Je ne puis les examiner ici, mais synthétiser simplement quelques significations oniriques des nombres de *1* à *9*, tels qu'ils se présentent le plus souvent dans les rêves de chacun.

1

Le nombre 1 est un point de départ, un *fondement*. 1 est l'*unique*. Dans les légendes, il représente le Dieu unique, précisément. C'est un symbole onirique d'*unification*. C'est pourquoi il apparaît rarement dans les rêves sous sa forme spécifique.

Le nombre 1 est vertical, dressé. Il est ainsi un symbole *phallique*; il représente alors la puissance.

On peut rêver de ce nombre sous différentes formes se présentant isolées : *un* dolmen, *une* tour, *un* bâton vertical, *un* mât dressé, etc. Je connais un homme qui, en fin de psychanalyse, a rêvé d'un serpent d'émeraude (voyez ces deux termes); ce serpent reproduisait fidèlement le graphisme du nombre 1. C'était un pur symbole d'unification de la personnalité de cet homme.

Le nombre 1 est également le signe d'un *commencement*, d'un élément *essentiel* en soi, d'une *promesse de continuité*, d'une *spiritualité agissante* et positive. C'est le signe du *principe masculin*, parfois de l'*Animus* (chap. 8) s'il apparaît dans un rêve de femme. C'est le symbole du « Yang » et du père.

2

C'est un très beau nombre symbolique. Il est fréquent — et important — dans les rêves, où il peut se présenter sous de nombreux aspects, spécifiques ou cachés.

Les nombres, les formes, les directions / 233

Le 2 représente la *dualité* se trouvant en chaque être humain. Dualité, et souvent opposition : le positif et le négatif, le « bien » et le « mal », le Moi et le Sur-Moi, l'ombre et la lumière...

Ou bien l'accord se fait entre les éléments de cette dualité, ou bien le conflit et l'angoisse s'installent. C'est aussi le symbole de la *réciprocité*, des contraires, de l'amour et de la haine, du masculin et du féminin.

Le 2 est donc le symbole de l'ambivalence à rechercher en nous si elle nous est révélée par un rêve.

■ *Un homme (40 ans) rêve qu'il se promène avec son frère ; ce dernier lui ressemble physiquement de façon parfaite. Le rêveur est à la fois radieux et fort angoissé. Il dit à son frère : je suis né en 1922.*

Notons que le rêveur n'a pas de frère. Dans ce rêve, il y a donc, *soit* division de lui-même en deux parties, *soit* dualité entre lui et son « double », *soit* unification entre ces deux parties se trouvant en lui. Mais le rêveur est radieux et angoissé en même temps. Cette *dualité* semble montrer que le « frère » représente l'Ombre du rêveur (chapitre 10) ; ce qui tenderait à prouver que cet homme est « divisé », et séparé de lui-même. Quant à l'année de naissance, 1922, elle était en réalité 1927. Alors, pourquoi 22 ? Sans doute pour marquer davantage le nombre 2, répété deux fois dans cette date. C'est comme si le rêveur renforçait, face à lui-même, la conscience de sa propre dualité et de sa scission intérieure. Et sa sensation d'être radieux montre que le rêveur sait que sa paix intérieure dépend de l'unification de cette dualité se trouvant en lui.

3 et **triangle**

Ce sont des symboles universels parmi les plus fondamentaux. 3 = 2 + 1 ; c'est l'union du binaire et de l'unité.

C'est la tri-unité. C'est l'*ordre* et l'*harmonie*, le «*parfait*». 3 symbolise ce qui est achevé, ce qui a abouti.

Ici encore, le nombre 3 apparaît rarement sous sa forme spécifique, mais plutôt selon des dispositions d'objets ; on rêve de trois choses, de trois personnes ; ou bien d'un objet comportant trois parties. A moins que les objets ne soient disposés en triangle.

On peut rêver que l'on accomplit des actes se divisant en trois parties. La troisième partie marque alors l'accomplissement de l'action.

Les exemples symboliques sont nombreux. Entre autres : on frappe les 3 coups au théâtre, on «compte jusqu'à 3», on tourne 3 fois sur soi-même avant de choisir une direction, on s'embrasse traditionnellement 3 fois, on dit «jamais 2 sans 3», etc. Les héros poussent 3 cris : le premier en voyant le démon ; le second en luttant avec lui ; le troisième pour annoncer la victoire, accomplissement parfait de l'action.

Le nombre 3 peut symboliser aussi les étapes de la vie : l'existence matérielle, la vie intelligente, et le divin, qui est l'accomplissement final.

Quant au *triangle* outre son appartenance au chiffre 3, il doit être envisagé également selon sa forme géométrique.

Le triangle équilatéral symbolise l'*harmonie*, la *proportion* et la *divinité*. C'est le symbole du *feu*, de la *virilité*, du *principe mâle*. Le triangle maçonnique est bien connu ; à sa base se situe la durée ; ses deux côtés représentent les ténèbres et la lumière (dualité du nombre 2), et la *perfection* s'accomplit au sommet.

Le nombre 3 et le triangle n'apparaissent que dans des rêves importants. Notons qu'il est fréquent que la troisième action ou la troisième partie du rêve ne s'accomplissent pas... Voici un exemple.

Un rêve comportant les nombres 2 et 3

■ *Un homme (38 ans) rêve qu'il se trouve immobile sur*

Les nombres, les formes, les directions / 235

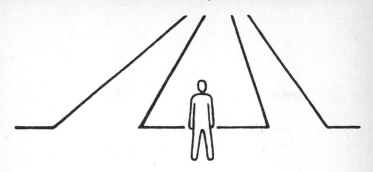

un plan horizontal. Deux chemins obliques partent de ce plan, mais sans se rejoindre.

Voici une interprétation, d'après les propres associations du rêveur :

— *à gauche, c'est ma tristesse, mon être sombre ; à droite, c'est ce que je suis réellement. Les deux chemins de rejoindront-ils un jour ? Pourrai-je un jour intégrer en moi ce passé, et ne faire qu'une totalité, au lieu d'être sans cesse tiraillé entre mon Sur-Moi et ma personnalité libre ?*

Nous observons dans ce rêve :
a) les nombres 2 et 3. Il y a deux chemins partant d'une base commune, et allant obliquement comme s'ils devaient se rejoindre pour former un triangle (3). Mais ce triangle reste « en suspens ». Il aurait (symbolique du nombre 3) cependant marqué un aboutissement, une perfection, une convergence. Le rêveur reste donc devant ces deux chemins. C'est toujours la dualité, l'opposition, en lui, de forces contradictoires. Mais il y a promesse. C'est la symphonie inachevée, en quelque sorte.
b) voyez un peu plus loin la symbolique de la *gauche* (passé, obscurité) et de la *droite* (avenir, lumière), dont le rêveur parle dans ses associations. Et rappelons-nous le « triangle maçonnique », cité plus haut : la gauche (l'om-

bre) et la droite (la lumière) se rejoignent au point d'unification et de perfection, selon le symbolisme du triangle, et, par conséquent, du nombre 3.

4 et carré

Le nombre 4 symbolise la plénitude, la solidité, la totalité, l'universalité. Son symbolisme est directememnt rattaché au *carré*, à la *croix* (et au symbole du *carrefour* qui en dérive). Ce sont ces dernières figures qui apparaissent généralement dans les rêves.

Le carré
Il est parfaitement *fermé, équilibré, solide, bien campé*. Il est un symbole de *stabilité* et de santé intérieure. Mais... il est pointu aux quatre coins; le carré est l'antithèse des mondes courbes. Il symbolise la *masculinité* ayant « les pieds sur terre ». Cependant, il est fermé; il est impossible de s'en échapper. Il peut ainsi, dans les rêves, représenter une *stabilité médiocre* devenant une véritable prison affective. Le carré ne s'ouvre sur rien; il est le symbole d'un monde intérieur *stéréotypé*. Il traduit une *vie intérieure limitée* à ses quatre coins : c'est le cas de le dire. Il représente aussi un *manque* de souplesse et d'envergure; ne dit-on pas d'un homme limité qu'il est « carré » en sentiments ou en affaires ?... de même que l'on dit : « Je n'irai pas par quatre chemins mais vous le dirai « carrément » ? Pourquoi pas « triangulairement » ?

La croix
C'est l'un des plus anciens symboles. La croix marque quatre directions, (4 points cardinaux). Elle est ainsi un symbole d'*orientation intérieure*. Comme on le sait, la Chrétienté a « condensé » dans ce symbole l'historique du Salut. Les représentations de la croix revêtent d'innom-

brables formes à travers l'histoire. Elle représente la *totalisation spatiale* (Guénon), aussi *l'union des contraires*. Dans les rêves, il s'agit de distinguer le stade « intérieur » du rêveur; car la croix, si elle peut symboliser la *souffrance*, peut également marquer un *aboutissement spirituel*, l'*unification de nos dualités*; elle peut aussi symboliser le *carrefour*..

Le carrefour
On comprend facilement l'importance du carrefour dans la symbolique, comme dans les rêves. Des mots banaux le définissent : «*Je me trouve à une croisée de chemins*»; ou : «*Je suis à un carrefour de ma vie*»; ou : «*Je me sens bloqué devant un choix à faire*»; ou : «*Le carrefour du destin*»; etc.

Le carrefour, en effet, marque une *confrontation avec son destin*. Il indique un *choix à faire*. Le carrefour est chargé d'*interrogations :* vers l'avant? l'arrière? à gauche? à droite?

Tout carrefour possède un *centre* d'où rayonnent les *directions* (voyez plus loin). Dans les rêves, il marque une situation *cruciale*, adjectif qui définit bien le carrefour en forme de croix.

Le carrefour peut également symboliser le *Mandala*, avec son centre et le rayonnement des directions. Revoyez en page 111. Le carrefour est toujours fort important dans le rêve, et quelle qu'en soit la signification.

5

Rare dans les rêves, ce nombre est formé de 2 et 3, premier nombre pair et premier impair. Il symbolise généralement la *volonté active*, la *personnalité profonde et créatrice*. Géométriquement, nous avons affaire au pentagramme.

6

Rare également dans l'activité onirique. Egal à 2 × 3, il symbolise deux triangles. Il représente les situations contradictoires, les *difficultés*, la *lutte*, l'*épreuve*. Les deux triangles réunis pointent dans quatre directions opposées. C'est la *difficulté du choix*, l'*oppression*, voire l'*angoisse*. C'est souvent le symbole de l'homme tiré « à hue et à dia ». C'est une sorte de *carrefour* fermé...

7

C'est le nombre « sacré », le chiffre « magique ». Il correspond aux 7 jours de la semaine, aux 7 degrés de la perfection, aux 7 degrés célestes, aux 7 pétales de la rose, aux 7 branches de l'arbre cosmique, etc. (P. Grison).

Le 7e jour est le jour « saint », celui du repos qui suit l'achèvement du monde. C'est un nombre sacré de l'ancienne Chine, des traditions grecques, de l'Islam, de la tradition hindoue... et de l'Apocalypse (on y trouve 7 rois, 7 tonnerres, 7 fléaux, 7 trompettes, 7 églises, 7 étoiles, 7 esprits de Dieu...). Faut-il citer aussi les chandeliers à 7 branches, les 7 années qui furent nécessaires à Salomon pour construire le Temple ? Et les 7 vaches maigres, et les 7 vaches grasses ? Dans les rêves, il marque un *aboutissement*, une *perfection*, une *totalité*, une *unification*. Il peut également symboliser l'*anxiété* devant l'inconnu que représente le renouvellement d'un cycle affectif.

C'est un symbole de *dynamisme* ; 7, en effet, représente le travail organisé devant aboutir à la perfection ; c'est également un symbole d'« *initiation* » *à la vie profonde*.

Ici encore, il est rarissime que le nombre 7 apparaisse en rêve sous sa forme graphique, bien que cela arrive parfois ! Voici quelques exemples de « déguisement » de ce nombre :

Les nombres, les formes, les directions / 239

■ *Lucien rêve que des jeunes femmes se promènent en sa compagnie ; la conversation est fort douce, calme ; le temps est printanier. Lucien se sent apaisé et heureux.*

Lucien dit ensuite :
— *Dans ce rêve, je pensais aux 7 péchés capitaux et, en même temps, aux 7 piliers de la sagesse... Et c'est vrai qu'il y avait à la fois une atmosphère sensuelle mais, surtout, une sorte de perfection de l'amour, quelque chose d'épanoui en moi, de façon stable, comme si j'avais trouvé quelque chose d'important...*

■ *Paul rêve qu'il achète 6 poteaux destinés à clôturer son champ ; une terre très vaste, genre « Western »* (dit-il). *Le négociant lui dit : « c'est peu, pour une aussi grande propriété. Je vous en ajoute un ? Cela fera 7... ». Paul acquiesce.*

Un fort beau rêve ! Nous y trouvons 1, 6 et 7. On pourrait traduire ce rêve comme ceci (en se fondant sur les associations faites par Paul) :
— *vous atteignez de grandes étendues affectives. Vous devenez maître* (propriétaire) *de vous-même. Mais vous luttez encore ; vous êtes encore en difficulté* (le nombre 6). *Vous devez aller plus loin encore si vous voulez vous gérer parfaitement vous-même. Vous devez vous ajouter quelque chose qui marquera votre épanouissement. Ajoutez en vous une unification* (le nombre 1) *et vous atteindrez votre propre plénitude* (le nombre 7).

Voici un rêve curieux et fort intéressant :
■ *Jeanne rêve qu'elle se trouve à l'Etat-Civil. Un employé cherche sa date de naissance afin de lui délivrer un passeport pour l'Amérique. Il dit : « c'est bon, le voici ; vous êtes née en 1717 ».*

Nous pouvons traduire ce rêve comme suit (et grâce aux associations faites par Jeanne) :
— *vous désirez la liberté intérieure* (l'Amérique). *Mais*

vous devez être en règle face à vous-même (le passeport). *Votre date de naissance montre que vous pouvez partir* (dans la vie libre). *Vous êtes, en effet, suffisamment unifiée* (le nombre 1 répété deux fois) *en même temps que vous êtes assez épanouie après avoir travaillé sur vous même* (le nombre 7 répété deux fois.)

Nous avons lu un rêve de ce genre au sujet du nombre 2. Ici aussi, il y a insistance, « martèlement » : les nombres 1 et 7 sont répétés. Notons en passant que la date réelle de naissance de Jeanne était 1927 ; ce 7 final a sans doute servi de base à ce rêve « amplificateur ».

8

Il est fort rare dans les rêves. C'est le nombre de la Rose des Vents ; *son graphique* est une croix, plus les 4 directions intermédiaires. Cette figure a également une forme de rayons de roue. C'est aussi une croix (donc un carrefour) avec quatre directions supplémentaires.

Comme il possède un centre et huit directions, il peut symboliser le *Mandala* (page 111). Il est alors un symbole de sagesse et d'équilibre affectif, en même temps que de lucidité envers soi. Par son équilibre, cette figuration du nombre 8 signifie la *justice*, *l'équité*, la *tolérance*, la *loyauté*.

9

Comme le nombre 7, le nombre 9 joue un rôle universel important. Mais il est surtout intéressant par le fait qu'il est le dernier de la série des chiffres. Il est ainsi à la fois une fin et une promesse de continuation et de renouveau. Dans les rêves, il peut signifier qu'un cycle intérieur se termine, et qu'il faut aller plus loin. Espérons alors, s'il apparaît en rêve, que les 9 muses nous aident à prolonger l'extension active de nous-mêmes... Car 9 est le nombre de la plénitude s'ouvrant sur de nouveaux territoires.

Le cercle

Contrairement au carré, le cercle représente les mondes courbes. Aucun angle ne le hérisse. Le cercle participe de la perfection. Il est le développement de son point central. Il est un *Mandala*. Il est la représentation courante des cycles célestes, et la concrétisation de ce que tout, dans l'Univers, tourne, des électrons aux planètes, des galaxies aux étoiles.

Le cercle possède ainsi une valeur magique. Est inattaquable, celui qui se trouve à l'intérieur de la circonférence (cercle magique, cercle de feu, etc.) Sa circonférence n'a ni commencement ni fin.

Mais dans les rêves, outre les acceptions ci-dessus, se trouver *à l'intérieur* d'une circonférence peut représenter la *prison intérieure*; à moins que cela ne signifie *l'angoisse de sortir du cercle* dans lequel on se trouve affectivement.

Il peut également symboliser le « giron maternel » dans lequel on reste bloqué par angoisse de la vie. Le cercle devient alors semblable au centre d'un carrefour où l'on resterait arrêté. Il s'agit donc, ici comme ailleurs, d'examiner le contexte du rêve et l'état intérieur dans lequel on se trouve.

■ Voici un très beau rêve, accompli par un homme ayant fait une psychanalyse :
— *il rêve qu'il tient une pomme bien ronde. Il donne dans cette pomme un coupe de bêche. Un oiseau sort de la pomme et s'envole...*

Etait-ce l'Oiseau bleu ? Je ne sais pas. La pomme est

242

une sphère (cercle) fermée, dont on ne peut sortir. Elle est l'image d'un Sur-Moi qui tient prisonnier le Moi. Le rêveur accomplit un geste viril; il prend une décision « mâle » (la bêche qui tranche et coupe est un symbole phallique). Il décide de « trancher » son Sur-Moi. Une image de liberté apparaît; c'est l'image de son Moi, de son affectivité et de sa sexualité authentiques.

Lorsqu'on choisit une direction...

Rêver d'un *carrefour* signifie logiquement qu'une direction doit être choisie. Le carrefour est — revoyez les pages précédentes — une confrontation avec un « destin ». Ou bien le rêveur reste bloqué au *centre* du carrefour, sans pouvoir avancer ni reculer. Ou bien il s'avance dans l'une des directions qui se présentent à lui : *avant — arrière — gauche — droite*. A moins qu'il ne choisisse une des directions intermédiaires.

Dans les rêves, existent deux espèces de « carrefour » :

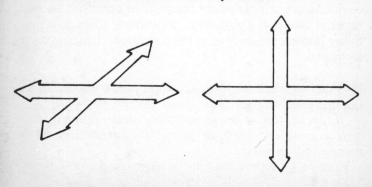

— le carrefour horizontal ;
— le carrefour vertical ; c'est alors une croix dressée (monter, descendre, gauche, droite).

Leurs symbolismes se confondent et je vous propose de les examiner succinctement.

Vers l'avant ou vers le haut

1) La signification avant est claire. Le rêveur choisit d'aller « droit devant », d'aller plus loin. Ce genre de carrefour se présente souvent sous la forme de quatre routes. Parfois apparaît un panneau indicateur. Vers l'avant signifie : avancer vers *l'avenir*, vers un *but*. Le rêveur s'en va vers l'horizon, mais dans lequel il risque parfois de se perdre. Nous avons vu un rêve de ce genre. En allant « droit devant », il se coupe de ses arrières. Il ne regarde plus vers le passé : seul son but l'intéresse. Parfois, le rêveur aperçoit un point lumineux, ou un personnage. Cette direction est généralement positive, encore qu'elle soit trop tranchée. Elle est parfois la direction choisie par des personnes souffrant de *sentiments d'infériorité* ou d'*angoisse*, qui « foncent » pour échapper à leurs peurs, sans examiner lucidement leurs capacités du moment.

2) **Vers le haut** signifie évidemment « monter ». C'est la direction de l'élévation de l'esprit, ou de l'ascension matérielle. On « monte » vers la *gloire*, les *honneurs*, la *beauté*, la *lumière*. On « monte » vers plus haut que soi. C'est la direction de la purification progressive, de la sérénité, du dynamisme. Mais on « grimpe » parfois trop vite ou trop haut ; on risque de se perdre dans des *compensations de sentiments négatifs*, avec tous les risques de *chutes*, si fréquentes dans les rêves.

Vers l'arrière ou vers le bas

1) Le rêveur recule. Il retourne vers son *passé*. A moins qu'il ne reparte vers des *sécurités névrotiques* dont il ne peut se passer. Il peut donc s'agir d'une régression, mais aussi d'un retour en arrière *afin de puiser des matériaux* permettant de mieux avancer.

Parmi les rêves très fréquents : on recule (à pied mais le plus souvent en voiture) vers un précipice. Tout dépend ici du contexte du rêve ; souvent les freins de la voiture fonctionnent mal, ou pas du tout. C'est un rêve d'angoisse ; le rêveur craint de «reculer» vers son inconscient, et de retomber dans le néant maternel.

2) **Vers le bas.** C'est la direction de la *descente en soi*, positive ou négative. Ce peut être une descente dans ses propres enfers, une *régression*, une dégringolade affective ou mentale. C'est la direction des *chutes* brutales. Mais ce peut être également l'introspection, la *recherche de son propre centre*. Ce peut être aussi le retour à une Enfance vivifiante, ou une réconciliation profonde avec la Mère.

Le *bas* est, en outre, la direction du déshonneur («baisse» dans sa propre estime), de la déchéance, de l'obscurité, de la tristesse, de la dépression, et de toutes les caves obscures de l'inconscient. Et ne dit-on pas de quelqu'un qu'il «est bien bas»?

Vers la droite ou vers la gauche

1) La droite est symboliquement la direction qui *monte*. C'est le *travail actif*, l'*ordre*, la *fidélité* à soi-même, l'*honneur*, l'*estime* (presque le même symbolisme que «vers l'avant»).

2) **La gauche** a, en plus souple, le même symbolisme que vers l'arrière. C'est la direction du *passé*, de l'*enfance*, de l'*obscurité*, des *profondeurs de l'inconscient*. Dans certains rêves, c'est la direction de la honte, du déshonneur.

XIV

La grande lignée

On pourrait croire qu'un rêve apparaît comme par hasard, comme « posé » là tout seul dans une tranche de temps. On pourrait le croire également sans rapport étroit avec la vie diurne. Bref, on oublie souvent le lien existant entre toutes choses.

C'est une grave erreur. Rien n'est posé là par hasard, rien n'est indépendant, rien n'est séparé d'un contexte général.

On ne peut jamais, en aucun cas, considérer un phénomène, quel qu'il soit, comme existant « en soi », et sans liaison avec le restant.

De même que chaque fraction d'instant de notre vie est intimement reliée à chaque autre fraction d'instant, nous faisant *tendre* vers un état pleinement humain inscrit en nous dès le début, de même, tout rêve fait partie de la lignée de tous les autres rêves allant de notre naissance à notre mort, et accrochés les uns aux autres comme les maillons d'une chaîne, comme sont mutuellement accrochés tous les évènements de notre existence.

A travers les zigzags apparents s'inscrit toujours une linéarité, d'une cohérence absolue dans chaque instant.

L'« individuation »

Jung a constaté un fait qui, après coup, semble d'une évidence presque banale. Si nous savons que chaque micro-instant, dans l'intégrale* des moments de notre existence, fait partie d'un seul « tissu » qui se déploie au fur et à mesure de notre temps, il devient évident que les rêves — eux aussi — sont les mailles d'un même tissu psychologique.

Jung constata que l'entièreté des rêves d'un individu paraissent obéir à une disposition générale. Il appela ce processus : **individuation**.

Il est d'ailleurs facile à chacun d'observer que de nombreux éléments de rêves reviennent (sous des symboles identiques ou non) après plusieurs années parfois. On dirait une sinusoïde ; chaque partie supérieure de la courbe repart vers l'oubli, pour resurgir plus loin. Mais nos errements et nos zigzags ne sont qu'apparents. Parce que nous avons le nez dessus, nous ne nous rendons pas assez compte de la continuité absolue et irréversible des circonstances de notre vie. Ainsi, l'arbre cache la forêt, la goutte d'eau dissimule le fleuve.

Chacun de nous va « quelque part ». Le but est imprimé en nous dès notre naissance, et probablement depuis le début de l'univers. Il existe une tendance directrice, une « ligne de conduite », programmées dans nos ordinateurs inconscients ; cette tendance se manifeste par un processus de maturation permanente et progressive, qui suit un plan déterminé.

Mais cette maturation, que l'on veut « personnelle », fait évidemment partie d'un contexte infiniment vaste. Le temps de l'anthropocentrisme et de l'anthropomorphisme est fini. La physique et l'astrophysique remettent l'homme

---
* Dans le sens mathématique du terme.

à sa juste place. Mais s'il a perdu son importance, il a acquis un sens; celui de s'inscrire à temps plein dans la démarche de l'univers et — qui sait? — d'un univers dont chaque atome baignerait dans une Conscience-Energie.

Un journal de bord nocturne?

Il semble indispensable, si l'on veut observer sa propre «croissance» psychologique. Nombreuses sont les personnes qui, quotidiennement, écrivent leur journal intime; pourquoi ne pas tenir un «journal» onirique?

Car l'angoisse de beaucoup est de rester bloqué à un «Moi» coincé dans des «Sur-Moi», tout en ressentant quelque part un centre inaccessible, mais dont la chaîne des rêves montrent cependant la direction en même temps que les obstacles. Faut-il rappeler les nombreux rêves d'aspect négatif ou angoissant, qui surgissent suivant des fréquences déterminées, toujours semblables, et qui semblent insister, et insister encore, sur une difficulté véritablement «accrochée» dans une personnalité?

Le processus d'*individuation* ne peut avoir lieu que si nous avons conscience de ce qui précède. Il faut bien se dire que ce qu'on appelle l'inconscient est une sorte de gigantesque machinerie dont la fonction est de nous équilibrer à chaque instant, et de réaliser la totalité de notre être. Et il est dommage que beaucoup opposent un barrage à cette action de l'inconscient à la suite de critères éducatifs souvent absurdes.

Voici encore un «grand» rêve. Il fait partie du processus d'individuation. Le sens de ce rêve n'est donc valable que pour la personne en cause. Mais je crois que ce rêve peut concerner tous ceux qui sont intéressés par leur propre vie profonde, et qui désirent aboutir à ce qu'ils sont, malgré les dédales, les labyrinthes, et des incohérences souvent plus apparentes que réelles.

Le rêve d'un homme de 47 ans

— Cela se passait dans une maison. Dans mon rêve, je l'appelais « la Grande Maison ». Les meubles étaient en bois blanc vernis. Il faisait chaud, doucement chaud, dans la grande maison. Tous les murs étaient blancs et très lisses. Comme des miroirs, ils reflétaient — ils doublaient — la scène. Nous nous trouvions dans la cuisine : ma femme, ma fille, et moi. Je n'ai pas de fille, mais réellement un fils, vous le savez. Et dans ce rêve, c'était bien ma femme, mais je n'étais pas marié ; je vivais avec elle ; elle était ma compagne. La table de cuisine était simple ; une planche circulaire posée sur un trépied. Chacun de nous mangeait en silence, dans des sortes de bols assez évasés, en terre rougeâtre. Une fumée odorante montait du fourneau. Dans ce rêve même, je me disais que cette scène pourrait être peinte par Vermeer. Maintenant que je revois ce rêve, on aurait pu tracer un triangle dont les sommets auraient été les trois bols. Nous mangions avec les doigts, lentement. Un fait qui, dans mon rêve, était merveilleux : des gens allaient et venaient dans la grande maison, mais sans pénétrer dans la cuisine...

Cet homme — un ingénieur — fit ce rêve en fin d'analyse, après avoir passé par les stades de l'Anima (chapitre 7) et de l'Ombre (chapitre 10), qui sont des « passages » indispensables. Et on comprend que ce rêve était l'aboutissement d'une grande lignée d'autres rêves qui, réexaminés après coup, s'« emboîtaient » admirablement pour former un tout.

Je crois intéressant de reproduire quelques-unes des associations que fit cet homme :

■ GRANDE MAISON. *Mais c'est moi! Ou plutôt moi dans elle; elle m'enveloppe mais il n'y a aucune sensation d'un monde clos, au contraire... C'est une maison-univers; elle pourrait s'étendre à l'infini...*

Revenons à ce qui fut dit plus haut, en lisant la suite des associations de cet ingénieur sur le même élément de son rêve :

■ *Depuis deux ans, vous le savez, j'ai cessé d'être un ingénieur-ingénieur! Mais j'ai employé mes connaissances pour étudier les découvertes de la physique actuelle; jamais la physique n'a eu autant d'implications métaphysiques. Je crois que l'homme de demain sera un être religieux. La « gnose de Princeton » fut pour moi le révélateur de ce que je ressentais depuis longtemps. Vous voyez?... l'idée d'un « Dieu-Champ » me séduit de façon extraordinaire... J'ai relu Bergson aussi...*

Arrêtons-nous à ces premières associations.

— *La gnose de Princeton** est un ouvrage touffu, enthousiasmant, écrit par Raymond Ruyer, philosophe ayant consacré des années d'études à la physique, aux mathématiques, à la cosmologie et à l'informatique. Cette « gnose de Princeton » est une forme de pensée émanant d'astronomes, de physiciens et de biologistes américains, tous à la pointe de l'intelligence; elle tente de rétablir la primauté d'une conscience aux dimensions du cosmos. C'est une vision se détachant du matérialisme, et qui respecte totalement la science et ses découvertes.

— *Le « Dieu-Champ »* est une idée envisagée par R. Ruyer, dans ce livre. Il est assez hasardeux d'extraire des lignes de l'énorme contexte de son ouvrage, mais en voici tout de même quelques-unes «... si l'univers était réduit à un serpent ou à une mouche, au lieu d'être réduit à un homme, faudrait-il donc admettre un Dieu-serpent ou un Dieu-mouche? Un Dieu anthropomorphe est aussi absurde qu'un homme déifié. Nous n'échappons à l'une de ces

---
* *La gnose de Princeton*, par Raymond Ruyer; éditions Fayard.

absurdités que pour tomber dans l'autre. La seule solution, si c'en est une, est d'admettre un Dieu-champ, incompréhensible et incommensurable. En ce Dieu, toute vie est plongée, comme dans un champ de gravitation. Mais c'est un champ de gravitation hyper-physique, dans lequel nous éprouvons non des impressions de poids, mais des attractions « idéelles » (que les gnostiques américains appellent *Semantic gravity*). »

Il s'agirait ainsi d'étendre le domaine de la conscience à celui de la « matière » tout entière. J'ai placé entre guillemets le mot matière, car la notion de « corpuscules » matériels est de moins en moins admissible en physique contemporaine*.

En poursuivant les associations du rêveur ci-dessus, on constate que la forme « réductive » de certaines psychanalyses doit être rejetée, et qu'il se passe infiniment plus de choses en l'homme que la réduction à son existence « en soi », séparée, et « posée » là par hasard comme dit plus haut.

Revenons au rêve :

■ MEUBLES. *Mais la vie est simple ! Comment l'expliquer ? C'est une pure sensation ! C'est une respiration à l'échelle cosmique ! C'est curieux d'ailleurs ; c'est grâce à la physique moderne que je suis arrivé à la notion d'amour... c'est comme une évidence. Je ne puis plus imaginer que tout, absolument tout, ne se tienne pas dans l'univers, depuis le début, depuis l'hélium initial... J'ai lu une réflexion de Louis Pauwels, disant que le projet de l'univers est peut-être la transformation de cet hélium initial en un esprit emplissant l'univers tout entier, signifiant par là que, à travers nous comme à travers toute chose, circule le projet de l'univers... Voilà, vous voyez ? les*

---

* Il faut lire également *l'Esprit, cet inconnu* de Jean Charon, physicien et philosophe français.
Il est remarquable que le langage de certains physiciens modernes (d'Einstein à Heisenberg entre-autres) et de certains mystiques se ressemble profondément.

meubles de mon rêve sont simples, comme ils le sont d'ailleurs dans ma maison réelle.

■ MIROIR. *Les murs blancs doublaient, je l'ai dit, le repas de nous trois. C'était peut-être un miroir de divination ? Parce que l'avenir de ma famille et de moi-même sera d'une très grande simplicité participante.*

■ CUISINE. *Centre pour le repas. Rituel du repas. Des bols, et non de la porcelaine ! De la terre, surtout ! Les hommes aspirent à la terre ; ils sont de même race. Les potiers se multiplient, et c'est bien. Mais pourquoi les gens s'acharnent-ils à éliminer ce goût profond en conservant leurs lamentables apparences, leur lamentable paraître ? Vraiment, cette cuisine de mon rêve était un centre ritualiste ; le rituel d'une nouvelle sensation de vie, que quotidiennement ma femme et mon fils-mathématicien ont éprouvée progressivement en même temps que moi.*

J'ajoute ici que la cuisine d'une maison (voyez dictionnaire) symbolise « le lieu où ont lieu les transformations ». C'est la version onirique du local des alchimistes à la recherche de la pierre philosophale, mais pour qui l'essentiel n'était pas la transformation des métaux, mais bien la mutation intérieure de l'expérimentateur lui-même. Ce symbole de la cuisine est important dans le rêve qui nous occupe. De plus, une fumée monte du fourneau ; cela n'évoque-t-il pas le creuset des alchimistes d'où montaient les vapeurs de mercure ?

Et est-il utile d'ajouter à ce beau rêve que le nombre 3 s'y retrouve 3 fois ? 3 pieds de la table, 3 bols, 3 personnes...

Voilà pour ce rêve qui est à méditer, en tant qu'aboutissement d'un être, avec toutes les implications rayonnantes qui en dérivent. Cet homme, jadis « ingénieur-ingénieur », devenait un homme « religieux », relié, inscrivant sa vie dans une simplicité quotidienne faisant partie — sans sentimentalité aucune — du cosmos. Nous avons déjà rencontré un homme de ce genre. Et l'on peut se poser la question suivante...

L'homme de demain sera-t-il religieux ?

André Malraux disait que la prochaine civilisation serait « religieuse », ou ne serait pas.

C'est net comme une épée, et prolonge directement ce qui fut dit dans ce chapitre. C'est un lieu commun de dire que l'espèce humaine est en pleine « mutation » dans ses conceptions intimes, et dans la façon dont elle se situe au sein du monde. Même l'être le plus fruste est « imbibé » par les retombées des recherches scientifiques actuelles. Jamais on n'a autant parlé de sondes spatiales, d'OVNI, d'extra-terrestres, etc. Tout homme est sensibilisé par le fait — entre autres — que l'Amérique ait envoyé une sonde cosmique, chargée de messages destinés à d'éventuelles intelligences habitant d'autres mondes. L'homme de la rue commence à savoir — sans savoir qu'il le sait — un certain nombre de choses concernant l'univers. Sa sensation des choses change. Il se doute de ce que l'univers exploré par les grands télescopes soit peuplé de millions ou de milliards de planètes habitées par des êtres plus intelligents ou moins intelligents que lui. Du même fait, le champ de conscience humain s'étend. La dimension du « petit homme isolé », placé « par hasard » sur la terre, commence à s'agrandir lentement, avec les soubresauts affectifs que cela suppose. Dans le monde scientifique se font jour de nouvelles réflexions sur la « matière », qui se révèle de plus en plus comme une immensité dont on ne connaît que la surface. La génération scientifique moderne repose en termes précis les questions dites de « parapsychologie » qui, n'en doutons pas, versera un jour dans le domaine de la physique. Et c'est sûrement de cette dernière que viendra la renaissance. Peut-être alors saura-t-on de quoi nous sommes faits, où nous allons, d'où nous venons, dans quel « champ » nous sommes plongés ; peut-être saura-t-on également comment fonctionnent l'intuition, la sensation, la pensée qui, aujourd'hui encore, ne sont que des mots tentant péniblement d'expliquer des faits inconnus. Ainsi, probablement, un grand pont sera-t-il jeté entre la science, la métaphysique et les religions, tout cela aboutissant, qui sait ? — à la connaissance d'un univers totalement et absolument « interconnecté »...

L'individuation est-elle un privilège réservé ?

En d'autres mots : faut-il absolument faire une analyse pour atteindre le climat d'individuation et de réalisation totale de soi ? Certainement pas. Voici ce qu'en dit *Marie-Louise von Franz* :

« En fait, chaque fois que l'être humain se tourne sincèrement vers son monde intérieur et essaie de se connaître, non pas en ruminant ses pensées et ses sentiments subjectifs, mais en suivant les manifestations de sa propre nature objective, tels que les rêves et les fantasmes authentiques, alors, tôt ou tard, le Soi émerge. Le Moi découvre alors une force intérieure qui contient toutes les possibilités de renouvellement. »

Il faut cependant bien se dire que rien ne peut être accompli dans ce domaine, sans que les grandes étapes essentielles aient été dépassées :

a) L'Anima (chez l'homme) et **l'Animus** (chez la femme) doivent *absolument* avoir été « purgés » des influences négatives qui les rendaient destructeurs (*voyez les chapitres 7 et 8*). C'est probablement le travail le plus long et le plus difficile, encore que les rêves aident considérablement à le réaliser. La condition est, bien entendu, d'être très attentif aux rêves où apparaissent l'Anima et l'Animus, ainsi qu'à leur continuité et à leur convergence. Le meilleur moyen est, évidemment, de les noter, et d'associer au mieux comme il a été dit au chapitre 2. L'Anima et l'Animus sont d'autant plus difficiles à « retourner à l'endroit » qu'ils forment souvent des pièges dans lesquels l'homme ou la femme tombent facilement : le coup de foudre, l'amour platonique, les rêveries amoureuses, les fantasmes érotiques, le don-juanisme, la séduction charmeuse, etc. Il n'est donc pas facile de voir clair au milieu d'une forêt de délices : faux-délices, soit, encombrant et empoisonnant la personnalité, mais apparences de délices tout de même. Tout cela tournant en rond, durant toute une vie parfois, avec les dégâts intérieurs et sociaux que cela provoque.

b) L'ombre, elle aussi, *doit* avoir émergé. Son énergie négative *doit* être devenue positive, comme un courant électrique dont on inverserait le sens. Ce n'est pas facile non plus, et la lecture du chapitre 10 est convaincante à ce sujet.

Mais que voulez-vous... on ne peut arriver au sommet du triangle qu'après avoir fait converger deux côtés, tout d'abord ; et ensuite, après les avoir prolongés jusqu'à leur point de rencontre. Nous avons rencontré un rêve de ce genre.

Et puisque le futur dépend du passé dont il est la conséquence irrévocable, puisque demain dépend d'aujourd'hui, puisque l'adulte que nous sommes dépend de l'enfant que nous fûmes ; et puisque, en fin de compte, il vaut mieux prévenir que guérir, je vous propose que le dernier chapitre de ce livre soit consacré aux rêves des enfants, sur lesquels les parents devraient se pencher bien davantage...

XV

Les rêves d'enfants

En guise d'ouverture, voici **le rêve d'une fillette de 7 ans.** Lisez-le, pour sa saveur printanière — encore qu'il s'agisse d'un cauchemar! Il va de soi que je le reproduis tel que cette fillette l'a transcrit, et sans modifier quoi que ce soit à son orthographe et son absence de ponctuation.

— *Une petite fille se promenai avec ses parent dans la forêt soudain elle se perda elle avé peurt est tout a cou elle aperpu un grand géan qui la poursuivé elle se mi a dire ausecour ausecour ausecour en pleuran et cet homme lui riquanai ah ah ah ah mai sa maman lentendi se présita ver son lit en lui demandan se qui cétai passé sa peit fille lui espliqua quelle avai fai un cochemar.*

N'est-ce pas un « cochemar » au goût de cidre? Quant au dessin réalisé par la jeune rêveuse, le voici. Je ne connais pas cette petite fille; c'est grâce à son père que je suis en possession, et du rêve, et du dessin qu'il eut l'excellente idée de demander à l'enfant.

Ce dessin ne peut évidemment pas être la reproduction exacte du rêve ; mais, tel quel, il est précieux pour la définition d'un climat enfantin *très courant*.

On voit sur ce dessin un *géant* à sombrero et pompon rouge (sans doute «bandit mexicain» de télévision? et pompon de marin étant donné que la fillette habite à proximité d'un port?). Un *arbre* figure la forêt. Un *couteau* est pointé, en même temps qu'un autre objet indéfinissable. Mais le géant sourit ; il ne montre aucune dent menaçante ! L'arbre est peint en couleurs normales (vert dessus, et brun pour le tronc). Sans faire le moins du monde de « pansexualisme », on peut remarquer à quel point cet arbre représente un phallus; de même en ce qui concerne le couteau. Pourquoi ce rêve de poursuite ? Une culpabilité ? Aurait-elle observé secrètement son père nu, pour produire ces dessins phalliques ? Ce géant serait-il son père lui-même, à moins que le rêve ne « transpose », auquel cas ce géant serait la mère de la fillette ? Ce qui nous placerait en pleine situation oedipienne (voyez le dictionnaire).

Le *géant* est, symboliquement, un être à l'état brut et aux instincts puissants. Il représente les forces issues de la Terre.

Dans ce rêve, le fillette ne s'est-elle pas sentie engagée dans un « combat de géants » étant donné sa sexualité naissante ?

Un autre rêve d'enfant
> — *Jean-Jacques (8 ans) rêve qu'il se trouve sous un grand pommier ployant sous les fruits Il mange (je cite !) à s'en faire péter le ventre.*

Le dialogue a pu s'engager :
— Pourrais-tu dessiner ton rêve ? Te le rappelles-tu suffisamment ?
— *Ben oui... Il me faut du noir, du vert, et du rouge très fort.*

Le garçon dessine rapidement. Le pommier est vaste; ses branches couvrent la feuille entière. Les larges taches rouges des pommes parsèment le vert. A l'horizon se trouve une très petite maison.
— Mais toi, Jean-Jacques, où es-tu ?
— *Moi ? Oh, eh bien...* (il réfléchit profondément) *là, en-dessous des branches. Alors, on ne me voit pas !*
— Mais d'où venais-tu, avant d'aller sous ton pommier ?

— *Je ne sais plus. De chez moi, là-bas !* (il montre la maison lointaine).

L'enfant commence à pleurer sourdement, profondément.
— Tu aimes les pommiers ?
— *Les pommes ? Oh, oui !*
— Non ; les pommiers ?
— *C'est beau, c'est très doux ; il y a de l'ombre, et puis des pommes en quantité...*

A entendre l'enfant, le pommier représentait une douceur maternelle qui lui manquait. Ce manque était symbolisé par l'éloignement de la maison (dont on peut douter qu'elle figurait dans le rêve). Le pommier était comme une large jupe protectrice sous laquelle on se glisse...

Le rêve d'un garçon de 12 ans
Le plus étonnant ici était la répétition fréquente de ce rêve.

> — *Ma mère, dans ce genre de rêve, est toujours au volant de la voiture. Moi, je me prélasse sur les coussins arrière, en fumant un cigare. Ma mère, je la ressens alors comme une sorte de courtisane à mon service. Chaque fois, la voiture passe devant mon père, immobile sur le trottoir. Il est mal lavé, et dépeigné. Il porte des vêtements troués. Je le regarde avec hauteur, tandis que la voiture continue.*

Notons qu'il s'agissait d'un enfant élevé dans une famille nullement sclérosée dans des systèmes périmés. De plus, le père était — comme dans les contes — jeune et beau.

J'ai donc recherché avec le garçonnet la racine de ce rêve souvent répété. Son intelligence lui permettait de comprendre les grandes lignes du complexe d'Oedipe. Après que je lui en eus parlé, il me dit :
— *Au fond, je ressentais cela, sans pouvoir le définir. Oui, c'est cela. Mais ces rêves toujours semblables m'an-*

goissent au point que jamais je ne pus les raconter à mes parents en qui j'ai cependant toute confiance ! Mais oui ; j'aime tant ma mère (également jeune et belle !) *que je voudrais que mon père parte en voyage pour des années. Je voudrais être le seul à être aimé de ma mère. Et je suppose que je ressens ma mère comme étant à mon service pour mieux l'avoir à moi, pour la réduire à ma merci ?*

Notons encore le cigare fumé par le garçonnet, signe de réussite sociale et image phallique. Ceci, joint à la vision du père « misérable » et laissé pour compte au bord d'un trottoir n'est-il pas le couronnement de ce complexe d'Oedipe ? (voyez le dictionnaire).

L'interprétation des rêves d'enfants

On ne peut que rarement analyser les rêves d'enfants comme on le fait pour les adultes, en invitant à « associer » librement sur des éléments du rêve. Et cependant, la collaboration de l'enfant est indispensable ; à moins que le rêve ne soit tellement limpide que l'interprétation devient évidente.

Il faut bien se pénétrer de l'importance des rêves chez un enfant. Ce dernier est branché en « prise directe » sur son « ordinateur » inconscient. Tout son comportement futur s'y trouve à l'état potentiel. L'enfant est semblable à un ballon élastique de petite sphéricité, et criblé de taches minuscules. Ces taches représentent les parties potentielles de sa personnalité. Pour l'instant, les taches sont condensées en des points. Plus tard, le ballon augmentera de taille ; les taches grandiront avec lui. Ce qui était potentiel et « ramassé » s'élargira. Il est donc nécessaire de détecter les taches négatives au moment de leur apparition, afin de pouvoir les « gratter » avant que leur superficie ne devienne envahissante. N'oublions pas qu'une *névrose* est une tentative manquée d'adaptation à la vie. C'est une recherche de soi *inadéquate*. C'est (selon le mot de Jung) la souffrance d'une âme qui cherche son sens.

Dans ce cas, ne vaut-il pas la peine de s'attarder aux rêves nocturnes des enfants ?

La première chose à faire est d'essayer de les leur faire raconter. Cela peut parfois suffire à les libérer d'une anxiété lourde, même si les parents ne parviennent pas à donner un sens au rêve. Il s'agit surtout de vérifier si un même type de rêve ne se représente pas régulièrement (comme déjà dit, il est des mêmes rêves qui poursuivent inlassablement leurs assauts durant toute la vie d'un individu!). Cela signifierait que la personnalité de l'enfant « cale » contre d'importantes circonstances intérieures ou extérieures.

Mais si on le peut, on doit inviter l'enfant à « associer », soit normalement (« à quoi te fait penser tel ou tel élément du rêve » ?), soit sous forme de dessin. Chez les très jeunes enfants, on peut « jouer » le rêve avec lui. Cela devient, toutes proportions gardées, une sorte de théâtre ou de psychodrame.

Certes, aucun enfant (pas plus qu'aucun adulte) ne peut dessiner ou peindre ses rêves avec exactitude. Pour ce faire, il faudrait posséder le talent d'un Salvador Dali. Pour l'interprétation d'un rêve d'enfant, il faut donc se contenter de transpositions graphiques très maladroites ; mais le dessin commenté par l'enfant mettra sur la voie.

Le rêve de Mariette (9 ans)

— *Il y avait mon papa et ma maman. C'était dans la cuisine de leur maison. Maman faisait à dîner. Papa ne faisait rien. Il criait fort*

contre moi. J'avais peur, très très peur.
Avant tout, notons « de *leur* maison ». Cela n'interviendra pas ici ; j'ai dû en faire un travail à part ; car, après conversation avec les parents, il devenait certain que la fillette éprouvait la sensation de « n'être pas chez elle mais chez ses parents », à la suite de sentiments de culpabilité (déjà !) qu'il serait trop long d'envisager ici.

Ce rêve semble peu de chose. Mais les parents m'avaient signalé les fréquents cris d'angoisse nocturnes de l'enfant appelant sa mère,

Le dialogue s'engagea avec Mariette.
— De ton rêve, te rappelles-tu autre chose ?
— *Non. Rien du tout. J'avais peur de mon papa qui criait. Il était grand, grand !...*
— Que faisait-il dans la cuisine ?
— *Rien. Non, rien. Il criait !*
— Très fort ?
— *Oh oui, très fort !*
— Ton papa va-t-il souvent dans la cuisine pour y aider ta mère ?
— *Il n'y va jamais. Il est toujours dans son bureau. Il travaille beaucoup, tu sais ! et puis il a des responsabilités !* (Mariette prend un air de grande componction).
— Et toi, que faisais-tu dans la cuisine ?
— *Moi, bien... oui. Je tenais la main de maman. Parce que...*
— Parce que ?...
— *Eh bien, pour montrer à papa, voilà. Je le déteste !*
— En es-tu sûre ?
— (Mariette me lance un regard « en-dessous ») *Oui, je le déteste, je le déteste.*
— Ah bon ! Mais pourquoi ?
— *Je ne sais pas.*

L'expression de la fillette se durcit. Un nouveau coup d'œil, légèrement torve.
— Pourrais-tu dessiner ton rêve ?

Mariette a peint. On voit un carré jaune : la cuisine. Une femme aux couleurs vives, rouges : c'est la mère. Les formes en sont amples, rassurantes. Quant au père, beaucoup plus petit que la mère, il devient une sorte de tracé noir, sans aucune couleur qui emplisse les traits du dessin. Mariette se trouve aux côtés de sa mère. La bouche de la fillette est peinte en rouge vif.

— Ton père est si petit, alors que tu le voyais grand, très grand dans ton rêve ?
— *Je suis fâchée contre lui.*
— Il t'a fait quelque chose ?
— *J'avais mis du rouge sur ma bouche !*
— Ah bon ! mais toutes les femmes en mettent ?
— *Je sais, je sais...* (air aimable et condescendant de Mariette). *Mais les hommes sont contents, n'est-ce pas ?* (j'acquiesce avec le sérieux dont je suis encore capable). *Mais moi, papa m'a attrapée.*
— Ton papa est gentil, pourtant ? Si tu le dessinais normalement, comme lorsqu'il est gentil ?

Elle reprend son dessin. Le père « grandit », se colore de rouge lui aussi,
— *Voilà. Il ne fait plus de gros yeux.*

Mariette se plonge dans ses pensées :
— *Mais je mettrai encore du rouge.*

On pourrait objecter que le rêve de Mariette ne fut qu'un piètre élément de départ. C'est vrai. Mais nous voyons déjà que la traduction d'un rêve par le dessin est sujette à caution : le père « grand » du rêve devient inexistant par la suite.

La véritable base de départ demeurait l'angoisse nocturne de la fillette, engagée, elle aussi, dans un combat de « géants » (revoyez le rêve en début de ce chapitre).

Quant au rouge à lèvres, il avait réellement provoqué une colère sans fondement de la part du père, qui n'avait pas compris la normalité d'un phénomène courant. La fillette se maquillait pour « faire comme maman » et pour être remarquée du père, en tant que femme en herbe. La colère du père provoque un retournement agressif chez Mariette ; elle devient alors la complice de sa mère contre son père. La scène se déroule dans une cuisine, lieu qui est traditionnellement le domaine maternel, et où un père devient inutile et diminué.

Connaître les rêves d'enfants ?...

Il est parfois difficile de connaître les rêves des enfants, surtout des très jeunes. L'oubli vient rapidement. Il faudrait pouvoir «cueillir» le rêve au réveil ; la seule solution serait que l'enfant racontât spontanément son rêve à ses parents. Ce qui se passe d'ailleurs souvent. Aux parents alors de noter le rêve s'ils en ont le temps... et le courage.

Un seul rêve n'apporte généralement pas grand-chose ; alors qu'une chaîne de rêves peut révéler des «communs-dénominateurs» affectifs, permettant de détecter le comportement (positif et négatif) de l'enfant. Un rêve est bien ; une brochette de rêves est mieux.

Ce n'est pas facile, convenons-en ! mais c'est rentable pour l'enfant.

Il ne faut surtout pas faire du «psychologisme» !

Notre époque est celle du tâtillonnisme psychologique ; on en arrive à une réductivité totale de l'être humain, au lieu de l'étendre vers des dimensions qui sont les siennes propres. Et finalement, un buisson rabougri cache la forêt.

Pour en revenir au sujet, il est assez difficile de demander à un jeune enfant d'«associer» des idées ou des images sur des éléments du rêve. Cependant, il arrive que des enfants, même très jeunes, partent à toute allure dans des associations excellentes. Tout dépend, et de leur imagination, et de leur spontanéité. Mais il faut alors une oreille «exercée» pour entendre ce qui doit être entendu. A moins qu'un enfant ne décrive des états affectifs dans lesquels on puisse détecter des boules d'angoisse. Car existe-t-il une seule enfance sans angoisse?

■ Un exemple d'association inattendue

Thérèse, 11 ans, se réveillait presque chaque nuit en criant. Elle disait ne jamais rêver; cependant, elle put raconter ceci :

> — *J'ai fait un rêve! C'était une grande maison avec de grandes fenêtres. Les fenêtres étaient fermées. J'avais peur.*

C'était tout. Cependant, de fil en aiguille, la fillette put dire :
— *J'ai peur dans la rue, toujours peur des gens. J'ai envie de me cacher.*
— Mais à quoi te fait penser cette maison?

Car ma foi, cette maison ne présentait rien d'effrayant. Cependant, ces fenêtres fermées?... Et il ne fut pas facile de connaître l'histoire de Thérèse, qui commença en disant :
— *J'ai peur, j'ai toujours peur dans la rue. J'ai envie de me cacher.*

Or, le couple parental semblait très uni et harmonieux. Alors? De fil en aiguille toujours, la fillette déclara que la *grande maison et les grandes fenêtres fermées lui faisaient penser à la prison où on l'enfermerait sans doute bientôt.* Pourquoi? Thérèse avait eu affaire (réellement ou non, comment le savoir?) à un exhibitionniste, durant quelques secondes semble-t-il. La fillette n'en avait parlé à personne durant des mois; mais la peur des hommes, de la rue et des gens s'était développée, en même temps qu'un sentiment de culpabilité. A l'entendre, elle finissait par croire que sa «coquetterie» avait poussé l'homme inconnu à cette manifestation d'exhibitionnisme...

Mais aurait-elle jamais dit quoi que ce soit, si un rêve banal n'avait servi à ce point de départ?

Les principaux types de rêves chez les enfants

La qualité et la complexité des rêves varient avec l'âge des enfants. La vie d'un jeune enfant est formée d'un univers de sensations. Il vit ainsi une sorte de rêve permanent, partagé entre les songes nocturnes et les rêveries diurnes fondées sur une imagination sans bornes. De plus, un jeune enfant ne se sent pas « séparé », bien que, la plupart du temps, les adultes le poussent à se ressentir comme différent et séparé des autres (revoyez la fin du chapitre 10).

Les actes de l'enfant sont « religieux »; ils le relient au monde et à l'univers. De plus, le jeune enfant ne possède pas encore de Sur-Moi suffisamment fort pour déformer ou refouler les éléments du rêve — encore que l'on s'empresse généralement de lui procurer un Sur-Moi à travers lequel la liberté intérieure n'a plus cours.

Mais si un rêve de jeune enfant présente des « refoulements », ces derniers sont mis en images de façon suffisamment claire pour être facilement interprétés. Car l'enfant — malgré tout — ne sépare que peu le « bien » du « mal ». Il ne refoule que ce qui lui apparaît comme démesuré ou insupportable.

Six types de rêves

On a souvent remarqué que la plupart des rêves d'enfants sont :
a) des rêves réalisant carrément un désir réprimé la veille, à la suite d'un interdit adulte ;
b) des rêves compensatoires ;

c) des rêves de peur ou d'angoisse;
d) des rêves d'agressivité;
e) des rêves produits par la situation oedipienne;
f) des rêves d'identification à l'un ou l'autre parent.

— a —

On peut imaginer que tous les très jeunes enfants font des rêves grâce auxquels ils se « vengent » d'une **frustration** éprouvée la veille. Leur rêve décrit généralement la situation telle quelle, sans aucune déformation. Tel enfant possédera un fusil qui lui fut refusé. Tel autre se verra manger goulûment de la confiture, ou baguenauder dans le jardin, etc. Ce sont ainsi des rêves « de désir », dans leur acception la plus simple.

— b —

Les rêves peuvent présenter des compensations énormes. L'enfant se voit démesurément fort; il est grand; il est victorieux, riche, adulé, célèbre. Ces rêves seront d'autant plus marqués que l'enfant souffrira — à tort ou à raison — de sentiments d'infériorité, ou d'impuissance, de rejet, d'abandon, etc.

L'enfant peut également plonger dans un masochisme tout aussi énorme. Il est adopté par une tribu dont il est l'esclave dévoué. Ou bien il se voit misérable et solitaire, il mendie, il pleure dans un dénûment total... Je possède un rêve curieux, fait par un garçon de 9 ans, et que voici :

— *il se voit sous les traits d'un homme âgé et portant barbe blanche. Dans cet état, il distribue la justice.*

Parlant avec le garçonnet, je pus constater que ce rêve (qui se répétait *fréquemment*) comportait des « transpositions »;

l'homme âgé était un rappel du grand-père de l'enfant, homme bon et juste. La barbe blanche est le symbole bien connu de l'âge et de la sagesse. Quant à la justice distribuée, l'enfant avait entendu parler de Louis IX répandant l'équité sous son célèbre chêne.

Mais l'enfant disait :

— *Je préférerais être très âgé. On n'a plus de difficultés, puisqu'on est devenu un sage! Il ne faut plus s'en faire* (sic), *on n'a plus de comptes à rendre à personne, plus de devoirs à faire, plus d'instituteurs, plus rien qui vous humilie et vous embête* (sic).

C'était donc un simple rêve de compensation, mais dont la fréquence était tout de même légèrement inquiétante...

Quant à Jacques, un autre garçon de 9 ans, il se voit souvent en rêve au volant d'une Cadillac brillant de tous ses chromes. Ses compagnons de classe le regardent bouche bée. Alors, espérons que ses rêves ne se réalisent pas.

— c —

Voyez un peu plus loin : « Y a-t-il des enfances heureuses ? »

— d —

Les rêves d'**agressivité** sont nombreux. Ils peuvent être de simples rêves compensatoires à des sentiments d'infériorité ou de faiblesse. Ils sont « normaux », dans la mesure où l'agressivité ne devient pas la poutre-maîtresse de la personnalité. Ces rêves peuvent également montrer une *paranoïa* naissante chez l'enfant. Celui-ci croit que « on lui en veut », que « on le regarde dans la rue », que les « gens sont méchants avec lui », qu'on « écoute tout ce qu'il dit », etc. Mais il se croit alors obligé d'être le premier partout, de ne jamais échouer, de ne jamais démériter ni faillir; bref, obligé d'être un sur-homme en se montrant parfait en toutes choses : ce qui est le meilleur moyen, croit-il, de ne jamais donner prise aux critiques d'autrui, dont la moindre fait basculer son univers en le plongeant dans l'angoisse.

C'est dans ces types de rêves que les associations faites par l'enfant doivent être interprétées avec minutie; le «perfectionnisme», en effet, est un des pièges à angoisse parmi les plus fréquents.

— e —

Les rêves traduisant un **complexe d'Oedipe** (voyez dictionnaire) sont probablement parmi les plus nombreux chez les enfants, garçons ou filles (encore que chez la fille il s'appelle «complexe d'Electre»). La fréquence de ce type de rêves est normale, puisque la situation oedipienne est la plus puissante qui soit dans une vie humaine.

> — *Michèle (11 ans) se voit portée dans les bras d'un pèlerin. Il lui dit : « Je vais aller avec toi jusqu'à la Mecque». Ils passent rapidement devant des femmes voilées.*

Michèle a associé assez facilement :
— *Je ne sais pas qui était le pèlerin, mais j'avais en lui une confiance totale, comme en Dieu! J'aurais été avec lui n'importe où, dans n'importe quelles conditions...*
— Et que signifie pour toi la Mecque?
— *Oh! bien... j'ai vu des reportages à la télévision. Je trouve magnifique cette foi qui conduit des foules entières vers un même lieu. Comme Rome chez nous. Mais la Mecque, c'est plus... plus fort, plus intense, plus en-dedans de soi, vous voyez? Vous voyez ce que je veux dire?*
— Oui, oui, je vois très bien...
— *La Mecque, c'est le bout du monde. C'est... c'est autre*

chose, un autre monde, un monde interdit. Un chrétien ne peut pas aller là-bas, n'est-ce pas? Mais avec mon pèlerin, je ne risquais rien. Il était invincible, mon pèlerin! C'était très bon, vous savez, la vie avec lui...
— As-tu jamais vu des femmes voilées?
— *Oui, encore à la télévision. Oh! je ne voudrais pas vivre parmi ces femmes! Vous vous rendez compte? tous ces yeux noirs qui vous regardent, comme encadrés par les vêtements? Allez savoir ce qu'elles pensent? si elles vous aiment ou vous détestent? Dans mon rêve, elles étaient impassibles. Je n'étais pas très à l'aise! Leurs regards nous accompagnaient, mon pèlerin et moi...*

Je crois que l'on peut facilement synthétiser l'interprétation (en accord avec ce que disait Michèle, d'ailleurs). Le pèlerin était un père idéalisé, symbolique : *le Père en général*. Ce pèlerin était la transposition du *Chevalier* qui réveille la Belle (au bois dormant), c'est-à-dire qui la retire de l'identification maternelle pour la guider dans la vie active.

Le pèlerin était ainsi *le guide* avec qui l'on va « au bout du monde », en parfaite confiance (c'est-à-dire en parfaite fusion avec lui). C'est le Père qui montre la voie du *centre de la personnalité* (symbolisée par la Mecque). Celui qui entraîne également vers les *dangers* et les inconnues de la vie (la Mecque, le pays interdit).

Quant aux *femmes voilées*, elles représentent la Mère. Elles sont *mystérieuses*; la fillette ne connaît pas la réaction intime de sa mère face à cette fusion qu'elle désire réaliser avec son père. Mais il n'y a pas de culpabilité; rien qu'un peu d'inquiétude.

C'est une situation oedipienne tout à fait normale. Contrairement à ce qui se passe généralement, *l'enfant ne rejette même pas sa mère* afin de posséder pour elle seule l'amour de son père.

Mais il y a davantage. Ce pèlerin ne représente-t-il pas l'*Animus* naissant de Michèle (*chapitre 8*), avec la curiosité des choses, la créativité et le goût de l'aventure que cela signifie ?

C'est, en résumé, un rêve très beau et sain.

Un autre rêve d'Oedipe

— *Catherine (13 ans) rêve qu'elle se trouve au commissariat de police. Elle a été arrêtée pour avoir volé une pomme à une marchande des quatre saisons qui témoigne contre elle. Le commissaire fait sortir la marchande, puis donne à manger à la fillette.*

C'est un rêve simple. *La pomme* (d'après Catherine) est la transposition de la « pomme » d'*Adam et Eve*. Le commissaire représente *le père*. La marchande est la *mère* de Catherine. La mère témoigne contre elle = la mère est spoliée par la séduction que la fillette déploie envers son père, pour obtenir l'exclusivité de son attention et de son amour.

Le père « élimine » sa femme (il fait sortir la marchande) ; c'est évidemment une projection du propre désir de l'enfant.

— f —

L'**identification** consiste à adopter le comportement, les gestes, la façon d'être, les paroles d'une personne généralement admirée ou enviée. Il est possible également qu'un enfant imite la personnalité d'une personne qu'il hait (ou croit haïr), et qui, dans ce cas, pourrait représenter son « Ombre » (chapitre 10).

Un rêve d'identification simple

— *Marie-Jeanne (8 ans) rêve qu'elle se trouve dans la chambre à coucher parentale. Aidée de sa mère, elle soi-*

gne sa poupée, la couche et la borde. La fillette dit alors à sa mère : « comme ça, tu vois, tu auras une petite sœur »!

On pourrait interpréter à perte de vue si on ne savait que Marie-Jeanne est une fillette très saine, dont les parents forment un couple vraiment exemplatif. Ce pourrait être un rêve de compensation agressive; la fillette se transforme en mère et « ravale » sa propre mère au rang de fille. Mais ici, il s'agit simplement d'une identification ; Marie-Jeanne se transforme en femme « comme maman », et son rêve lui procure un enfant : sa propre mère, dont la poupée sera la sœur.

Un autre rêve d'identification

— *Philippe (10 ans) rêve qu'il chasse en compagnie de son père. Tous deux possèdent le même fusil, et font montre de la même habileté.*

Le garçon s'identifie ici à son père. Il possède la même arme, symbole phallique et signe de « virilité ». Il ne s'agit pas (probablement du moins...) d'une situation oedipienne. Sinon, le garçonnet aurait « diminué » son père. Il l'aurait éliminé symboliquement afin d'être le seul admiré et aimé de sa mère. Dans ce cas, l'arme du père aurait été plus petite, et la maladresse paternelle digne de mépris. (Revoyez d'ailleurs un rêve précédent, où un garçonnet aperçoit son père misérablement installé en bord de trottoir).

— c —

Après un détour, j'en reviens aux rêves de peur et d'angoisse.

■ Y a-t-il des enfances heureuses?

Ne croyez pas à un titre pessimiste ! Mais il faut séparer ici la vie consciente de l'enfant, sa vie familiale et son existence ludique, de ses tréfonds inconscients.

L'angoisse essentielle de l'être humain est celle d'être abandonné (page 68). Cette angoisse remonte à la petite enfance. Etre abandonné signifie se retrouver dans une solitude absolue sur une planète hostile et y être complètement démuni.

C'est une angoisse tenace, puissante ; et l'on peut se demander si elle ne régit pas la plupart des actes humains. L'enfant vient du néant d'avant sa naissance ; dans quelle mesure ses composantes ultimes, ses gènes, ses électrons, ne sont-ils pas porteurs de cette information ?

Mais arriver du néant implique sans doute l'angoisse inconsciente d'y retourner. Un seul personnage, dans la petite enfance, est, par sa seule présence et son amour, garant d'une existence arrachée au néant, et garant de l'émergence permanente au-dessus de ce néant : c'est la Mère.

Il y a certes beaucoup d'enfances consciemment heureuses, mais elles doivent être cependant tenaillées en permanence par cette peur du néant et l'angoisse d'abandon qui en dérive.

□ *Quelques symboles*

Dans les rêves d'enfants (10-14 ans) que je possède, l'abandon, la solitude et le néant sont représentés par *les maisons abandonnées, les maisons vétustes, les jardins hivernaux, le silence, l'obscurité, les abîmes noirs, les chemins qui ne mènent nulle part*...

Si la Mère est la seule à pouvoir donner un sentiment essentiel de sécurité, on comprend qu'elle puisse être très vite ressentie comme une « mauvaise mère » (= celle qui abandonne). Ce sont alors des symboles tels que : *les sorcières, les femmes jeteuses de mauvais sort, des femmes échevelées, des femmes-juges possédant tous les pouvoirs*...

A moins que cette « mauvaise mère » ne soit représentée par un animal : *chien méchant, loup-garou, crocodile, cheval énorme*, ou tout autre animal ressenti par l'enfant comme capable de dévorer, de piétiner, de tuer. Je possède deux rêves d'enfants (9 et 10 ans) où interviennent *le requin* et *la raie*.

Ce sont également des lieux : *forêts où erre l'enfant, pensionnats...*

Je possède aussi des rêves (10-15 ans) dans lesquels l'enfant, après avoir erré sans but, est recueilli par *une famille unie, des francs-tireurs, des moines...*

Mais nous savons combien les adultes également peuvent faire des rêves de ce genre !

□ *D'autres symboles d'angoisse*

Si le père est ressenti comme menaçant, l'enfant peut rêver de : *hommes armés, géants, bandits, etc.* Mais se présentent également des « verticalités » dangereuses ; dans les rêves que je possède (9-12 ans) : *dolmens branlants, tours qui menacent de s'écrouler sur l'enfant.*

Si l'enfant a déjà un certain âge, ces symboles rejoignent ceux des adultes.

Les enfants menaces

Ce sont les enfants dont l'affectivité est fortement perturbée, et dont les rêves doivent être suivis avec une grande attention. Faut-il parler en premier lieu des couples désunis, dont la mésentente atteint l'enfant de plein fouet et fait vaciller la maigre sécurité qu'il a pu acquérir, en même temps que monte chez lui l'angoisse de l'abandon ?

Dans les rêves des enfants menacés, on trouve une distorsion de la réalité. Il y a sentiment de « vide intérieur ». L'enfant se sent distancé des choses avec lesquelles il opère une rupture.

■ **Voici le rêve d'un enfant de 13 ans.** Il se produisait souvent. Je le retranscris tel quel :

> — *Tous les gens étaient avec leurs membres de tous les côtés. Les bras et les jambes de ces gens ne tenaient pas à leur corps. Tout ça bougeait. C'était noir. Moi j'avais peur dans mon rêve comme si j'avais été au fond d'un grand trou avec des morts qui vivaient.*

Ce rêve — on le conçoit facilement — traduisait un état affectif gravement perturbé, un état de schizoïdie à prendre très au sérieux. Dans ce type de rêve, les personnages sont « détruits » ; il y a désunification intérieure, perte du sentiment de la réalité, flottement entre la vie et la mort de l'âme...

■ D'autres rêves montrent des **apocalypses**, des **catastrophes**, des **raz-de-marée**. Parfois, *les figures humaines sont dérisoirement petites*. Je possède un rêve d'enfant (12 ans) :

> — *Je voyais mon père et ma mère ; il y avait beaucoup de bruit partout. Ils étaient comme des fils de fer, et ils n'avaient pas de tête. Ils étaient séparés par un mur épais... C'était terrible.*

Il s'agissait d'un couple très désuni, ayant de fréquentes disputes. Ainsi, cet enfant voyait ses parents comme filiformes, sans contenu réel, vidés de substance vitale ; ces parents devenaient de simples « signes » ; *ils n'étaient même plus des symboles !* Un enfant perdu, en somme... Et, en plus, on l'avait placé — disons abandonné — dans un pensionnat.

■ **Voici quelques autres exemples de rêves produits par une affectivité dangereusement troublée :**

> — *Jacques (11 ans) rêve fréquemment de chaînes de montagnes. Elles sont extrêmement*

> *pointues et barrent tout l'horizon. Des fils de fer barbelé clôturent l'endroit où se trouve Jacques.*

C'est évidemment un rêve par lequel l'enfant ressent le monde entier comme «pointu», perçant, dangereux. Il se sent menacé de toutes parts; même l'horizon de sa vie est bouché. Et de plus, son espace personnel est clôturé par des pointes également! C'est un rêve qui traduit un état affectif fortement perturbé; la dépression ou la schizoïdie menacent.

Il en va de même pour le rêve suivant (Anne-Marie 13 ans) :

> — *Elle rêve souvent de personnages à très petits corps, comme larvaires, mais à tête énorme. Les dents sont démesurées. Ces personnages grouillent parfois; ils crient ou ricanent.*

■ Deux autres types fréquents de rêves d'angoisse

> — *Ania (12 ans) rêve souvent d'excréments. La pièce entière est barbouillée. La fillette se réveille en tremblant.*

C'est un genre de rêve commun chez l'adulte également. C'est la traduction d'une «analité» bloquée. Ici, l'enfant «retenait» sa personnalité, qu'il «libérait» parfois brutalement dans des crises d'agressivité qui éclataient sur tout et tous

> — *Hélène (14 ans) rêve souvent que sa bouche est emplie de sable, ou de ciment, ou divers objets généralement pointus : clous, punaises. Elle tente de retirer ce qui obstrue sa bouche, mais sans y parvenir. Elle se réveille «paralysée de peur».*

On trouve ce genre de rêve chez beaucoup d'adultes également. Il traduit la difficulté — ou l'impossibilité — de s'exprimer par la parole. Il s'agit souvent de personnes ayant été empêchées pour diverses raisons (moqueries, humiliations, incompréhension, etc.) de parler librement selon leurs sensations propres. Cela aboutit généralement à une inhibition angoissée de la personnalité tout entière, la parole étant le moyen fondamental d'expression de soi-même.

■ Encore d'autres types de rêves d'angoisse

> — *Pascal (12 ans) dit toujours rêver en couleurs* (voyez le chapitre 11). *Cependant, les teintes sont délavées, à la limite de l'irréel, et sans cesse identiques dans tous les rêves : pastel rose et noir...*

Ce genre de rêve traduit l'anxiété et l'inhibition ; d'autant plus que le rêve se répète fréquemment. Tout est estompé, brumeux. Aucune couleur n'est franche ou tranchée, même si l'enfant a rêvé en noir et blanc et ressenti ensuite le rêve coloré.

> — *Annette (11 ans) rêve fréquemment qu'elle frappe à la porte d'une maison inconnue dont elle pressent l'accueil amical. Elle demande « humblement »* (sic) *à manger.*

C'est un rêve qui rappelle ceux où l'enfant se voit « recueilli ». Est-ce ici un besoin exagéré de dépendance, afin d'éliminer l'angoisse d'être abandonnée ? Un besoin d'être aimée à tout prix, par manque éventuel d'affection maternelle ? Les parents doivent essayer de savoir si l'enfant n'est pas à la recherche permanente de marques d'amour, s'il ne s'affole pas à la moindre absence de sa mère. Car ce rêve semblerait détecter un masochisme ou un misérabilisme naissants. De toutes manières, il y a un grand sentiment de solitude.

Un dictionnaire-guide

Ce dictionnaire pourrait être une gageure puisque aucun symbole ne possède la même acception pour chacun, et puisque doit être éliminé tout ce qui pourrait ressembler à une «clé des songes».

Il existe pourtant, dans les symboles, des significations qui, en profondeur, trouvent le même écho affectif chez tous. J'ai donc essayé de transcrire quelques «communs dénominateurs» des affects humains. Ce dictionnaire sera forcément réduit aux symboles oniriques les plus fréquents. Il sera un guide qui permettra de prendre des repères avant de tenter l'analyse de ses propres rêves.

La meilleure façon de procéder sera de consulter la table des matières, et l'index ensuite, étant donné que de nombreux symboles définis dans le courant de ce livre ne sont pas repris dans ce dictionnaire.

Abîme

Un abîme (ou un gouffre) symbolise généralement l'inconscient, avec les instincts qui en font partie. L'abîme peut également symboliser la Mère, le «Sein Maternel», le néant d'avant la naissance.

☐ *Beaucoup de personnes rêvent* qu'elles se trouvent au bord d'un abîme vertigineux. La peur d'y tomber est grande. Cela peut symboliser une invitation à descendre en soi afin de trouver les racines de ses difficultés; cela peut représenter également l'angoisse de connaître les parties «refoulées» de sa personnalité.

☐ *Dans d'autres rêves*, on saute par-dessus le gouffre, à moins qu'un pont ne permette le passage. C'est un signe de superficialité; on craint de se remettre en question, pour diverses raisons.

☐ *Les rêves de chute dans l'abîme* sont fréquents. Si le même rêve se reproduit souvent, il peut être le signe d'une dépression latente ou, tout au moins, d'une angoisse permanente.

Amputation

Les rêves les plus fréquents concernent les bras ou les dents. Il s'agit d'une angoisse de mutilation, autrement dit d'un sentiment de castration. Le rêveur ou la rêveuse croient leur personnalité menacée ou diminuée. Ils éprouvent la sensation permanente qu'autrui va les « mutiler », les humilier, les rejeter. Ces rêves dénoncent toujours l'angoisse inconsciente d'être plus faible que les autres, d'être démuni face aux compétitions de l'existence. Traduit autrement : il s'agit d'une peur de l'impuissance, dans le sens large du terme. Ce type de rêve est toujours le symptôme d'un sentiment de culpabilité et d'infériorité.

Ange

C'est généralement un symbole de transformation intérieure. Dans un contexte onirique normal, l'ange symbolise le *messager* porteur de bonnes nouvelles (concernant soi-même). Dans certains rêves cependant, apparaissent des anges *noirs*. Ces rêves sont rarissimes, mais il vaut la peine de les citer. Le symbolisme de l'ange noir est lié à deux facteurs : l'ange, et la couleur noire (voyez le chapitre 11). Il peut être le signe que le rêveur porte sur lui-même un jugement très négatif; mais il marque en même temps une importante transformation en cours, à la suite d'une décision capitale qu'a prise le rêveur, même inconsciemment.

Je possède deux rêves où apparait un ange.
☐ Dans le premier, un homme (40 ans), *aperçoit un ange blanc, ailé; il est posé sur le sol et sourit*. Le rêveur associa avec l'« ange souriant » de la cathédrale de Reims. Pour cet homme, le sourire de l'ange de Reims était à la fois accueillant et cruel. Dans ce cas, il s'agissait d'une image puissante de l'Anima du rêveur (chapitre 7).

☐ Dans le second rêve (une femme de 43 ans), *l'ange est ressenti comme étant de sexe masculin. Il est assez indifférencié et incolore, quasi diaphane. Il n'est qu'une simple présence impassible*. La rêveuse associa avec un ectoplasme... qui lui disait : « il faudrait tout de même que je prenne forme ! ». Il s'agissait, dans ce cas, d'un Animus (chapitre 8) en train d'émerger, avec toute la créativité potentielle que cela suppose.

Car (comme nous le savons) l'Anima et l'Animus sont respectivement les deux entités les plus importantes chez l'homme et la femme, sans la mise en ordre desquels aucune réalisation authentique de soi n'est possible.

Anneau

Comme chacun le sait, il est le symbole — ou le signe — de l'attachement et de la fidélité. Porter un anneau signifie qu'on est « relié » à quelqu'un. Songeons simplement à l'anneau de mariage et à l'anneau pastoral. Rêver d'un anneau signifie généralement que l'on marque un lien envers soi-même ; que l'on « se prend en mains » après avoir décidé de réaliser son unité. L'anneau est généralement circulaire. Il comporte alors également le symbolisme du cercle.

Je possède un rêve fait par un homme de 30 ans. *Il détachait un anneau de son doigt et le posait sur le sol. L'anneau grandissait jusqu'à devenir une énorme circonférence. Mais il voyait que, au loin, ce grand anneau était brisé ; un morceau de la circonférence manquait.*

Dans le cas de cet homme, ce rêve signifiait que l'union qu'il avait pu réaliser avec lui-même s'étendait bien au-delà de son « Moi » personnel. Le grand anneau englobait la vie et les autres. De plus, la circonférence ouverte laissait un passage pour aller plus loin encore, au lieu de rester enfermé dans une circonférence, aussi vaste soit-elle. Cet homme fit d'ailleurs ce rêve après avoir rêvé qu'il traversait une mer à la nage. Voyez le mot « Traversée » à l'index.

Arbre

L'arbre occupe une place de choix dans la symbolique universelle. Il est signe d'évolution vitale et de permanence, voire d'éternité. Il relie le ciel et la terre. Il symbolise la renaissance et l'immortalité ; et ils le ressentent bien, ceux qui plantent un jeune arbre, dans le but inconscient de se prolonger par-delà leur mort. Les amoureux aussi le ressentent, qui gravent leurs cœurs enlacés dans un arbre de la forêt...

Dressé et phallique, généralement vertical et puissant, l'arbre est le symbole de la *masculinité* et du *Père*. Par contre, s'il est opulent, feuillu et chargé de fruits, il peut symboliser l'*abri*, l'*accueil*, le *refuge* contre la brûlure du soleil, la *Mère*.

Dans les rêves, le voici également symbole de vitalité intérieure ou de dessèchement de soi-même, selon qu'il est verdoyant et plein de sève, ou rabougri et dépouillé.

Dans les rêves que je possède, je puis citer :

— *J'ai rêvé d'un chêne puissant; je cherchais à y cueillir des fruits, sans le moindre résultat*... signe que le rêveur — 45 ans — a développé exagérément sa force apparente, au détriment d'une vie affective qui s'est tarie en ne produisant plus « de fruits ».

— *J'ai rêvé d'un grand arbre rouge dans un verger. Il portait trois branches très vertes, comme venant d'y pousser*... (le grand arbre symbolise ici la vitalité intérieure; la couleur rouge s'y joint, et son énergie donne naissance à de nouvelles pousses; la vitalité se ramifie et grandit. De plus apparaît le nombre 3, signe de perfection et de parfaite harmonie entre l'affectivité et la vie consciente).

En tant que *symbole phallique*, l'arbre devient un symbole de sexualité. Des rêves où l'on *tombe d'un arbre* sont fréquents. Ils peuvent signifier une peur de l'impuissance; ils rejoignent les rêves de *chute* (voyez index). Toujours dans ce domaine, certains adolescents rêvent qu'ils *abattent un arbre*. Ces rêves sont liés au complexe d'Œdipe; le garçon « abat » son père, diminue l'influence de son père, afin de posséder en exclusivité l'amour de sa mère. D'autres rêves présentent un arbre comme symbole de *castration* : les branches pendent, les branches sont arrachées (c'est le même symbole que les dents qui se détachent); chez la femme, la *stérilité affective* et la *frigidité* sont souvent symbolisées par un arbre portant des fleurs fanées.

Dans les rêves, les quatre parties de l'arbre doivent être envisagées (racines, tronc, feuillage et branches, fruits éventuels). Il est assez fréquent qu'on se voie en rêve fouiller le sol et gratter la terre afin de dégager des racines fortes et luisantes. C'est, on le comprend, un excellent signe de recherche profonde de soi.
☐ Les *racines* de l'arbre symbolisent l'« implantation » de la personnalité dans l'affectivité; elles représentent l'inconscient qui nourrit le conscient.

☐ Le *tronc* est l'élément vertical, symbole de la personnalité « dressée », et aussi de la partie apparente et sociale de soi-même. Comme nous l'avons vu, le tronc peut représenter la sensation que l'on a de sa propre sexualité.
☐ Les *branches* et le *feuillage* peuvent revêtir de multiples aspects. Il suffit de dessiner spontanément un arbre pour s'en rendre compte. Le « test de l'arbre » est d'ailleurs très employé pour l'analyse de la per-

sonnalité. Certains feuillages sont compacts, en boule, refermés sur eux-mêmes, comme la personne qui les a rêvés. D'autres sont magnifiquement étalés, puissants. Les branches peuvent être dressées, penchées, mortes, arrachées, «désespérées», ou, au contraire, jaillissantes comme une promesse. Ces nombreux aspects possibles doivent être examinés soigneusement.

Arc-en-ciel

Assez rare dans les rêves, l'arc-en-ciel symbolise un lien, une union, une relation. L'arc-en-ciel est un *pont* tracé dans le ciel. Il est toujours un excellent symptôme onirique. Il peut rejoindre le symbolisme de la *traversée*, genre de rêve qui a lieu lors d'importantes transformations intérieures (voyez index). Mais l'arc-en-ciel est également un *anneau*. Il est alors symbole d'alliance et de relations nouvelles que l'on établit avec soi-même.

Armée

Une armée est, foncièrement, le symbole de la lutte contre les forces du mal, contre les «monstres» et les «dragons» qui menacent.

L'armée est une force aveugle, irrésistible, invincible. C'est une puissance anonyme. Elle peut représenter les forces affectives, et l'ensemble des instincts.

Rêver d'une armée signifie presque toujours que l'on souffre de conflits affectifs. Une armée en marche montre que le rêveur risque d'être débordé par son inconscient. Lorsque deux armées se battent au cours d'un rêve, la signification est claire : il y a combat entre des forces contradictoires au sein de la personnalité. Il y a dualité, opposition, tension affective, et fort probablement angoisse.

L'armée — et les armes — sont des symboles phalliques. Les armes percent, trouent, violent.

Dans un sens plus positif, l'armée peut représenter la puissance du Père. Cependant, il s'agit d'une force despotique et castratrice.

Chez la femme, l'armée et les armes peuvent symboliser la peur du viol (de la personnalité) et la peur d'être «écrasée» par autrui. Une armée en marche représente souvent l'Animus (chapitre 8). La rêveuse doit alors examiner le contexte du rêve : l'armée semble-t-elle disciplinée ? amicale ? menaçante ? Ou bien fait-elle penser à une bande de hors-la-loi, qui symboliserait un Animus « du bas de l'échelle », encore indifférencié et négatif ?

Armoire

L'armoire enferme des choses. Elle représente un « abri » obscur. Elle peut être assimilée à un récipient. De ce fait, elle est un symbole maternel. Une armoire ferme à clé. Elle devient alors assimilable à un coffre ou un coffret, pouvant recéler des trésors ou des secrets. Dans certains rêves, une personne se réfugie dans une armoire pour échapper à un danger. Nous retrouvons le symbole maternel.

Je possède *un rêve dans lequel un homme se voit s'enfermer — par l'intérieur — dans une armoire. Il s'y assied et allume une faible lampe. Il éprouve une sensation d'attente.* Ce rêve signifie que le rêveur se retire en lui-même, dans la pénombre de l'inconscient. L'armoire symbolise, dans ce cas, le « centre » de la personnalité.

Rêver qu'on est enfermé dans une armoire (ou en tout autre endroit) signifierait — selon Freud — que l'organisme se souvient de la vie prénatale, dont il a enregistré l'information. Certaines personnes rêvent qu'elles étouffent dans une armoire fermée de l'extérieur; la panique apparaît. On peut voir dans ces rêves la sensation d'être « étouffé » par un membre de son entourage (généralement une femme, l'armoire étant un symbole féminin), ou d'être prisonnier de sa propre affectivité et de sa propre angoisse.

Ascension

Dans les rêves, une ascension rejoint évidemment le symbolisme de la *montée* (voyez l'index). L'activité onirique montre de nombreux types d'ascension : montagnes, chemins escarpés, ascenseurs, escaliers, murs, etc. Les ascensions dans le ciel ne sont pas rares, soit que le corps s'y meuve librement, soit que l'on soit passager ou pilote d'avion. Il s'agit ici, presque toujours, d'une recherche de spiritualité qui peut être soumise à divers aléas. Voyez le mot *avion* dans ce dictionnaire.

Automobile

Son symbolisme — terrestre ! — rejoint celui de l'avion. Les mêmes questions se posent selon le rêve :

☐ *si l'on conduit soi-même* la voiture, la bonne ou la mauvaise façon de le faire traduira la manière dont on se ressent dans la vie quotidienne. Le rêve montrera ainsi ce que l'on est réellement, en profondeur.

☐ *si l'on est conduit* par quelqu'un d'autre, le rêve indique la façon dont les forces inconscientes « pilotent » la personnalité.

☐ *si l'on se trouve* dans une voiture appartenant à une autre personne, il y a « dualité » dans la personnalité. La voiture symbolise généralement le « Moi » dans son ensemble. On peut rêver qu'on se trouve dans une belle voiture à laquelle on n'a pas droit, par exemple. Le rêveur souffre sans doute de la sensation d'être un « imposteur » dans la vie, de n'avoir pas droit aux égards, d'être toléré par autrui, etc. C'est comme si le rêve disait : « Cette voiture est trop belle pour toi ». C'est le même symbolisme que lorsqu'on rêve voyager en première classe, alors qu'on ne possède qu'un billet de deuxième.

La *carrosserie*, les *pneus*, les *freins*, le *carburant*, la *direction* possèdent des significations oniriques assez précises. Il suffit généralement de « traduire », en rapportant le rêve à son comportement quotidien.

Quelques exemples :

☐ *J'ai rêvé que la direction de ma voiture ne répondait plus ; l'auto roulait vers un précipice...*
Cela signifie que ce rêveur (50 ans) ne parvenait plus à « se diriger ». Son comportement ne répondait plus aux désirs ou aux besoins. Ce rêveur était à l'âge où sa vie intérieure, longtemps réprimée au nom d'activités professionnelles, manifestait ses droits à l'existence. Cet homme devenait profondément malheureux. Une tension existait entre son être profond et son comportement social. Sa « direction » tirait à hue et à dia. Et son « Moi » (la voiture) filait droit vers le précipice de la dépression et de la résignation.

☐ *J'ai rêvé que je tombais en panne de carburant, sur une route déserte...*
La signification est claire : le rêveur manque de vitalité intérieure. Il n'est plus « alimenté » par son affectivité. Et la route est déserte : il est

temps pour lui de se remettre en question, car les points de repère commencent à manquer.

☐ *J'ai rêvé que ma voiture roulait péniblement, tous freins serrés...*
On peut traduire immédiatement : il y a « freinage » intérieur, inhibition, blocage. Le besoin de liberté de cet homme est freiné par l'angoisse et, probablement, la difficulté de se supporter lui-même.

☐ *J'ai rêvé* (un homme de 42 ans) *que je roulais dans une auto dont la carrosserie était abîmée. De larges plaques de couleur tombaient.*
Gageons que ce rêveur commence à se rendre compte que l'habit ne fait pas le moine, et qu'un beau paraître ne signifie nullement que l'on soit quelque chose.

Et que dire encore des rêves fréquents où les *pneus* sont dégonflés ou crevés, où la *roue de secours* est hors d'usage, où les *freins* lâchent à un moment crucial, où la *carrosserie* est rutilante alors que l'intérieur de l'auto est minable, où la voiture *s'écrase* contre un obstacle ?

Songeons également que la voiture automobile est un symbole « phallique » dans la mesure où elle peut percuter, percer, trouer, tuer, et nous aurons fait, je crois, le tour des symboles gravitant autour de cet engin de notre temps...

Aventurier

La signification change selon qu'il s'agit d'un rêveur ou d'une rêveuse.

☐ *Chez l'homme*, un aventurier apparaissant en rêve symbolise souvent *l'Ombre* (voyez le chapitre 10). Le rêve lui dévoile une partie cachée de lui-même, et soigneusement maintenue dans l'inconscient. C'est le cas, par exemple, d'hommes ayant dû refouler la partie extravertie et libre de leur personnalité. Repliés sur eux-mêmes, apeurés devant l'existence, ils ont cadenassé l'aventurier en eux. Mais les rêves se présentent, qui leur montrent ce qu'ils sont réellement, et qu'ils n'ont pu assumer.

☐ *Chez la femme*, l'aventurier est souvent le symbole de *l'Animus* (*chapitre 8*) en cours de réalisation. Le contexte du rêve dira si l'aventurier est ressenti comme dangereux ou non, et révélera ainsi si l'Animus de la femme est encore négatif, ou en cours de réalisation. Dans ce dernier cas, la créativité harmonieuse et l'extraversion équilibrée s'annoncent.

Avion

On ne rêve plus de diligences à notre époque !, mais d'autos, de soucoupes volantes (voyez plus loin), de fusées, d'avions... Ainsi, de nouveaux symbolismes (apparents) remplacent les anciens. Apparents, parce que si le « signe » diffère, le fondement reste le même.

Le symbolisme de l'avion est foncièrement celui de l'oiseau. Il est lié à celui de l'air, de la liberté, de la montée, du ciel. Généralement, se trouver en rêve dans un avion signifie une recherche de spiritualité ; on a quitté les entraves de la terre.

Les rêves d'avion (hyper-fréquents !) présentent souvent neuf aspects :
— on pilote *ou* on est piloté ;
— on monte *ou* on descend ;
— on suit une route déterminée *ou* on s'égare ;
— l'avion est stable et solide *ou* il se désagrège *ou* il tombe.

☐ *Rêver que l'on pilote soi-même* signifie généralement qu'on est maître de soi ; et que l'on se dirige vers un domaine spirituel. Le rêve dira ensuite s'il y a, ou non, difficulté de pilotage, si l'appareil (= soi-même) rencontre des orages ou si, au contraire, le vol se déroule harmonieusement.

☐ *Rêver que l'avion est piloté par quelqu'un d'autre* peut signifier que le « Moi » conscient est mené par des forces inconscientes. Ici aussi, tout dépend du contexte du rêve.

Je possède un rêve où le rêveur est piloté par un homme en combinaison sombre. L'appareil subit des chocs et des soubresauts. Le rêveur-passager a peur ; le pilote demeure impassible. Il n'y a pas de sensation de danger, mais une impression d'attente interrogative. On constate immédiatement que le rêveur est « conduit » par des forces inconscientes. Mais lesquelles ? Des complexes ? Des refoulements ? Des angoisses ? Ou bien s'agit-il de *l'Ombre* (chapitre 10) de cet homme ? C'était le cas. Son Ombre, son « double » inconscient, le conduisait vers une lumière : la réalisation de lui-même, mais avec les « soubresauts » que cela suppose.

☐ *Rêver que l'on monte ou descend* est lié au symbolisme de la montée et de la descente, que nous avons vu précédemment.

☐ Si, dans un rêve, *l'avion suit sa route ou s'égare*, on peut déduire rapidement ce que cela signifie. Le contexte principal consiste à examiner si l'on est le pilote ou le passager. Revoyez plus haut.

☐ Le symbolisme de *l'avion stable et solide* se comprend immédiatement. Nous avons déjà vu combien nombreux sont les rêves de *chute* (voyez index).

Voici un rêve (un homme de 30 ans). *Il est passager d'un avion dont le pilote pique vers le sol, tout en restant sourd aux cris du rêveur.* Dans ce cas, le rêve signalait à cet homme qu'il « volait » trop haut, matériellement et spirituellement, sans que ses « bases » soient assurées. Un retour temporaire sur terre s'avérait nécessaire. Le pilote symbolisait évidemment l'inconscient du rêveur; une fois de plus, l'ordinateur intérieur accomplissait parfaitement son travail de mise en garde.

Bandit

C'est, en général, le même symbolisme que celui de l'*aventurier* (voir ce mot).

☐ *Chez l'homme*, le bandit peut représenter une partie de soi-même que l'on réprouve ou que l'on méprise. Mais le bandit peut symboliser aussi un danger intérieur. Le plus souvent cependant, le bandit représente *l'Ombre* du rêveur (voyez le chapitre 10). Le contexte doit être examiné : s'agit-il d'un bandit dangereux ? amical ? d'un aventurier au grand cœur ? d'un « Robin des Bois » libre et désinvolte ? De toutes façons, le bandit symbolise une partie de soi-même demeurée ignorée dans l'ombre de l'inconscient, ou refoulée.

☐ *Chez la femme*, le bandit est généralement le symbole de l'Animus (chapitre 8). Ici également, le reste du songe mettra la rêveuse sur la voie, et lui indiquera où en est la réalisation de son Animus, c'est-à-dire de son extraversion libre, et de sa créativité autonome et authentique. Le rêve dira ainsi à quelle étape de réalisation se trouve le pôle masculin de la rêveuse.

Baptême

Voyez le mot *Eau*.

Barque

C'est un très beau symbole, courant dans les rêves. La barque peut revêtir de multiples significations oniriques, dont voici les plus fréquentes.

La barque permet — évidemment — un voyage sur l'eau. Elle symbolise le *voyage*, la *navigation*. Elle autorise la *traversée*, dont nous avons vu le symbolisme (voyez «Les grands rêves»).

Dans les rêves, la barque est, le plus souvent, un symbole de traversée. Elle permet d'aller d'un point à un autre de ses modifications intérieures. Elle est également une sorte de *berceau* ; elle peut alors symboliser le *sein maternel* qui sécurise lors d'une traversée périlleuse. Dans ce sens, la barque est une *matrice* rassurante.

Elle symbolise également le voyage des morts ; ce sont les barques solaires, portant des morts et accompagnant le soleil dans l'océan. Faut-il rappeler la barque de Caron qui s'en va aux enfers ?

Il est rare que la barque apparaisse dans un rêve banal. Le contexte du rêve doit donc être examiné avec soin. Comment s'accomplit la traversée ? Quel genre de traversée ? Dans quel état est la barque ? Comment sont les rames, ou les voiles, ou le moteur ? Le rêveur sait-il où il va, ou erre-t-il sur l'eau ? Et comment est l'eau ?

Et si de la barque nous passons au *navire*, bousculé par la tempête mais solide, ne pensons-nous pas aux êtres humains ballottés par la vie mais en sécurité dans les bras maternels, qu'ils ont intégrés en eux sous forme de confiance et d'espérance ? On ne peut donc que souhaiter aux rêveurs une barque indestructible, quel que soit l'état de l'eau qui les porte.

Bateau

Son symbolisme est analogue à celui de la *barque* (voyez ce mot). Le bateau est un symbole maternel ; il «enferme» le navigateur (de la vie) dans des flancs sécurisants.

Le bateau permet également une *traversée* qui marque toujours, dans les rêves, une importante modification de soi (voyez le chapitre *Les grands rêves*).

A titre d'exemple, voici le rêve d'une femme de 35 ans :

— *Je me trouvais à bord d'un très grand bateau qui se rendait au triangle des Bermudes. En pleine mer, je me suis rendue compte qu'il n'y avait à bord ni capitaine, ni officier. Les matelots couraient, affolés, dans tous les sens, et le bateau allait à toute allure... Je me suis réveillée.*

D'après les associations de la rêveuse, ce rêve signifiait qu'elle entreprenait une *traversée* vers un endroit réputé mystérieux ou dangereux ; autrement dit qu'elle voulait, à n'importe quel prix, se connaître *dans sa plus grande authenticité*. Et le *danger* provenait du fait qu'elle comptait remettre tout, absolument tout en question en ce qui la concernait. En somme, ce triangle des Bermudes symbolisait le *centre* profond de la personnalité de cette femme. Mais le bateau était *trop* grand (toujours d'après les associations de la rêveuse). Il représentait une *trop grande sécurité* ; il symbolisait ainsi *la mère* de la rêveuse, dont cette dernière n'avait jamais pu se détacher et vers qui elle retournait à la moindre difficulté. Et cette trop grande sécurité de ce « bateau-mère » empêchait la navigatrice de considérer les obstacles à leur juste valeur. Elle associa d'ailleurs avec le « Titanic », dont la sécurité était tellement énorme... qu'il coula à son premier voyage par manque de précautions élémentaires. De plus, il n'y a pas de capitaine, pas d'homme responsable à bord du bateau de la rêveuse. Traduisons : le pôle masculin, l'Animus de la rêveuse, n'est pas développé. Ce pôle masculin est « dispersé » : les matelots courent sans ordre et en tous sens.

Le bateau peut également symboliser (*chez l'homme*) l'Anima (chapitre 7). Beaucoup d'hommes sont littéralement « mariés » à leur bateau ; de plus, ce bateau leur permet de partir à l'aventure, c'est-à-dire en quête d'eux-mêmes. Et l'on comprend ainsi pourquoi tant de bateaux sont baptisés de prénoms féminins.

Bâton

Son symbolisme rejoint celui des armes en général. Le bâton est « phallique ». Dans les rêves, sa signification dépend — comme toujours — du contexte. Nombreux sont les rêves où l'on voit un bâton brisé, où l'on se bat à coups de bâton (rêve assez fréquent lors de la situation œdipienne où le garçon tente d'éliminer le père en se montrant plus viril que lui), où un bâton se réduit à la taille et à la minceur d'une baguette, etc. Généralement, la signification peut en être déduite sans détours ni difficultés.

Le bâton est également l'instrument qui soutient le marcheur, le berger, le pèlerin, l'aveugle (qui est un pèlerin de l'obscur...). Il est soutien et défense : il peut se transformer en arme.

Le bâton est aussi un signe de pouvoir, de force, d'autorité ; c'est le bâton de commandement, de maréchal, et c'est aussi la houlette du pasteur. Et finalement, il peut devenir, dans certains rêves, une baguette magique, qui permet les mutations intérieures.

Berceau

J'ignore si sont fréquents les rêves où apparaît un berceau ; cependant j'en possède un, accompli par un homme de 48 ans.

Il rêve *qu'il aperçoit, flottant sur l'eau, une barque, dans laquelle se trouve un enfant. Cette barque va au fil de l'eau calme. Le rêveur se réveille heureux...*

Nous trouvons dans ce rêve une *barque* associée à l'idée de *berceau*. Le rêveur accomplit un *voyage* (intérieur) et une *traversée* (voyez Barque). L'enfant dans la barque est lui-même ; et ce berceau-barque marque un retour aux sécurités de l'enfance. Ce *berceau-barque* symbolise *la Mère, la chaleur maternelle, le retour à l'essentiel*. Ce rêve symbolise également la nostalgie de l'enfance, qu'il faut retrouver et épurer afin de découvrir son authenticité profonde. C'est un très beau rêve ; voulez-vous lire également le chapitre consacré à *l'Ombre (n° 10)* ?

Et finalement, le grand symbolisme du berceau est celui de la sécurité profonde qu'il donne à l'enfant. C'est là, surtout, que le berceau est la prolongation des bras maternels.

Bicyclette

La bicyclette est un instrument d'autonomie et de liberté. Dans les rêves, elle peut symboliser l'accord entre son comportement conscient et ses forces inconscientes : *on ne fait qu'un* avec sa bicyclette. C'est ici que le contexte du rêve doit être examiné.

Le bicyclette est fréquente dans les rêves. Parmi ceux que je possède :

— *Un homme (37 ans) se voit gravir une pente raide. Il pousse sa bicyclette qui grince.* Cet homme éprouve des difficultés ; sa route monte fortement ; l'accord entre ses vies intérieure et extérieure n'a pas lieu (sa bicyclette est séparée de lui). Il doit « se pousser » pour avancer. Et sa vie intérieure grince...

— *Une femme (34 ans) rêve qu'elle roule à bicyclette dans un chemin de campagne ; elle se rend chez un chimiste.* Pourquoi un « chimiste » ? Il s'agissait en réalité du psychanalyste en compagnie duquel elle accomplissait son voyage intérieur. Cette personne associa d'ailleurs « chimiste » et « alchimiste ». Nous voyons que ce rêve montre la liberté et la joie, et l'autonomie que cette personne était en train d'acquérir.

Pour les hommes, outre l'acception précédente, la bicyclette peut être un symbole d'*Anima* (voyez le chapitre 7). Ne dit-on pas qu'elle est *« la petite reine »* ?

Alors, souhaitons que personne, dans un rêve, ne « perde les pédales »...

Boîte

Son symbolisme rejoint celui du *coffret*. Une boîte contient des choses.

Dans les rêves, elle peut symboliser le mystère, mais aussi la recherche d'un secret concernant soi-même, et dont la découverte permettra de se réaliser davantage.

Mais la boîte peut également présenter le même symbolisme que l'*armoire*. Du fait qu'elle « enferme », elle peut « étouffer ». Dans les rêves, elle symbolise alors l'étouffement de la personnalité par l'image de la Mère ; la boîte (parce qu'elle « se referme ») est un symbole de type féminin.

Boue

Son apparition est fréquente dans les rêves ; il est aisé de traduire son symbolisme. Une personne peut rêver de ce qu'elle appelle (à tort ou à raison) *sa boue intérieure*. Les *sentiments d'infériorité* provoquent souvent des rêves où l'on tente de *marcher dans une mer de boue*. D'autres rêves sont assez fréquents : une personne *s'enfonce lentement* dans la boue jusqu'à l'étouffement. Nous retrouvons alors le symbolisme de tout ce qui engloutit, ensevelit, c'est-à-dire de l'image de la femme ressentie (à tort ou à raison) étouffante, despotique, etc. Mais cela peut signifier aussi que le rêveur s'enfonce dans l'inextricable fouillis de sa vie intérieure qu'il considère comme négative, angoissante, destructrice (= être « étouffé » par l'angoisse).

Brouillard

— *Je suis encore dans le brouillard, mais je possède une bonne boussole...* est une phrase que j'ai souvent entendue en tant que psychanalyste. Je la cite parce qu'elle contient tout le symbolisme du brouillard.

Le brouillard estompe ou supprime les formes. Toute chose y devient indifférenciée. Dans les rêves, le brouillard marque souvent une étape de transformation ; ne dit-on pas « surgir » du brouillard ?

Les rêves de brouillard signifient donc, presque toujours, un changement en cours ; de nouveaux comportements sortiront de ce brouillard, après que l'on ait erré quelque temps dans des états d'âme indifférenciés. Mais l'important, comme disait le rêveur, n'est-il pas de posséder une bonne boussole ?

Cahier de classe

Voici un rêve ; le symbolisme du cahier s'en déduira facilement :

— *J'ai rêvé que j'attendais le bus pour me rendre au bureau. Je portais sous le bras mes livres de travail, ainsi qu'un paquet mystérieux. J'ouvris ce paquet durant le trajet : il contenait des cahiers de mon école primaire. J'étais angoissé ; j'avais envie de descendre du bus.*

Notons que cet homme était angoissé chaque dimanche au soir (comme beaucoup le sont et pour la même raison). C'est la fameuse « angoisse du dimanche soir et du lundi matin » dont souffrent beaucoup de personnes devant recommencer le travail. Il s'agit d'une transposition de l'anxiété que subit l'enfant lorsqu'il doit retourner à l'école, après avoir passé le dimanche dans la sécurité maternelle et familiale. Il va falloir à nouveau « rendre des comptes » et « montrer ses cahiers de classe ».

Lorsque ces cahiers se montrent en rêve, ils signifient probablement que les angoisses d'enfance n'ont pas été dépassées, qui consistaient à éprouver la sensation d'être abandonné de sa mère au profit de l'école. Ces angoisses sont projetées, dans l'âge adulte, sur le travail quotidien et, bien entendu, sur les chefs qui représentent les instituteurs de l'enfance.

Catastrophe

Les rêves de catastrophes diverses sont tellement fréquents qu'on ne peut les comprendre qu'en examinant soigneusement le contexte du rêve. De toutes façons, il s'agit le plus souvent de rêves d'angoisse ; la catastrophe peut être cosmique, universelle ; la terre peut trembler, la mer déferler, etc. Mais il peut s'agir également de rêves montrant qu'un profond « bouleversement » est en cours dans la vie affective.

D'autres rêves de catastrophes (trains qui s'écrasent, voitures qui se fracassent, navires qui éclatent, etc.) dénotent, en plus d'une angoisse foncière, la peur de l'impuissance vitale. Le rêveur éprouve la sensation de ne pas aboutir, de se briser en chemin, de perdre sa force et sa santé. Ces rêves doivent toujours être pris en considération ; ils peuvent précéder une dépression nerveuse.

Chasse

Aller à la chasse a presque toujours une signification sexuelle. C'est un comportement spécifiquement masculin. Les rêves de chasse (et la chasse elle-même d'ailleurs !) dénoncent souvent une inhibition affective et sexuelle, le besoin d'« épier » et de « traquer », de surprendre et de tuer. Dans certains rêves, une biche que l'on poursuit symbolise la femme ; ce genre de rêve peut révéler un certain sadisme refoulé chez l'homme, ou des tendances homosexuelles chez la femme. De plus, les armes de chasse sont évidemment des symboles phalliques. Chez l'homme dit « sportif », les rêves de chasse dénotent souvent un désir de vengeance envers la femme, qu'il « projette » sur le gibier.

Château

C'est un important symbole, fréquent dans les rêves, et aux significations multiples. *Les rêveries de l'enfance* évoquent souvent des châteaux, des châtelaines en péril, des murailles accessibles aux seuls héros... C'est tout le symbolisme du Chevalier et de la Belle au bois dormant (voyez l'index). Ainsi, pour l'enfant, le château signifie la noblesse de l'action, la difficulté de l'entreprise, la nostalgie qui rôde dans les vies quotidiennes. Lorsque le château apparaît en rêve selon cette acception, il signifie que l'adulte rêve de paradis perdus, de grandeur égarée en cours de route, de regrets inassouvis parsemant son médiocre chemin d'aujourd'hui...

Mais *dans certains rêves*, un homme « monte » vers un château. Les difficultés sont nombreuses, le chemin est dangereux. Il n'est pas rare qu'un dragon (ou un chien menaçant) garde l'entrée. A moins que le pont-levis ne soit relevé... Et l'issue du rêve montrera l'état intérieur du rêveur. Je possède un rêve (fait par un homme de 42 ans) qui reprend ce thème :

— *je grimpais vers un château à tourelles, assez sombre. Les cailloux roulaient sous mes pas, mais j'avançais. Le château ne présentait aucune ouverture. Il était solitaire au sommet d'un rocher. J'allais sauver quelqu'un : une châtelaine? une femme en danger? je ne sais; c'était en tous cas, dans mon rêve, quelqu'un de jeune. Devant le château se trouvaient des hommes armés, à cheveux roux. Il y a eu une bataille puis on m'a laissé passer. Je me suis retrouvé dans l'obscurité complète...*

Il est clair que le rêveur part à la recherche de lui-même. A la recherche de sa jeunesse, intérieure, probablement de son âme profonde, de son « Anima »... Mais les difficultés sont toujours grandes; et, avant d'y arriver, il faut lutter et se retrouver, seul, dans l'obscurité de son inconscient... C'est un très beau rêve !

Le château peut avoir une autre signification onirique. Le château est le « gardien » du village ou du bourg. Dominant les habitations, il veille et se prépare à défendre le territoire qui dépend de lui. N'entre pas qui veut au château : il faut montrer patte blanche. Rêver de château dans cette acception signifie qu'on est sur la voie d'une « initiation » et d'une noblesse intérieures, et que la vigilance s'installe en soi en même temps que la force de l'âme.

Et puisque le château est « isolé » du monde quotidien, puisqu'il est situé « plus haut », il passe pour receler un « pouvoir » mystérieux et magique. Dans les rêves, il peut donc signifier également la transcendance et la spiritualisation de la personnalité.

Chaussure

Si nous savons que le *pied* a une signification phallique, et que la chaussure doit s'adapter au pied; nous pouvons en déduire que la chaussure possède une symbolique féminine. C'est sans doute pour cela que l'on dit « trouver chaussure à son pied ». N'en sourions pas trop; ce symbolisme se vérifie dans quantité de rêves.

Dans des rêves plus banaux, on peut marcher à l'aise dans des chaussures neuves ; parfois cependant, les chaussures sont minables, trouées, prenant l'eau de toutes parts. La signification en est claire, semble-t-il ; le rêveur se trouve à l'aise sur les chemins de la vie, à moins qu'il ne souffre de sentiments d'infériorité. Dans ce cas, la chaussure n'étant plus adaptée à son pied, on peut supposer que le rêveur n'est plus en accord avec lui-même.

Dans beaucoup de rêves d'hommes, des chaussures féminines peuvent révéler une tendance au fétichisme (celui des chaussures et des pieds de femme étant très fréquent).

La chaussure peut être également un symbole de richesse ou d'autorité. Enlever ses chaussures en rêve signifie que l'on accomplit un acte d'humilité (rappelons-nous que les Anciens considéraient la chaussure comme un signe de liberté ; les esclaves allaient pieds nus).

Clochard

Je possède personnellement quarante rêves faits par des hommes, et dans lesquels apparaît le clochard. Ce dernier passe pour être un homme libre de toute contrainte, allant où bon lui semble, vivant et mourant à sa guise au gré des saisons qui passent. « La cloche » ! ; on peut croire que cette expression fait rêver quantité d'hommes, engoncés dans la médiocrité quotidienne, coincés par les règlements, les trains qu'il faut ne pas manquer, les heures à respecter, les chefs à saluer, les impôts à payer... La cloche ? combien de chansons n'a-t-on pas composées en son honneur, ce qui montre bien la nostalgie de liberté profonde qui hante le cœur humain ? Et si le clochard est aujourd'hui remplacé par le « hippie », le regret de beaucoup d'avoir pris des chemins médiocres reste le même. C'est pour cela que le clochard représente souvent *l'Ombre* (chapitre 10) du rêveur. C'est son double, son frère caché, celui qu'il envie mais qu'il a réprimé en lui. Mais cette acception-là ne peut être que celle de rêves importants.

Dans les « petits » rêves, le clochard peut représenter le mépris que l'on ressent envers soi-même, la sensation d'avoir manqué sa vie en étant resté un « clochard de l'existence ». Ce sont alors des rêves de découragement et d'angoisse devant l'avenir incertain.

Mais que l'on soit tout de même heureux si l'on rêve d'un clochard : ce dernier n'a-t-il pas détenu des trésors de fraternité et d'imagination ?

Chez la femme, il n'est pas rare que le clochard hirsute et mal lavé symbolise un pôle masculin qui reste à débroussailler, et un Animus (chapitre 8) encore à l'état brut.

Danser

Dans les rêves, la danse possède généralement un symbolisme tantôt sexuel (érotique), tantôt « religieux ». Dans cette dernière acception (la plus fréquente) le rêveur éprouve la sensation de participer à des événements qui dépassent son « Moi ». La danse représente ainsi une « entente » profonde avec soi-même. Elle est un rite ; elle identifie le danseur à la création. Dans le climat onirique, elle peut montrer une spiritualité montante, une libération des entraves intérieures, la réconciliation du corps et de l'âme. Dans beaucoup de rêves, la danse apparaît lors des transformations intérieures.

La danse peut être également une « Orgie », dans l'acception la plus basse comme la plus haute (voyez ce mot dans l'index). Les rêves où intervient la danse sont toujours importants ; ils doivent donc être examinés dans leur ensemble.

Décapitation

Les rêves de décapitation sont rares, mais toujours puissants. Ce sont des rêves de « castration », évidemment. La tête est coupée (ou menacée de l'être) ; ce qui signifie que le rêveur se sent « coupé » de ses aspirations, de sa raison, de ses pensées. Le « sommet » de son corps est menacé ou tranché. Ce genre de rêve apparaît lors de profonds découragements, ou lorsque des sentiments de culpabilité sont liés à « la tête », c'est-à-dire à la façon de penser, de parler, d'émettre des idées, etc.

Les rêves de décapitation peuvent être également « sexuels », ou se rapporter à la force de l'individu ; ils se manifestent en présence de sentiments d'impuissance vitale ou sexuelle.

Départs

Que de rêves ont lieu sur le thème du départ, de l'éloignement, du non-retour ! Et que de poèmes ou de musiques ont été consacrés aux absents ! Autour des départs, flottent les atmosphères bien particulières de gares et de trains, de navires, de mers qui séparent. De bagages aussi, faits pour des éloignements temporaires ou définitifs...

Rêver qu'une personne s'en va signifie généralement que nous cessons d'être « relié » à elle, qu'elle quitte notre vie intérieure, que nous nous détachons d'elle.

Il existe aussi dans les rêves de départ l'angoisse d'être abandonné de la personne qui s'éloigne. C'est le thème de la solitude humaine.

Dans d'autres rêves encore, se voir partir signifie qu'on voudrait quitter quelque chose ou quelqu'un. Ce sont alors des rêves « de désir » inconscient.

Drapeau

Aussi étrange que cela puisse paraître à première vue, un drapeau symbolise *l'union du Masculin et du Féminin*. Le drapeau est composé d'un « bâton », qui est une représentation « dressée », verticale, phallique. Le morceau de tissu est féminin. C'est le symbole de l'étoffe de la mère, ou de la femme. Ainsi, le drapeau peut représenter — dans les rêves comme dans la vie — *une totalité*. Il symbolise généralement les hommes et les femmes d'un pays. En rêve, il représente la vie intérieure *dans sa totalité* : affectivité et créativité, séduction et force.

Se voir en rêve dresser et planter un drapeau signifie que l'on marque son passage à la fois viril et affectif. Mettre un drapeau en berne signifie une douleur intérieure; dans la vie quotidienne, l'étoffe « se replie »; c'est la Mère-Patrie qui pleure en se repliant sur elle-même.

Quant au drapeau noir, il contient tout le potentiel de la couleur noire (voyez index). L'âme du drapeau devient attente, menace, espoir...

Eau

L'eau n'a pas de formes, mais elle adopte celles qu'on lui donne. Elle est ainsi d'une souplesse parfaite. L'eau n'a pas de couleurs; mais elle les reflète toutes. Elle est ainsi un parfait miroir.

L'eau représente également la fertilité. Elle est l'épouse du soleil pour féconder la terre. L'eau contient toutes les menaces, toutes les potentialités, toutes les promesses. Elle irrigue, elle lave, elle purifie, elle engloutit, elle étouffe, elle tue, elle inonde, elle déferle...

Son apparition en rêve est toujours un signe important.

Les rêves de *bains* sont fréquents. Ils peuvent signifier qu'on se « lave » l'âme; c'est alors le symbole du *baptême*, avec la purification intérieure que ce rite suppose.

Fréquents également sont les rêves de *nage*. Le contexte du rêve dira si l'on se trouve à l'aise ou en difficulté, si l'on est porté par l'eau ou si on doit lutter contre elle (c'est-à-dire l'inconscient). Mais dans ce dernier cas, l'eau peut symboliser *la Mère* contre l'influence de laquelle on lutte.

Il s'agit d'examiner *sous quel aspect* l'eau apparaît en rêve. Un lac calme, image d'une affectivité sereine ? Un océan déchaîné ? Une mare menaçante ? Une mer qui gonfle, annonciatrice d'un raz-de-marée ?

De toutes façons, l'eau est presque toujours un *symbole féminin**. Elle représente la mère, la femme, l'Anima de l'homme. Dans ce dernier cas, elle se présente sous forme de rivières, de lacs, de jets d'eau, de fleuves, de sources, de cascades, d'océans. Au rêveur d'examiner la totalité du rêve. Cette eau-Anima est-elle pacifique, irisée, jaillissante, menaçante, glauque, noire ?

Les rêves d'*engloutissement* par l'eau sont très fréquents également. Ce sont des rêves d'angoisse, qui montrent une action négative et étouffante de l'inconscient, dont le personnage central est, fort probablement, la mère...

L'eau onirique (comme dans la vie!) peut être également fascinante, attirante. Elle produit souvent des désirs suicidaires inconscients. Elle est alors le symbole de la paix d'avant la naissance, celle qu'a connu l'organisme dans les « eaux maternelles »...

Mais si d'aventure vous rêvez *d'eau gelée*, prenez garde ; votre âme est glacée, vos sentiments risquent de mourir, et vous frôlez la stagnation psychique... Alors, ne vaut-il pas mieux rêver d'eaux miroitantes et amoureuses ?

Ecurie

L'écurie semble apparaître assez rarement dans les rêves. Elle est l'une des représentations négatives de nos instincts. Se voir nettoyant une écurie signifie évidemment qu'on désire mettre de l'ordre en soi. Il arrive également, dans certains rêves, que l'écurie soit « balayée » par l'eau, un raz-de-marée, ou détruite par un incendie. Ce sont alors des rêves d'angoisse : ils signifient que le rêveur sent son monde intérieur très menacé.

---

* En Allemagne par contre, le fleuve Rhin est « masculin » (*der Rhein*), et l'eau est « neutre » (*das Wasser*). De plus, on dit *« Vater Rhein »* (Père-Rhin).

Eglise

Dans le monde chrétien, une église contient tout le symbolisme de la Mère, jusqu'à se confondre avec lui (ne dit-on pas « notre Mère l'Eglise » ?). De ce fait, elle devient un « centre » de notre personnalité (même pour les incroyants). C'est notre église intérieure, notre lieu de paix et de renouvellement. Elle représente ainsi l'Inconscient profond, l'affectivité essentielle.

Entrer dans une église signifie généralement fusionner avec la Mère et rechercher ainsi, dans le silence, ses vérités authentiques. Entrer dans une église symbolise également une spiritualisation, et même une « traversée » (voyez index). Car l'église est un « vaisseau » ; elle rejoint le symbolisme de la barque, du berceau, du bateau (voyez ces mots au dictionnaire). Et cette traversée permet le passage d'une rive spirituelle à l'autre.

Sortir d'une église signifie émerger après une rénovation. C'est un passage à un état d'âme renouvelé, plus adulte. On quitte la Mère revitalisante, on repart dans la vie.

Enfant

Nous avons déjà rencontré ce symbole (voyez l'index). L'apparition d'un enfant dans les rêves est extrêmement courante : on attend un enfant, on perd un enfant, on égare un enfant, on retrouve un enfant, etc. Les rêves de grossesse sont probablement les plus fréquents. Un enfant, en rêve, signifie presque toujours quelque chose d'essentiel en soi, qui se prépare ou est en train de se perdre.

Escalier

L'escalier permet de *monter* ou de *descendre*. Nous en avons vu le symbolisme (consultez l'index). L'escalier montant fait *changer de niveau*. Le rêveur grimpe, va plus haut. C'est le symbolisme de l'*ascension*.

Monter un escalier signifie une recherche de changement affectif et de spiritualité. C'est un acte de purification intérieure. Il arrive, dans certains rêves, que le haut de l'escalier soit gardé par des cerbères humains ou animaux. Nous retrouvons alors les *gardiens du seuil*; ceux à qui il faut montrer patte blanche avant d'être admis à accéder à un niveau plus élevé et à l'initiation à la vie.

Descendre un escalier signifie généralement aller vers l'intérieur de soi-même, vers ses instincts et son inconscient.

L'escalier *joint également deux pièces* d'une maison. Voyez «Maison» dans ce dictionnaire.

L'escalier *est le symbole angoissant de la «verticalité»*. Il faut monter ou descendre; le rêveur est *prisonnier d'une seule dimension*. L'escalier ne permet aucun repos, sinon temporaire (un «palier»). Il représente ainsi la verticalité humaine, l'effort sans merci, le manque de repos, l'absence de toute horizontalité rassurante...

Examen

Les rêves des êtres humains fourmillent d'examens; et, par conséquent, d'examinateurs. Dans un examen onirique, on doit montrer ce que l'on connaît ou ce que l'on est. Tout examen est une forme de jugement. Dans les rêves, l'examinateur est une partie de nous-même qui juge une autre partie. Les rêves d'examens sont ainsi fort précieux; ils permettent de connaître la façon dont on se voit soi-même.

Excréments

Symboliquement, l'excrément est censé représenter la «force vitale» de l'être qui l'a produit. Il est considéré comme un signe de puissance (ou de faiblesse, par conséquent). Les enfants — et beaucoup d'adultes — accordent une grande importance à leurs excréments; non pour de pures raisons de santé comme on pourrait le croire, mais à cause de la valeur symbolique qu'ils possèdent.

Les rêves où interviennent des excréments *sont d'une exceptionnelle fréquence*. Ils se rapportent presque toujours à l'«analité» du rêveur, c'est-à-dire à la façon dont il «retient» (dont il «constipe») sa personnalité, ou à la manière dont il la libère.

Dans certaines rêves (mais c'est plus rare) l'excrément peut être un signe de mépris envers soi-même. Mais le «je ne suis que cela...» rejoint, qu'on le veuille ou non, les grandes interrogations philosophiques.

Fenêtre

C'est une ouverture sur la lumière et sur le dehors. Généralement, le rêveur se trouve dans une pièce et regarde à l'extérieur. Cela signifie que ce rêveur, *situé dans son actuel* (la pièce, moins lumineuse que l'extérieur) *observe l'avenir* (la lumière, l'étendue, tout ce qui diverge à partir de la pièce où le rêveur se trouve).

Il peut donc se présenter une multiplicité de situations. L'avenir (le dehors) est-il clair, ensoleillé ? La vitre de la fenêtre est-elle embuée, ou ternie par la pluie ? La rue est-elle animée, ou la fenêtre donne-t-elle sur un paysage glacé ? Comment est l'horizon, s'il y en a un ? Et comment est la pièce où se trouve le rêveur ? Souhaite-t-il la quitter pour aller vers l'avenir ou préfère-t-il demeurer dans un présent sécurisant ?

Mais la fenêtre peut également symboliser *la réceptivité envers le monde extérieur* ; car, derrière une fenêtre, ne reçoit-on pas des « messages » humains et lumineux arrivant de plus loin que soi ?

Fête

Les rêves de fête rejoignent ceux d'« orgie » (voyez index). C'est dire qu'il existe une gamme infinie de rêves où la fête peut intervenir sous des aspects tantôt nobles, tantôt de bas-étage. Il est important d'examiner en premier lieu si la fête est masquée. Cela peut signifier que chacun cache sa personnalité aux autres. Cependant, dans certains rêves, l'anonymat procuré par le masque fait que le « moi-je » cesse d'exister. Il peut y avoir alors une sensation de « participer » à plus vaste que soi-même. C'est le thème de l'orgie. Car le masque (dans la vie comme dans les rêves) supprime les différences entre les personnalités, avec l'angoisse qui en résulte toujours.

Dans un rêve de fête, il s'agit donc de savoir si tous les participants sont masqués, ou si on est seul à l'être ; ce qui signifierait des sentiments d'infériorité et de culpabilité, procurant l'angoisse d'être « vu » et « démasqué » par autrui.

Masquée ou non, la fête réelle est une « participation à l'univers ». Dans cette acception, la fête peut apparaître dans certains grands rêves de mutation intérieure ; le « moi-je » éclate alors vers de plus vastes dimensions. Car n'oublions pas qu'une fête authentique est « religieuse » dans le sens *religare* = relier. C'est, une fois de plus, le symbole de l'orgie.

Feu

C'est, avec l'eau, le plus grand des symboles universels. Tout, dans le feu, symbolise la vie ardente : sa couleur, sa puissance, sa chaleur, son rayonnement. Le feu est sans doute la moins imparfaite parmi les représentations de la divinité. C'est un cliché de dire que le feu est le grand purificateur. Mais — revers de la médaille — sa fumée étouffe et obscurcit ; il brûle, dévore, calcine. Le feu des passions vitalise ou détruit ; le feu du châtiment tue.

Si le feu est une représentation de Dieu, il peut aussi symboliser le Père. Ici encore, le symbole va dans les deux sens : le feu peut représenter le Père admiré, celui qui « monte » comme la flamme, celui qui brûle d'ardeur et de passion envers la vie ; mais aussi celui qui détruit, qui anéantit par son autoritarisme et sa tyrannie.

Les rêves de feu sont toujours des représentations d'énergie, constructive ou destructrice. Ils symbolisent souvent la sexualité, dans le sens large. Le feu onirique montre également les élans vers la spiritualité et vers la lumière des vérités intérieures.

Feuilles mortes

C'est, bien entendu, un symbole de mélancolie ou de tristesse. Les feuilles mortes peuvent représenter un passé lointain. Se voir balayant des feuilles mortes est un excellent signe selon lequel on « liquide » des nostalgies ou des événements révolus. Je possède des songes où le rêveur se voit enfoncé dans les feuilles mortes jusqu'au cou. Cela semble signifier que la personne est étouffée et submergée par des sentiments angoissants.

Dans certains rêves, les feuilles mortes peuvent représenter un comportement suicidaire et l'appel d'une mort, nostalgique comme l'automne.

Fleuve

Il est l'image de la vie qui prend sa source, s'écoule de façon irréversible, et meurt en se fondant dans l'infini. Pénétrer dans un fleuve évoque l'idée de bain et de baptême. Le fleuve possède ainsi un pouvoir onirique de purification et de spiritualisation. Voyez le mot *Eau* dans ce dictionnaire.

Fontaine

Elle évoque les eaux jaillissantes, les sources pures. La fontaine est joyeuse, « amoureuse », chantante, claire. Qui ne connaît la fontaine de vie, d'immortalité, de jouvence ? Symboliquement, boire à la fontaine assure la longévité. Ainsi, dans les rêves, la signification de la fontaine dépend du contexte. Il est des fontaines puissantes qui symbolisent la vitalité affective et sexuelle. Mais les rêves montrent aussi des fontaines taries, des fontaines aux eaux boueuses ; elles apparaissent dans les rêves d'angoisse et de dévalorisation de soi.

La fontaine, *chez l'homme*, peut être le symbole de l'Anima (chapitre 7). Ici également, la totalité du rêve sera examinée soigneusement.

Voyez le mot *Eau* dans ce dictionnaire.

Forêt

Intuitivement, chacun ressent la forêt comme le symbole de notre vie inconsciente, avec ses richesses et ses obscurités, ses dangers et ses clairières. Les forêts oniriques sont souvent peuplées d'animaux amicaux ou hostiles. Des bêtes « magiques » peuvent y apparaître : oiseaux de nuit, dragons. Parfois — surtout dans des rêves d'enfants — la forêt se peuple de géants.

Ce que nous recherchons en rêve dans la forêt, c'est en nous-mêmes que nous tentons de le trouver. Parfois, le rêveur se dirige vers un endroit secret où se trouve un trésor. C'est nettement l'image d'une recherche de son propre centre (son « joyau » !) après un cheminement dans son inconscient et sa vie affective.

Parfois le rêveur pénètre dans la forêt. Il entre ainsi en lui-même et on ne peut que lui souhaiter des eaux claires et de lumineuses clairières.

Parfois un rêveur sort de la forêt, après son voyage intérieur. Il a accompli une « traversée » (voyez à l'index). C'est probablement un grand rêve, d'où l'on surgit plus adulte et plus ressourcé.

La forêt est une cathédrale, dit-on. Comme telle, la forêt des rêves peut être le haut lieu d'une recherche spirituelle, malgré les dangers que peut recéler le fouillis des arbres et des futaies.

Foule

La foule apparaît souvent dans des rêves où dominent les sentiments d'infériorité, de solitude, de culpabilité. Les rêves sont fréquents où l'on se voit nu(e) dans la foule. Nous avons lu un rêve dans lequel une femme voit s'ouvrir son sac à main au milieu de la foule. On peut également se sentir écrasé dans la foule; cela pourrait signifier que l'on se sent incapable de dominer les circonstances de sa vie. C'est le même sens lorsqu'on se sent «emporté» par la foule. Elle représente généralement une puissance aveugle, et symbolise ainsi des forces inconscientes.

Dans certains rêves, la foule est faussement rassurante. Le rêveur s'y perd, s'y noie; c'est une sorte de suicide de la personnalité. La foule est, dans ces rêves, semblable à l'eau dans laquelle on se laisse couler. C'est le retour à l'inconscience, à la sécurité maternelle; c'est une régression vers l'enfance irresponsable.

Grenier

Très fréquent dans les rêves, le symbolisme du grenier fait partie de celui de la maison. Voyez ce dernier mot dans le dictionnaire.

Guerre

Beaucoup de rêves de guerre proviennent de souvenirs, ou d'angoisses concernant l'avenir. Cependant, la plupart de ces rêves concernent la «guerre intérieure», les conflits affectifs et moraux. L'interprétation de ces rêves est assez facile; comme toujours, le contexte du rêve doit être pris en considération.

Haillons

Se voir en rêve, habillé de haillons, révèle souvent la blessure d'une âme. Ce sont des rêves d'angoisse, d'inquiétude, de tristesse, de sentiments d'infériorité et d'impuissance. Mais les haillons peuvent également être le symbole d'une sagesse intérieure, l'apparence visible n'ayant que peu d'importance.

Héros

Les rêves de héros (autrui ou soi-même) montrent que l'on s'identifie à une personne considérée comme héroïque et forte (le Père, par exemple). D'autres rêves sont compensatoires : on se voit accomplissant des actes dangereux dont on sort indemne. Mais certains rêves héroïques sont le signe d'un accomplissement intérieur et d'une profonde mutation. Voyez « les rêves héroïques » dans le chapitre 6.

Hôpital

Rêver d'hôpital peut être dû à la crainte de la maladie, à l'angoisse de la vieillesse future, à la peur de l'accident. Mais, plus profondément, certains rêves d'hôpitaux montrent le désir d'être pris totalement « en charge », et de pouvoir cesser ainsi tout combat en abandonnant ses responsabilités. L'hôpital devient alors le symbole de la mère : celle qui recueille, qui apaise, qui berce, qui nourrit. Dans ce cas, rêver d'hôpital marque une régression vers l'enfance, voire vers le néant d'avant la naissance.

L'hôpital peut apparaître en rêve également lorsqu'il y a crainte de mutilation et de castration de la personnalité (voir index). C'est alors le bloc opératoire qui se présente le plus fréquemment.

Hôtel

Ce symbole est le support de nombreux états d'âme oniriques. Il s'agit avant tout d'examiner la catégorie d'hôtel dans lequel on est descendu en rêve. Voici quelques exemples, choisis parmi les rêves que je possède :

— *Je me trouvais dans un palace ; en réglant la note, je m'aperçus que je n'avais pas d'argent. On m'envoya aux cuisines pour y travailler...*

(C'est un rêve de sentiments d'infériorité; le rêveur — 48 ans — éprouve la sensation qu'il vise « trop haut » dans l'existence, qu'il est un imposteur de la vie et que l'admiration — réelle d'ailleurs — qu'on lui voue n'a pas d'objet. Encore un homme qui ne s'aime pas!...

— *J'étais dans un petit hôtel assez minable, mais familial; je m'y sentais bien; je n'en sortais jamais...* (Nous avons vu un rêve de ce genre; il concernait un hôtel de la « zone ». Ce rêve-ci — un homme de 29 ans — montre également des sentiments de peur devant la vie, ainsi que la sensation de n'avoir pas droit à une existence affectivement aisée. Il y a misérabilisme, besoin de se diminuer. Ce misérabilisme donne au rêveur la sécurité, puisque l'hôtel est « familial ».

— *Je me trouvais dans un grand, très grand hôtel en Amérique. Je n'avais même pas le téléphone, et j'avais donné un faux nom...* (Cela ressemble à un rêve — 40 ans — en fuite devant l'existence! Mais le fait d'être totalement anonyme (faux nom) et la certitude qu'on ne peut le trouver (pas de téléphone) lui donne la sécurité intérieure. Notons qu'il aurait pu s'agir d'un rêve de « traversée » (voir index). C'aurait été tout autre chose; le rêveur aurait « traversé » l'eau, passant d'une rive à l'autre de l'océan, et marquant ainsi une importante transformation intérieure. Il aurait même changé de nom (c'est-à-dire: il aurait abandonné son « Moi-je » pour une personnalité plus vaste). Mais ce n'était pas le cas ici.

L'hôtel peut être également un symbole maternel (comme l'hôpital par exemple). On y est pris totalement en charge; il n'y a plus qu'à se laisser vivre. Dans ce cas, l'hôtel peut symboliser une régression vers l'enfance.
    De plus, l'hôtel (aller d'hôtel en hôtel...) peut symboliser une grande dispersion intérieure, et une errance dans la vie.

Île

Généralement, l'île peut symboliser un refuge, un paradis terrestre, un « centre ».
    Comme refuge et paradis, l'île est le thème de prédilection de multiples poèmes et chansons. Le « Je voudrais me retirer dans une île déserte... » n'est-il pas le désir secret de beaucoup d'hommes? Mais les rêves d'île peuvent être également des rêves d'autonomie; dans une île,

on est livré à soi-même. On se trouve seul pour lutter contre la faim, la maladie, les assauts de l'océan.

L'île peut parfois être — dans certains rêves — assimilée à un jardin (voyez l'index).

Dans certains grands rêves, l'île devient un « centre », d'où rayonnent d'innombrables directions. L'île symbolise alors un « Mandala » (index). Voici un rêve de ce genre :

— *J'étais dans une île ; j'ignorais comment j'y avais abordé. J'étais seul. C'était une île luxuriante et nourricière. En regardant les horizons, je me disais : « comme la terre est ronde ! »...*

C'est un « grand rêve », fait par un homme de 53 ans. Et nous avons bien affaire à un « Mandala » ; la terre est circulaire. L'île est le centre d'une immense circonférence. Il s'agit d'un rêve marquant une très importante transformation intérieure chez le rêveur. D'autant plus que — forcément — l'arrivée sur l'île a dû être précédée d'une « traversée » de l'eau (voyez index).

Joyau

Le joyau n'apparaît généralement que dans les grands rêves : ceux qui marquent une étape importante de transformation et de « centrage » énergétique de la personnalité. Ce sont des rêves montrant que le « moi-je » cesse son emprise étriquée. Le joyau participe du symbolisme du feu (voyez ce mot), par son éclat et sa chaleur rayonnants.

Voyez « les pierres précieuses », en fin du chapitre 6 : « les grands rêves ».

Lance

La lance est un *bâton* dont elle rejoint le symbolisme (voyez ce dictionnaire). Une lance est phallique, masculine. Elle est un « axe ». Dans les rêves, elle peut symboliser l'homme, le Père, le pouvoir, la force, l'honneur ; mais aussi la peur d'être « percé », violé dans sa personnalité ; elle est alors un signe d'angoisse de castration.

Locomotive

Elle est assez fréquente dans les rêves, au même titre que l'avion ou l'automobile. Une locomotive « tire » vers l'avant une rame de wagons inertes. Elle représente la puissance, l'extraversion de la personnalité. Une locomotive est de pôle masculin. On comprend qu'elle puisse se présenter de multiples façons dans les rêves. Voici deux exemples :

— *Je me trouvais dans une gare ; je devais conduire un train ; mais je cherchais vainement une locomotive...* (un homme : 23 ans).
   Cet homme, malgré ses possibilités, malgré son potentiel (le train), ne parvient pas à s'« entraîner » vers les voyages de l'existence ; l'extraversion, la réalisation de soi lui manquent encore (la locomotive).

— *J'étais dans un train de luxe, en première classe ; mais ce train n'avançait pas ; je me penchais à la portière et voyais une locomotive poussive, toute petite, crachotante, conduite par un mécanicien malhabile...* (un homme : 19 ans).
   Le moins qu'on puisse dire est que les appétits intérieurs de cet homme jeune ne correspondent pas à ses possibilités du moment. Peut-être a-t-il une vie intérieure fort riche? (train de luxe); mais elle n'est encore que potentielle comme dans le rêve précédent. Le rêveur devra rechercher ce qui l'empêche de « se pousser » dans la vie.

On pourrait citer de nombreux rêves. Ces deux exemples simples montrent que la locomotive est le symbole de l'affectivité créative, de la marche en avant, de la puissance intérieure. Elle est également une représentation sexuelle, comme on peut le déduire facilement de ce qui précède.

Maison

La maison onirique symbolise à la fois le paraître social et l'être intérieur.

Le paraître est représenté par *la façade*. Et comme chez l'être humain, la plus belle des façades peut dissimuler le pire des taudis (intérieurs). La façade ne fait pas la maison, pas plus que l'habit ne fait le moine. Il se présente dans les rêves des façades rutilantes, alors que la porte s'ouvre sur un couloir lépreux. Comme il y a des façades de peu d'aspect, qui donnent sur des pièces ensoleillées...

☐ *Les volets*, en rêve, font partie du « masque » de la maison. La plupart des hommes ne ferment-ils pas leurs « volets » afin que nul ne puisse jamais les voir tels qu'ils sont ?

☐ *La porte* et *le seuil* sont des symboles de *passage* vers l'intérieur de soi. Nous connaissons le symbolisme du « seuil », sur lequel il faut montrer « patte blanche » avant d'être admis. Il s'agit donc de savoir, dans un rêve, *qui* est le personnage qui accueille, ou barre le passage. Il peut alors s'agir du « Sur-Moi » qui nous empêche de fusionner avec nous-mêmes.

☐ Comment sont *les fenêtres* de la maison ? Elles sont importantes en rêve, parce qu'elles représentent notre « ouverture », notre réceptivité au monde extérieur et à la lumière arrivant du dehors.

☐ *L'intérieur* de la maison symbolise évidemment « le foyer », le centre ; c'est notre « intérieur », notre vie de l'âme. L'intérieur d'une maison est le domaine de la femme, de la mère. Dans les rêves, cet intérieur est toujours de « pôle féminin ». *Chez l'homme*, l'intérieur de la maison symbolise souvent l'Anima (chapitre 7). Le rêve montre, dans ce cas, dans quel état se trouve cette Anima : harmonieuse, ordonnée, indifférenciée, misérable, en attente, etc. La pièce de séjour, par exemple, est souvent le principal symbole de la personnalité profonde.

☐ Les différents *niveaux* d'une maison représentent, dans les rêves, soit des parties ou fonctions du corps, soit des « niveaux » de la personnalité.

☐ *La cave* onirique est la caverne de l'inconscient, le fondement de la personnalité.

☐ *La cuisine* est souvent importante en rêve ; c'est le lieu où se font des « transformations » culinaires, c'est-à-dire des mutations de la personnalité ; elle pourrait être comparée au local des alchimistes dont les recherches avaient pour but permanent des mutations de l'âme.

☐ *Le grenier* symbolise le passé, l'enfance, les souvenirs, mais également les « débris » intérieurs dont on ne parvient pas à se débarrasser. Le grenier peut représenter également l'élévation de l'esprit dans la solitude ; le grenier est le niveau « le plus haut » de la maison ; il regarde le ciel ; il faut « monter » pour l'atteindre.

☐ *L'escalier*, dont nous avons vu le symbole (*voyez ce dictionnaire*) joint, relie, les différents niveaux de la maison. Il représente le lien affectif entre les différentes parties, inconscientes et conscientes, de soi-même.

Dans les rêves, il s'agit donc d'examiner, non seulement l'aspect général de la maison, mais également l'aspect de chaque endroit où l'on se trouve. L'environnement est important; le jardin, par exemple. *Je possède un rêve* fait par un homme de 39 ans :
— *il se promène dans toutes les pièces d'une maison très simple mais belle; et de cette maison partent des routes, en étoile...* C'est un beau rêve; en fait, cette maison-là est le centre d'un Mandala.

Mariage

C'est un symbole onirique fréquent. Il représente toute forme d'union ou d'alliance, de soi envers soi, ou de soi envers le monde extérieur. Dans les rêves, le mariage symbolise souvent qu'un lien se forme entre l'inconscient ou le conscient, entre l'affectivité profonde et la raison.

Chez l'homme, le mariage onirique de lui-même avec une femme représente (dans de grands rêves seulement !) souvent l'alliance qu'il est en train de préparer avec son Anima (chapitre 7). Ce sont, dans ce cas, des rêves d'une importance capitale.

Chez la femme, certains rêves montrent la même voie. Elle se marie avec un homme inconnu, symbole de son Animus, c'est-à-dire de son extraversion créative et sociale (chapitre 8).

Mais les mariages oniriques vont souvent plus loin encore; ils sont alors le signe d'une « sacralisation » intérieure et d'une participation avec plus vaste que son « moi-je ».

Nudité

Ce symbole trouve sa place dans des rêves fréquents (voyez le chapitre 3). Se voir nu(e) dans un rêve signifie le plus souvent qu'un sentiment d'infériorité existe. Le rêveur se sent « déshabillé » par autrui; il croit que les regards des autres le mettent « à nu », démasque ses défenses et son paraître. Ce sont des rêves de personnes intérieurement démunies.

Cependant, la nudité onirique peut également symboliser le dépouillement de soi-même, et une démarche essentielle vers son être intérieur; le rêveur enlève alors les « vêtements » sociaux devenus inutiles, étant donnée la sécurité affective acquise.

Œdipe

Le « complexe » d'Œdipe (ou situation œdipienne) est probablement le plus grandiose, le plus célèbre... et le plus mal compris. Que voulez-vous ? Noblesse oblige. Ce « complexe » fut mis en évidence par Freud, et il en est encore aujourd'hui qui ne le lui ont pas pardonné. C'est logique ; la situation œdipienne forme le noyau essentiel d'une vie humaine, noyau autour duquel gravitent d'innombrables situations affectives... et pratiques. Etant donné cela, il est compréhensible que ce complexe se montre — sous diverses formes — dans des quantités considérables de rêves.

Rappelons-nous le complexe d'Œdipe classique* :

☐ *le garçon* désire l'amour exclusif et total de sa mère ; de ce fait, il cherche à « éliminer » son père, qui est son rival dans cet amour. Il tente d'éliminer son père en devenant plus fort que lui, plus beau que lui ; mais également *en s'identifiant* à son père, en devenant une « copie » de son père, *forcément plus jeune* et donc capable, croit-il, d'attirer davantage l'amour de sa mère.

☐ *la fille* désire être la seule à être « remarquée » par son père, la seule à en être aimée. Sa rivale — sa mère — doit donc être éliminée. La fille essaye d'être plus jolie, plus attirante que sa mère. Elle fait tout pour être remarquée par son père (vêtements, maquillage, etc.). Ou bien elle *s'identifie* à son père, en essayant de l'imiter, ou de le battre sur son terrain. Elle devient un « garçon manqué », avec le grand risque de devenir une « fille manquée »*.

Voilà donc pour le classique. *Mais que se passe-t-il foncièrement*, et qu'il est indispensable de bien comprendre si l'on veut interpréter les rêves où apparaissent des situations œdipiennes, avec tous les symboles qui en dérivent ?

Rappelons-nous que le besoin essentiel — qui prime tous les autres — d'un être humain est de se sentir « relié » à tout ce qui l'entoure. Sa démarche permanente est de retrouver la sensation d'être « fondu » dans l'univers. C'est la base même *de ce que l'on appelle le masochisme* (voyez l'index) ; *c'est le fondement également de toute forme d'orgie* (voyez l'index).

Pour cette recherche « religieuse » (de *religare* = relier), la situation œdipienne est idéale, surtout chez le garçon. Imaginons qu'il ait sa mère à sa disposition plénière et sans condition aucune. Imaginons qu'il soit *le seul au monde* à être aimé de sa mère, *et de façon absolue*. Donc qu'il n'y ait aucun autre « garçon » dans son chemin, en l'occurence son père.

---

* MS 15, *Les prodigieuses victoires de la psychologie*, de P. Daco.
* MS 250, *Les femmes*, de P. Daco.

Ce serait alors la fusion totale, non pas avec *sa* mère, mais avec ce que représente une mère symboliquement, c'est-à-dire, l'accueil absolu, la sécurité totale, et la sensation de « participer » à la femme, symbole de la vie.

Ce serait ainsi le « paradis ». Et l'on comprend que ce paradis devienne rapidement un paradis perdu, à cause des tabous qui couvrent toute union absolue, même affective, avec une mère.

Mais les paradis perdus engendrent toujours d'intenses nostalgies, non pas ici de « sa » mère, mais de la « reliance » universelle qu'elle représentait. Et l'on peut dire qu'un « complexe d'Œdipe », dans cette acception, n'est jamais résolu.

Plus quotidiennement, le complexe se « résoud » plus ou moins. Toujours le garçon (puis l'homme) conservera cette nostalgie d'un infini manqué. Mais l'existence le poussera à devenir « un homme », à connaître « des femmes » ; bref, à réaliser le chemin qui lui est traditionnellement imparti.

Cependant, si l'homme reste trop attaché à sa mère, ou à son symbole, il demeurera un « petit garçon ». Il idéalisera la femme et rêvera d'amours platoniques et grandioses. Il fera tout pour ne pas déplaire, à moins qu'il ne devienne très agressif. Il cherchera à charmer et à séduire, non pour aimer une femme, *mais pour être aimé d'elle*. Il est inutile de dire que son « Anima » se mettra à brimbaler, avec les situations et les rêves négatifs qui en dépendent (chapitre 7).

Le complexe d'Œdipe non-résolu se traduira par des rêves où apparaîtront des femmes idéales et inaccessibles, où se montreront de grandes amours maudites, où les hommes seront ressentis comme castrateurs et dangereux, etc. Suffisamment de rêves ont été reproduits dans ce livre, je crois, pour imaginer les symboles qui peuvent dériver de ce fameux « complexe d'Œdipe », autour duquel a tourné durant longtemps la psychanalyse classique. Revoyez les symboles de la mère et du père (index).

Prince et princesse

Ils symbolisent généralement, dans les rêves, la mutation de la personnalité grâce à la puissance de l'amour. Ils représentent une réconciliation avec soi-même. Car le prince et la princesse sont ceux vers qui se dirigent tous les regards. Ils sont un « centre » d'attirance et de curiosité. Leur apparition onirique montre que des efforts affectifs « convergent » vers l'unification de la personnalité. Dans de grands rêves, *le couple* prince-princesse signifie la mise en harmonie des pôles masculin et féminin présents en chaque être humain.

Le prince et la princesse sont, de ce fait, des symboles de jeunesse intérieure et de spiritualité.

Prostituée

La prostituée onirique est presque toujours un symbole « maternel ». Elle symbolise le « refuge », voire le dernier recours affectif des hommes solitaires ou désespérés. Elle est la femme qui accueille sans autre condition que l'argent — ce dont les rêves ne se préoccupent jamais.

Dans certains rêves, la prostituée se mue en confidente, parfois même en courtisane — conseillère.

Dans d'autres rêves encore, la prostituée représente une « réconciliation » avec la femme, symbole de la vie. C'est alors une sorte de sacralisation intérieure, grâce à la compréhension totale que la prostituée est censée posséder.

En plus du symbole de la mère, elle peut représenter une facette de l'Anima de l'homme. Son aspect onirique est, dans ce cas, important.

Le plus fréquent : la prostituée est une femme laide, échevelée, vulgaire. Elle représente l'Anima négative de l'homme (chapitre 7), ressentie comme dangereuse et destructrice. La prostituée devient alors l'image de la « mauvaise mère ».

Roi et Reine

Ce sont de très beaux symboles du Père et de la Mère, dans le sens spirituel du terme. Jadis, on mourait volontiers pour son roi et sa reine ; mais viendrait-il à l'idée de quiconque de mourir pour « son » président de la République ? Le Roi et la Reine sont hors du temps ; ils sont permanents. Ils s'établissent dans la « durée ». On conçoit que leur apparition dans les rêves soit importante.

Le Roi est le guide rayonnant ; il est celui qui veille et « centralise » les pouvoirs. Oniriquement, il devient le « centre » de nos forces affectives, il représente la totalité de notre « Moi », comme il symbolise la totalité d'une nation. La Reine, dans les rêves, est une messagère et une médiatrice. Elle est le lien entre notre inconscient et le « roi », c'est-à-dire notre conscient supérieur.

La reine peut également symboliser l'Anima (chapitre 7) chez l'homme — de même que le roi peut représenter un Animus supérieur (chapitre 8) chez la femme. Dans ces acceptions, le roi et la reine n'apparaissent que dans les grands rêves.

Rose

Elle symbolise la beauté comme chacun sait, mais aussi la perfection dans la promesse et l'épanouissement. Elle est un symbole féminin, et peut être apparentée au joyau (voyez ce dictionnaire) ou à l'Anima (voyez l'index).

Sang

Nous avons rencontré cet important symbole au cours de ce livre. Le sang est lié à la vie, à la chaleur vitale et corporelle. Il est, dans les rêves, un puissant symbole d'énergie. Il est parfois apparenté au feu, même au soleil.

Tout dépend donc de chaque rêve. Car le sang peut représenter également la « castration », la mutilation, et les angoisses qui en dérivent. Dans d'autres rêves, le sang représente un véhicule spirituel. De plus, la couleur du sang fait qu'il contient également le symbolisme du rouge (voyez le chapitre 11).

Secret

Dans certains rêves, on reçoit un secret, ou on le transmet. Ou bien on garde un secret, ou on le partage. Il y a, dans ce genre de rêves, un climat d'« initiation » ou de « participation ».

Je possède un rêve (fait par une femme de 30 ans) dont voici le résumé :

— *elle se trouve dans une très grande salle à colonnes. Un homme s'approche d'elle et lui remet un caillou rond et poli. L'homme met l'index sur la bouche, puis s'éloigne.*

C'est un « grand rêve ». Il marque une importante mutation intérieure.

D'après les associations de mots faites par la rêveuse, le rêve peut être interprété comme ceci :

— *la vaste salle à colonnes* représente un temple, symbole de l'initiation, de la connaissance et de la vérité. Dans un temple se réunissent des personnes partageant un même « secret » ou une même « révélation ». *Le caillou rond et poli* est la représentation d'un *joyau*, qui symbolise le « centre » de la personnalité (voyez ce dictionnaire). L'homme est vraisemblablement la partie créative de la rêveuse, son Animus (chapitre 8), son extension, vers la vie extérieure. L'homme demande le *silence* ; il transmet un *secret*. Or, posséder un secret au fond de soi est une force ; un secret est également un centre. Du fait d'avoir reçu un secret, la rêveuse est nantie d'un *privilège* ; elle se trouve parmi les élues. Et ici, le secret est relié à l'idée de *trésor*.

Et ce rêve pourrait se traduire : devenez vous-même ; que le centre de votre personnalité soit ce joyau qui vous permettra d'aborder l'existence avec richesse et force. Vous deviendrez votre propre secret ; et gardez le silence ; ne vous partagez qu'avec ceux qui sont capables d'assumer ce partage. Car le fait de devenir profondément ce que l'on est, fait entrer dans un état de liberté et, par conséquent, de solitude en même temps que de participation avec ceux-là qui possèdent le même secret.

Soucoupe volante

... que l'on appelle O.V.N.I. (objet volant non identifié), comme chacun le sait depuis que les publications et les livres ont proliféré au sujet de ces mystérieux engins dont l'existence réelle n'a pu être, semble-t-il, confirmée ou infirmée*.

Je possède quelques rêves (d'hommes et de femmes) où apparaissent des « soucoupes ». Elles sont lumineuses, silencieuses. Elles tournent à basse altitude, ou elles se posent. Dans l'un de ces rêves, un homme sort d'une soucoupe ; il semble très bon ; il va parler ; la rêveuse se réveille.

Les soucoupes volantes oniriques sont chargées d'espoir ou de terreur. D'espoir, dans la mesure où chacun espère en un « monde meilleur » ; les occupants des soucoupes représentent alors les porteurs de « la bonne nouvelle ». Ils sont comme la version contemporaine du Christ. Quant aux soucoupes terrifiantes, elles montrent l'angoisse

---

* Il faut lire à ce sujet les ouvrages de Jacques Vallée, expert en technologie des ordinateurs et ancien Conseil à la NASA.

destructrice qui se trouve dans l'âme du rêveur. Elles deviennent alors la version moderne des cavaliers de l'Apocalypse...

Trains

Nous avons rencontré ce symbole moderne dans le chapitre 3 (les rêves les plus fréquents). Mais il faut reparler ici des chemins de fer, étant donné leur considérable fréquence onirique.

L'interprétation des rêves de trains est assez facile. Il suffit souvent de « transposer ».

Une *gare*, par exemple, est un *point de départ* vers un *voyage*. A moins que la gare ne soit un point d'arrivée. On peut ainsi partir vers de multiples directions de l'existence, ou arriver à une étape. Il faut alors examiner le contexte de la gare. Celle du départ est-elle grande? Grouillante de monde, et contenant beaucoup de trains, auquel cas la gare serait le symbole d'importantes potentialités intérieures, avec leurs grandes possibilités de choix et de décision? Ou bien, au contraire, est-elle désaffectée, représentant alors une vie intérieure vidée de ses possibilités vitales; représentant aussi un « sur-place », puisqu'aucun train ne prend le départ. Quant à la gare d'arrivée, on peut examiner le contexte de la même façon.

Le *train* lui-même représente notre évolution; c'est le véhicule de notre voyage affectif et mental. Le train symbolise également la vie sociale et collective. Parfois, le train roule de façon implacable; la locomotive (voyez ce mot au dictionnaire) s'emballe, le mécanicien est incompétent. Cela symbolise que nous sommes entraînés malgré notre volonté consciente vers des « voyages » qui pourraient nous être néfastes.

Les *retards* et les *erreurs* sont hyper-fréquents dans les rêves. On arrive en retard, on manque son train, on se trompe de convoi, on se trouve dans un compartiment auquel le billet ne donne pas droit, etc. Ce sont des rêves marquant souvent des sentiments d'impuissance, d'infériorité, de culpabilité. Ils peuvent également montrer à quel point le rêveur laisse passer les « occasions » de la vie.

Les *contrôleurs* sont, eux aussi, des personnages oniriques fréquents. Ils symbolisent celui qui « demande des comptes ». Ils représentent ainsi une forme de « Sur-Moi » (index).

Le train *bondé* apparaît souvent. On peut traduire cela par une difficulté de s'intégrer à la vie sociale. Si le rêveur ne parvient pas à monter, à « se faire une place dans la foule », cela peut signifier qu'il s'efface volontiers par peur de la compétition.

Ainsi donc, le train des rêves marque nos réussites, nos échecs, nos contraintes, nos angoisses. Mais en fait, le train n'est-il pas la version contemporaine du Dragon ?

Vallée

La vallée est, dans beaucoup de rêves, un symbole de richesse affective. C'est dans la vallée, ouverte vers le ciel, qu'ont généralement lieu, grâce au soleil et à l'eau, les transformations fécondes de la terre.

Dans les rêves comme dans la vie diurne, il existe des vertes vallées et des vallées de mort. Le rêve dira l'aspect de la vallée ; si elle est irriguée et pleine de promesses, ou si elle est démunie d'eau, aride et sans espoir visible.

La vallée fertile est un symbole onirique de spiritualité, de transformation de soi, de contemplation. Elle peut alors être assimilée à un grand *jardin* (voyez ce mot à l'index).

La vallée possède aussi le symbolisme du *nombre 2* (voyez le chapitre 13). En effet, le *soleil* (le feu) plonge dans la vallée *pour s'unir* à son contraire : l'*eau*. Le feu et l'eau, dualité apparemment ennemie, se marient et réalisent leur unité pour le bien de la terre et des moissons.

Chez l'homme, la vallée est parfois un symbole de l'Anima (chapitre 7). Nous avons rencontré un très beau rêve de ce genre dans le chapitre « les grands rêves ».

Voler

Le vol, c'est la fusée spatiale, c'est Concorde, mais également Icare. Dans les rêves, voler signifie un besoin de « monter », un désir de sublimation. Mais las... il est rare que le vol onirique se poursuive harmonieusement ; la chute ou la descente ne sont pas loin. Voler en rêve signifie le plus souvent : tenter de « sauter par-dessus » ses conflits et ses difficultés. Contrairement à ce qu'on pourrait croire, le vol onirique montre fréquemment une impuissance foncière. On s'envole parce qu'on est angoissé de se trouver sur terre. Voler, c'est souvent se fuir soi-même.

Index

Abîme : 277
Abandon : 68
Agressivité : 267
Aigle : 210
Améthyste : 138
Amputation : 278
Ange : 278
Angoisse : 57, 271
Anima : 143, 253
Anima négative : 145
Anima positive : 155
Animaux : 209
Animus : 161, 253
Animus négatif : 162
Animus positif : 165
Anneau : 279
Araignée : 210
Arbre : 279
Arc-en-ciel : 281
Archétype : 97
Armée : 281
Armoire : 282
Arrière : 244
Ascenseur : 46
Ascension : 282
Automobile : 283
Avant : 243
Aventurier : 284
Avion : 285
Avocat : 90

Bagage : 47
Bandit : 286
Baptême : 286
Barque : 287
Barrière : 90
Bas : 244
Bateau : 287
Bâton : 288
Berceau : 289
Besoin d'échec : 78
Biche : 213
Bicyclette : 289
Blanc : 208
Bleu : 202
Boîte : 290
Boue : 290
Bouge : 45
Brouillard : 291

Cahier de classe : 291
Carnaval : 87
Carré : 236
Carrefour : 237

Castration : 51
Catastrophe : 292
Cercle : 241
Chasse : 292
Chat : 214
Château : 292
Chaussure : 293
Chauve-souris : 216
Cheval : 217
Cheveux : 53
Chien : 219
Chute : 46
Cinq : 237
Clans : 79
Clochard : 294
Compensations : 266
Complexe d'Œdipe : 268, 310
Corbeau : 220
Coucou : 222
Couleurs : 201
Crime : 64
Crocodile : 222
Croix : 236
Culpabilité : 77, 81

Danser : 295
Décapitation : 295
Dents : 55
Départs : 295
Désirs : 266
Deux : 232
Déviation routière : 90
Diamant : 136
Directions : 231
Douaniers : 89
Drapeau : 296
Droite : 244

Eau : 296
Ecurie : 297
Eglise : 298
Emeraude : 137
Enfant : 135, 298
Escalier : 298
Examen : 52, 299
Excréments : 299

Fenêtres : 300
Fêtes : 300
Feu : 301
Feuilles mortes : 301
Fleuve : 301
Fontaine : 302

Forêt : 302
Formes : 231
Foule : 303

Gare : 50
Gauche : 244
Gendarmes : 89
Grenier : 303
Guerre : 303

Haillon : 303
Haut : 243
Héroïsme : 125
Héros : 304
Hibou : 223
Homme de loi : 90
Hôpital : 304
Hôtel : 78, 304
Huit : 240

Identification : 270
Ile : 305
Infériorité : 43
Instituteur : 90

Jade : 139
Jaune : 205
Joyau : 306
Juge : 90

Labyrinthe : 105
Lance : 306
Locomotive : 307
Loup : 224

Maison : 50, 153, 307
Mandala : 111
Mariage : 309
Masochisme : 81
Mère négative : 116
Mère positive : 115
Musique « pop » : 87
Mutilation : 53, 54

Neuf : 240
Noir : 207
Nombres : 231
Nudité : 45, 309

Oiseau : 225
Ombres : 184, 254
Opale : 139
Orange : 206
Orgie : 83
Ours : 226

Panneaux d'interdiction : 90
Père négatif : 124
Père positif : 121
Perle : 140
Peur : 271
Pierre de lune : 138
Pierres précieuses : 135
Pneus : 56
Poisson : 226
Pont : 130
Porte : 132
Poursuite : 64
Prince et princesse : 311
Prison : 64
Projection : 147
Prostituées : 312

Quatre : 236

Roi et Reine : 312
Rose : 313
Rouge : 204
Rubis : 138

Sang : 313
Saphir : 139
Secret : 313
Sept : 238
Serpent : 227
Seuil : 134
Sexualité : 58
Six : 238
Soucoupe volante : 314
Sur-Moi : 88
Surveillant : 90
Symbole : 91

Taureau : 229
Train : 50, 315
Transformation intérieure : 127
Traversée : 127
Triangle : 233
Trois : 233
Turquoise : 138

Un : 232

Vallée : 316
Vent : 134
Vert : 203
Vertige : 47
Vêtement : 48
Ville : 108, 154
Violet : 206
Voler : 316
Voyage : 44, 49

Table des matières

Cinq années parallèles — 7
    A quoi servent les rêves ? — 14
Peut-on interpréter ses propres rêves — 17
    Les personnalités binaires — 20
    Comment procède un spécialiste ? — 21
    Jusqu'où peut-on aller seul ? — 31
    La difficulté est-elle grande ? — 38
    A chacun selon ses possibilités — 39
Les rêves les plus fréquents — 41
    Les rêves d'infériorité — 43
    Les rêves de « castration » — 51
    Les rêves d'angoisse — 57
    Les rêves d'abandon — 68
Ce que l'on appelle névrose... — 73
    Quelques rêves de culpabilité — 77
    Culpabilité et masochisme — 81
    L'orgie — 83
    Les rêves de « Sur-Moi » — 89
Le langage des nuits — 91
    Qu'est-ce qu'un symbole ? — 91
    Qu'est-ce qu'un archétype ? — 97
Les grands rêves — 99
    Les grands rêves et l'âge — 113
    Les grandes images de deux importants symboles — 114
    Les rêves héroïques — 125
    Les rêves de transformation intérieure — 127
L'Anima puissance et créativité intérieures — 143
    L'homme avec une Anima négative — 145
    L'Anima en cours de remontée — 155
L'Animus, extériorisation créative chez la femme — 161
    La femme à Animus négatif — 162
    La femme à Animus positif — 165
Les différences d'interprétation — 169
    La valeur d'une interprétation — 170
Mon ombre est ma lumière — 183
    Ombres noires ? — 184
    Du clair-obscur à la lumière — 191
    Vers l'ombre-lumière — 192
Les rêves en couleurs — 199
    Les couleurs et leur symbolisme — 201
Lorsqu'on rêve d'animaux — 209

Les nombres, les formes, les directions	231
La grande lignée	245
L'« individuation »	246
L'homme de demain sera-t-il religieux ?	252
Les rêves d'enfants	255
L'interprétation des rêves d'enfants	259
Les principaux types de rêves chez les enfants	265
Les enfants menacés	273
Un dictionnaire-guide	277
Index	317

IMP. BUSSIÈRE, SAINT-AMAND (CHER). — N° 2572.
D. L. JANVIER 1998/0099/15
ISBN 2-501-02648-9
Imprimé en France